プリント形式のリアル過去問で本番の臨場感！

富山県公立高等学校

2025年春受験用 解答集

本書は，実物をなるべくそのままに，プリント形式で年度ごとに収録しています。
問題用紙を教科別に分けて使うことができるので，本番さながらの演習ができます。

■ 収録内容

・解答集(この冊子です)

書籍ＩＤ番号，この問題集の使い方，最新年度実物データ，教科別入試データ解析，
解答例と解説，ご使用にあたってのお願い・ご注意，お問い合わせ

・2024(令和６)年度 ～ 2022(令和４)年度　学力検査問題

・リスニング問題音声《オンラインで聴く》　詳しくは次のページをご覧ください。

○は収録あり	年度	'24	'23	'22		
■ 問題(一般入学者選抜)		○	○	○		
■ 解答用紙		○	○	○		
■ 配点						
■ 英語リスニング音声・原稿		○	○	○		

全教科に解説
があります

注)問題文等非掲載:2024年度社会の6，2022年度国語の三

問題文などの非掲載につきまして

著作権上の都合により，本書に収録している過去入試問題の本文や図表の一部を掲載しておりません。ご不便をおかけし，誠に申し訳ございません。

本文の一部を掲載できなかったことによる国語の演習不足を補うため，論説文および小説文の演習問題のダウンロード付録があります。弊社ウェブサイトから書籍ＩＤ番号を入力してご利用ください。

なお，問題の量，形式，難易度などの傾向が，実際の入試問題と一致しない場合があります。

JN132414

教英出版

■ 書籍ＩＤ番号

リスニング問題の音声は，教英出版ウェブサイトの「ご購入者様のページ」画面で，書籍ＩＤ番号を入力してご利用ください。

入試に役立つダウンロード付録や学校情報なども随時更新して掲載しています。

書籍ＩＤ番号　162519

（有効期限：2025年9月30日まで）

【入試に役立つダウンロード付録】

「ラストチェックテスト（標準／ハイレベル）」

「高校合格への道」

【リスニング問題音声】

オンラインで問題の音声を聴くことができます。

有効期限までは無料で何度でも聴くことができます。

■ この問題集の使い方

年度ごとにプリント形式で収録しています。針を外して教科ごとに分けて使用します。①片側，②中央のどちらかでとじてありますので，下図を参考に，問題用紙と解答用紙に分けて準備をしましょう（解答用紙がない場合もあります）。

針を外すときは，けがをしないように十分注意してください。また，針を外すと紛失しやすくなりますので気をつけましょう。

① 片側でとじてあるもの

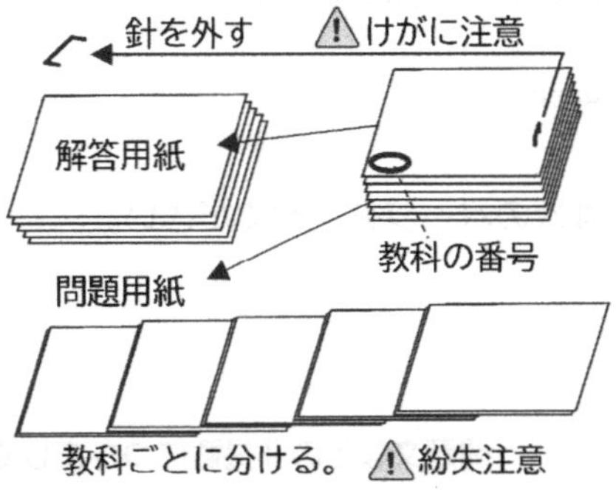

② 中央でとじてあるもの

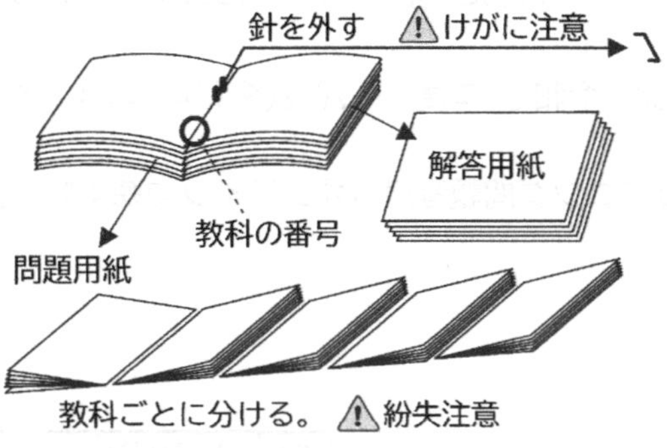

※教科数が上図と異なる場合があります。
解答用紙がない場合や，問題と一体になっている場合があります。
教科の番号は，教科ごとに分けるときの参考にしてください。

■ 最新年度　実物データ

実物をなるべくそのままに編集していますが，収録の都合上，実際の試験問題とは異なる場合があります。実物のサイズ，様式は右表で確認してください。

問題用紙	Ａ４冊子（二つ折り）
解答用紙	Ｂ４片面プリント

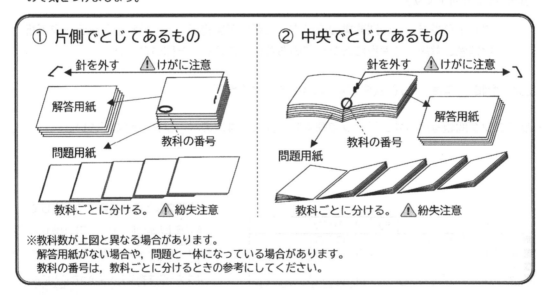

富山県　公立高校入試データ解析　社会

	分野別データ	2024	2023	2022	形式データ	2024	2023	2022
地理	世界のすがた	○	○	○	記号選択	10	11	10
	世界の諸地域（アジア・ヨーロッパ・アフリカ）	○	○		語句記述	3	3	3
	世界の諸地域（南北アメリカ・オセアニア）	○	○	○	文章記述	2	1	2
	日本のすがた	○	○	○	作図			
	日本の諸地域（九州・中国・四国・近畿）	○	○	○	計算			
	日本の諸地域（中部・関東・東北・北海道）	○	○					
	身近な地域の調査	○		○				
歴史	原始・古代の日本	○	○	○	記号選択	11	10	12
	中世の日本	○	○	○	語句記述	3	4	6
	近世の日本	○	○	○	文章記述	1	2	1
	近代の日本	○	○	○	並べ替え	2	2	2
	現代の日本	○	○	○				
	世界史	○	○					
公民	わたしたちと現代社会	○	○	○	記号選択	13	10	9
	基本的人権	○		○	語句記述	4	4	4
	日本国憲法		○	○	文章記述	1	2	3
	民主政治	○	○	○				
	経済	○	○	○				
	国際社会・国際問題	○	○					

2025年度入試に向けて

特に目立った変化は見られない。記号選択・語句記述・文章記述がバランスよく出題される。問題用紙全体に数多くの資料が並ぶので，資料をしっかりと読み取る力をつけたい。そのためには，数多くの過去問題を演習することをすすめたい。演習しながらそれぞれの資料のもつ意味を理解しよう。また，隣接する石川県の公立高校入試と形式や出題傾向に類似点が多いので，石川県公立高校入試の過去問を演習することも効果的な学習になると思われる。

富山県 公立高校入試データ解析 国語

分野別データ			2024	2023	2022
大問の種類	長文	論説文・説明文・評論	○	○	○
		小説・物語	○	○	○
		随筆・紀行文			
	古文・漢文		○	○	○
	詩・短歌・俳句				
	その他の文章				
	条件・課題作文		○	○	○
	聞き取り				
漢字・語句	漢字の読み書き		○	○	○
	熟語・熟語の構成		○		
	部首・筆順・画数・書体				
	四字熟語・慣用句・ことわざ		○	○	
	類義語・対義語			○	
文法	品詞・用法・活用			○	○
	文節相互の関係・文の組み立て		○		
	敬語・言葉づかい				
文章の読解	長文	語句の意味・補充	○	○	○
		接続語の用法・補充		○	○
		表現技法・表現の特徴			
		段落・文の相互関係	○		
		文章内容の理解	○	○	○
		人物の心情の理解	○	○	○
	古文・漢文	歴史的仮名遣い	○		○
		文法・語句の意味・知識		○	
		動作主			○
		文章内容の理解	○	○	○
	詩・短歌・俳句				
	その他の文章				

形式データ	2024	2023	2022
漢字の読み書き	6	6	6
記号選択	9	7	10
抜き出し	7	6	11
記述	10	13	6
作文・短文	1	1	1
その他			

2025 年度入試に向けて

例年，漢字の読み書き・説明的文章・文学的文章・古典・条件作文の大問５題で構成されている。文章量は多くないが，あらすじや心情を問うものだけでなく，知識や文法，表現技法など多彩な出題形式である。国語の基礎力を全般的に身につけておきたい。基本的な読解力と記述力が問われる。作文は，資料をもとに，意見や根拠などを述べる形式。'22～'24 年度は，原稿用紙の正しい使い方に従い，180 字以上 220 字以内の二段落構成で書くという条件で出題された。

富山県　公立高校入試データ解析　理科

分野別データ		2024	2023	2022	形式データ	2024	2023	2022
物理	光・音・力による現象		○	○	記号選択	27	28	22
	電流の性質とその利用	○	○		語句記述	5	11	9
	運動とエネルギー	○		○	文章記述	3	5	2
化学	物質のすがた	○	○		作図	2	2	3
	化学変化と原子・分子	○		○	数値	12	9	10
	化学変化とイオン		○	○	化学式・化学反応式	1	3	4
生物	植物の生活と種類			○				
	動物の生活と種類	○	○					
	生命の連続性と食物連鎖	○	○	○				
地学	大地の変化	○		○				
	気象のしくみとその変化		○	○				
	地球と宇宙	○	○					

2025 年度入試に向けて

解答数が多く，50 問以上になるときもある。単純に計算すると，1問を1分以内で解いていかないと，時間切れになってしまう(見直しの時間も含めると1問にかけられる時間はさらに短くなる)。また，難易度が高い問題もところどころに出題されている。したがって，問題を見た瞬間に反射的に答えが出てくるものを出来るだけ多くした状態で本番に臨みたい。これには，同じ問題でも繰り返し解くといった練習が効果的だろう。また，過去問を解くときはもちろん，普段の学習から時間を意識して問題を解くことや，1問に時間をかけすぎることなく，わからないときには思い切って次の問題に進めるように練習をしておくとよいだろう。

富山県　公立高校入試データ解析　英語

分野別データ		2024	2023	2022
音声	発音・読み方			
	リスニング	○	○	○
文法	適語補充・選択			
	語形変化			
	その他			
英作文	語句の並べかえ	○	○	○
	補充作文	○	○	○
	自由作文	○	○	○
	条件作文			
読解	語句や文の補充	○	○	○
	代名詞などの指示内容	○		○
	英文の並べかえ			
	日本語での記述	○	○	○
	英問英答			
	絵・表・図を選択	○	○	○
	内容真偽	○	○	○
	内容の要約	○	○	○
	その他	○	○	○

形式データ			2024	2023	2022
リスニング	記号選択		7	7	7
	英語記述		3	3	3
	日本語記述				
文法・英作文・読解	読解	会話文	2	2	2
		長文	2	2	2
		絵・図・表	3	2	2
	記号選択		21	18	11
	語句記述		3	4	5
	日本語記述		4	4	5
	英文記述		5	5	8

2025年度入試に向けて

聞き取りテストは聞きながらメモを取るくせをつけよう。問題Aは正しいものが１つとは限らないので，最後まで集中して聞き取る必要がある。
筆記テストは，文法問題，文章量の多い読解問題（４問），作文（２問）が出題されている。作文のうちの１問は，ディベート形式でテーマに対して①賛成意見，②反対意見，③自分の考えなどを書く問題。英文を読む量も書く量も非常に多いが，いずれも過去問等で出題形式に慣れれば時間をかけずできるようになる。時間を意識して練習を重ねよう。英語に苦手意識がある場合は，１〔１〕，３〔１〕から取り組むのがおすすめ。ここで必ず得点できるようにしたい。

富山県　公立高校入試データ解析　数学

分類		2024	2023	2022
式と計算	数と計算	○	○	○
	文字式	○	○	○
	平方根	○	○	○
	因数分解			
	1次方程式			
	連立方程式	○	○	○
	2次方程式	○	○	○
統計	データの活用	○	○	○
	確率	○	○	○
関数	比例・反比例	○	○	
	1次関数	○	○	○
	2乗に比例する関数	○	○	○
	いろいろな関数			
	グラフの作成	○	○	○
	座標平面上の図形	○	○	○
	動点，重なる図形			○
図形	平面図形の性質	○	○	○
	空間図形の性質	○	○	○
	回転体	○		
	立体の切断		○	
	円周角	○	○	○
	相似と比	○	○	○
	三平方の定理	○	○	○
	作図	○	○	○
	証明	○	○	○

分類	問題構成	2024	2023	2022
式と計算	小問	[1](1)～(5)計算問題 (8)不等式	[1](1)～(6)計算問題 (7)等式	[1](1)～(6)計算問題 (7)不等式
	大問	[2]2次方程式の文章問題（畑と道の面積）	[4]規則的に並べられたタイル	[5]規則的に並べられた正方形
統計（データの活用）	小問			
	大問	[3]箱ひげ図	[3]度数分布表	[3]箱ひげ図
統計（確率）	小問	[1](9)5個の玉	[1](8)2つのさいころ	[1](8)3枚の硬貨
	大問			
関数	小問	[1](7)2乗に比例する関数の変化の割合		
	大問	[4]座標平面 三角形と格子点の規則性 [6]文章問題 道のり，速さ，時間	[2]座標平面 放物線，直線 三角形 [6]文章問題 給水する時間と水面の高さ	[2]座標平面 放物線，直線 三角形 [6]文章問題 重なる図形（1次関数，2乗に比例する関数）
図形	小問	[1](6)回転体の体積 (10)作図	[1](9)平行四辺形と角度 (10)作図	[1](9)平行線と角度 (10)作図
	大問	[5]空間図形 三角すい [7]平面図形 円，三角形	[5]空間図形 円すい [7]平面図形 円，三角形	[4]空間図形 立方体， 正三角すい [7]平面図形 半円，三角形

2025年度入試に向けて

問題数が多い上に，規則性についての大問や関数の文章問題の大問は問題文が長いことが多い。限られた時間の中で正確に素早く問題を解いていくために，ミスを減らすことと，基本的な問題の解き方を悩まないようにすることが必要である。問題集などでたくさんの問題を解いてその力をつけよう。

2024 解答例 令和6年度　富山県公立高等学校

《2024　社会　解答例》

1　⑴エ　⑵写真1…う　写真2…い　⑶Ⅰ．C　Ⅱ．A　Ⅲ．D

2　⑴A．インド　B．ブラジル　⑵エ　⑶アメリカ合衆国とインドでは，約半日の時差があるため，アメリカ合衆国が夜の時間にインドで作業を進められるから。　⑷①モノカルチャー　②イ，エ

3　⑴ア　⑵①ウ　②緩やかな傾斜があり，水はけがよい地形のため，茶の栽培に適していた　⑶イ　⑷ア　⑸①ウ　②静岡

4　⑴ウ→イ→ア→エ　⑵シルクロード　⑶ア　⑷ウ　⑸イ，ウ　⑹①P．オランダ　R．ポルトガル　②朱印船

5　⑴①長州…あ　X．イ　Y．ア　②派遣して行政にあたらせ，中央集権化をはかること。　③イ→ウ→エ→ア　⑵①ウ　②イ，エ　⑶①P．南北　Q．南南　②読み取ることができること…ア，ウ　組み合わせ…カ　⑷R．ア　S．ク

6　⑴イ　⑵ウ　⑶記号…エ　X．本会議　⑷エ　⑸ア，ウ　⑹文化庁が，国宝・重要文化財が多い地域に移転するため，文化財の保存・活用が進めやすくなる。

7　⑴①P．エ　Q．ウ　②R．イ　S．イ　T．ア　⑵①X．イ　Y．ウ　Z．ア　②イ　⑶①あ．社会的責任　組み合わせ…ア　②エ

《2024　国語　解答例》

一　ア．くっしん　イ．しぼ　ウ．たいざい　エ．守備　オ．群　カ．模型

二　1．誰もが～ること　2．⑴時間を～させる　⑵時間を精度よく測れる時計の発明と改良　3．目指した　4．⑴太陽の位置と高さで時間を決める方法　⑵権力者　5．エ　6．時間幅は季節によって異なるが、正確な時間を示す和時計を作ろうとしたということ。　7．複雑な時間調整が必要な和時計を簡易に調整できるように開発された様々な技術が、現代の技術に活用されていると考えるから。　8．Ⅰ．ア　Ⅱ．ア　Ⅲ．ウ

三　1．自分以外の人は誰もいなくなった状況　2．エ　3．いつも五感を研ぎ澄まして、どんな時もお菓子づくりのことを考えろということ。　4．イ　5．ウ　6．満開の一本桜が思い浮かんだ　7．桜餅を食べたことで思い出した過去のほろ苦い記憶を桜餅の甘さによって、自分の中で肯定的に受け止めることができたということ。　8．よいお～見える　9．和菓子職人を目指す原点となったものであり、追い求める目標としてあるもの。

四　1．いえる　2．みぞれ　3．イ　4．にはかに降る雨　5．エ

五　あなたの好きなもの…バスケットボール
(1字あける)バスケットボールの魅力は、躍動感だ。キュッキュッと鳴るシューズの音、ハアハアという選手の息づかいがコートに満ちる。選手たちは、パスをつないで、ゴールを決める。選手たちの汗がキラキラと光る。観客は、選手の一つ一つの動きに歓声をあげる。(改行)私はコート上の一瞬一瞬を視覚や聴覚でとらえ、短い文を連ねてスピード感を表した。試合の様子を生き生きと思い浮かべることができ、文章のリズム感とともに、躍動感を効果的に伝えることができると思ったからだ。

《2024　理科　解答例》

1　(1)しゅう曲　(2)エ　(3)アンモナイトの化石…イ　サンヨウチュウの化石…ア

(4)P．イ　Q．ウ　R．ア　(5)火山が噴火した。

2　(1)末しょう神経　(2)ア，エ，ウ，エ，イ　(3)イ　(4)ア，エ

(5)記号…ウ　名称…網膜

3　(1)質量保存　(2)$NaHCO_3+HCl \rightarrow NaCl+CO_2+H_2O$　(3)右グラフ　(4)ウ　(5)0.85

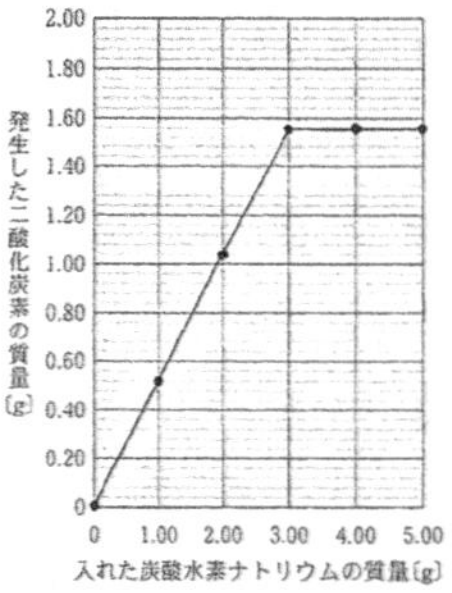

4　(1)ア　(2)3.0　(3)12　(4)25　(5)ウ

5　(1)潜性形質　(2)エ，オ　(3)A，E　(4)5：1　(5)エ，オ，カ

6　(1)C　(2)エ　(3)地球より内側を公転しているから。

(4)P．ア　Q．ウ　R．オ　(5)X．ア　Y．カ　Z．ク

7　(1)0.45　(2)右図　(3)50　(4)4　(5)80

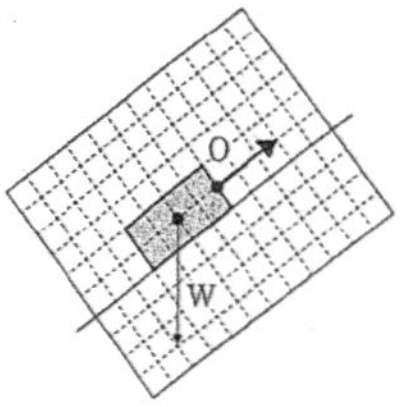

8　(1)17　(2)A．Y　B．X　C．Z　(3)14　(4)加熱して，水を蒸発させる。　(5)53

《2024　英語　解答例》

(聞き取りテスト)

問題A　No.1．D　No.2．A　No.3．B

問題B　No.1．質問1…C　質問2…D　No.2．質問1…C　質問2…B

問題C　①events　②4　③Can you tell me a good way to study English

(筆記テスト)

1　〔1〕(1)①ウ　②エ　(2)X．ウ　Y．イ

〔2〕(1)①エ　②ア　(2)イ

〔3〕(1)日本の古い列車がフィリピンで走っていること。　(2)②エ　③ア　(3)青色の模様がある側を見ると列車の背景に海が見えて，緑色の模様がある側を見ると列車の背景に山が見えること。　(4)(例文1)If you can take nice pictures, please show them to me.　(例文2)I know a good place to take pictures of trains.　Let's go there.

2　〔1〕(1)イ　(2)紙幣を違う角度から見ることによって，人物の顔が動いているように見える技術。／非常に小さいNIPPONGINKOの文字が印刷されている技術。のうち1つ　(3)ア，ウ

〔2〕(1)①ウ　②ア　③イ　(2)ウ　(3)もし海水の温度が上がり続けたら，富山湾では，将来冷たい海水に生息する魚を見なくなるだろうということ。　(4)1オ　2イ　3ア　4ウ　5エ

3　〔1〕(1)Don't be late for school　(2)is known as one of　(3)you show me the books he wrote

〔2〕③(例文1)What do you want to do　(例文2)Can you tell me what you want to try　⑧(例文1)my grandmother knows how to wear a yukata　(例文2)I'll ask my mother to help you wear a yukata　⑩(例文1)I want you to take pictures of me　(例文2)Please tell your sister that I like her yukata

〔3〕Toyama should increase the number of trains and buses.　If Toyama had more trains and buses, it would be easier for foreign people to travel around Toyama.

《2024　数学　解答例》

1　(1) -1　(2) $2x^3y^2$　(3) $\sqrt{6}$　(4) $3a+5b$　(5) $x=-1$　$y=2$　(6) 90π　(7) $\frac{3}{2}$

(8) $4a+3b\leqq 7000$　(9) $\frac{7}{10}$　(10)右図

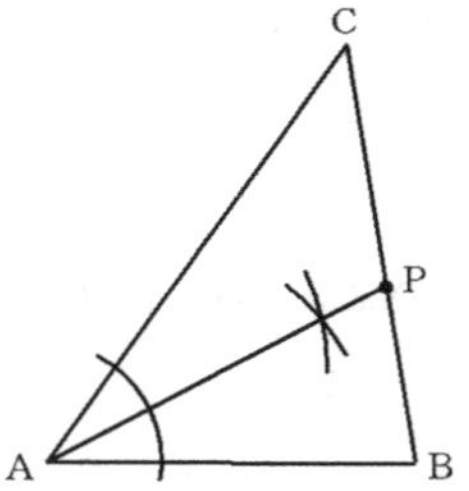

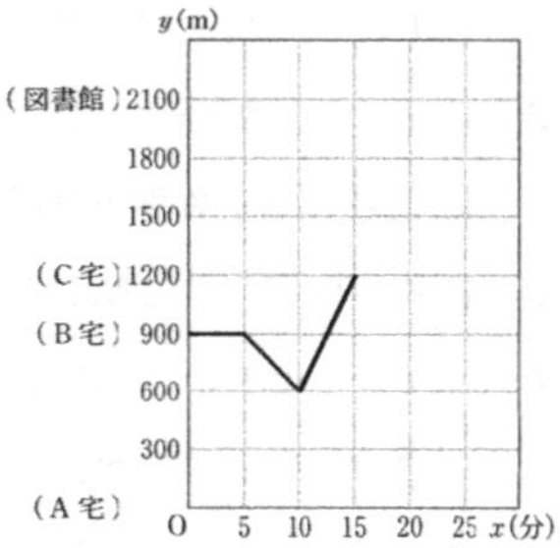

2　(1)① $x-3$　② $3x-3$ (①と②は順不同)

(2) $12x-9$　(3) 12

3　(1) 8　(2)① 5，6　② 7.25

4　(1)① 20　② $4n$　(2) 14

5　(1) $3\sqrt{5}$　(2) $15\sqrt{3}$　(3) $2\sqrt{5}$

6　(1)右グラフ　(2) 20　(3) 1400　(4) 8分20秒

7　(1) $\overset{\frown}{AC}$に対する円周角の大きさは，その弧に対する中心角の大きさの半分だから $\angle ABC=\frac{1}{2}\angle AOC=30^\circ$

したがって，$\angle ABG=30^\circ$

仮定より，$\angle AED=30^\circ$ なので $\angle AED=\angle ABG$…①

また，$\angle A$は共通…②

①，②より，2組の角がそれぞれ等しいので

(2)① $(3\sqrt{3}+\sqrt{7})$　② $\frac{9\sqrt{3}+3\sqrt{7}}{40}$

2024 解説 令和６年度 富山県公立高等学校

《2024　社会　解説》

1　⑴　エ　　中心からの距離と方位が正しい地図では，面積は等しく表されない。

⑵　写真１＝う　写真２＝い　　写真１．高く険しい山が見られることから，ヒマラヤ山脈の**う**を選ぶ。写真２．生い茂った密林と蛇行する川が見られることから，アマゾン川河口付近の**い**を選ぶ。

⑶　Ⅰ＝C　Ⅱ＝A　Ⅲ＝D　　Ⅰ．年降水量が 127.3 ㎜と極端に少ないことから，砂漠気候と判断する。Ⅱ．安定した降水があり，冬と夏の気温差が大きく，温暖であることから，温暖湿潤気候と判断する。Ⅲ．７月８月に気温が下がり，１年を通して気温と降水量の変化が少ないことから，南半球の西岸海洋性気候と判断する。

2　⑴　A＝インド　B＝ブラジル　　2000 年から 2020 年にかけてＧＤＰが急激に伸びているＡとＢは，BRICS のインドとブラジルである。2020 年のＧＤＰはＡの方がＢより多いのに，１人あたりのＧＤＰはＢの方が３倍以上多いことから，Ａの方が人口が多いと考えられる。インドの人口は 14 億人をこえ，世界一となっていることから，Ａをインド，Ｂをブラジルと判断する。

⑵　エ　　ＡＰＥＣ(アジア太平洋経済協力)の加盟国は，太平洋を取り巻く日本，韓国，アメリカ合衆国，オーストラリアなどで，ブラジルは加盟していない。

⑶　インドのベンガルール(バンガロール)とアメリカ合衆国の西海岸では，時差が 13.5 時間ある。アメリカ合衆国の西海岸には，シリコンバレーがあり，最先端のＩＣＴ技術が研究されている。インドには英語を話せる理系の技術者が多いことも，両国のＩＣＴ産業における結びつきが強まった理由となっている。

⑷①　モノカルチャー　　ボツワナはダイヤモンド，コートジボワールはカカオ豆，ナイジェリアは原油などに依存したモノカルチャー経済である。　②　イ，エ　　ア．誤り。国際価格が上がったとき，国際価格に合わせて最低取引価格が上昇している。ウ．誤り。この資料から国際価格の平均値は求められない。

3　⑴　ア　　Ａの石川県金沢市は日本海側の気候，Ｂの静岡県静岡市は太平洋側の気候，Ｃの広島県広島市は瀬戸内の気候，Ｄの熊本県熊本市は太平洋側の気候。石川県金沢市は，冬に雪雲が発生しやすく日照時間は少なくなる。イは静岡市，ウは熊本市，エは広島市。

⑵①　ウ　　Ｐ地点とＱ地点の間に谷間があるかどうかがポイントになる。Ｐ地点の標高が 86ｍ程度で，ＰＱの線の南側に標高 50ｍの等高線があり，その等高線の東側に標高 67.8ｍの三角点があることから，ＰＱの間にのぼりの斜面があることがわかる。よって，谷間が１つあるウを選ぶ。　②　茶の栽培には，比較的温暖な水はけのよい土地が適している。

⑶　イ　　広島県は，かきの養殖がさかんである。アは熊本県，ウは静岡県，エは石川県。

⑷　ア　　鉄道輸送数の多いイとエは，東海道線や山陽線などが通る静岡県と広島県だから，熊本県と石川県はアとウのいずれかである。首都圏や近畿圏から遠い熊本県の方が，海上輸送数や航空輸送数は石川県より多いと考えられるので，アが熊本県，ウが石川県と判断する。イは静岡県，エは広島県。

⑸①　ウ　　愛知県には TOYOTA，神奈川県には NISSAN，福岡県には TOYOTA と NISSAN，群馬県には SUBARU の組み立て工場がある。　②　静岡県　　静岡県の浜松市や磐田市などに HONDA や SUZUKI の組み立て工場がある。

4　⑴　ウ→イ→ア→エ　　ウ(法隆寺・飛鳥時代)→イ(平等院鳳凰堂阿弥陀如来像・平安時代)→ア(東大寺南大門・鎌倉時代)→エ(金閣・室町時代)

⑵　シルクロード　　シルクロードは絹の道ともいう。西アジアなどからシルクロードを通って唐にもたらされ，

遣唐使によって日本に持ち込まれた品々が，東大寺の正倉院に収められている。

⑶ ア　9世紀の後半以降，地方の政治は国司に任され，国司は，定められた額の税を朝廷に納めればよくなったため，農民から税をしぼり取り自分の収入を増やす者や，地方に住みついて勢力を伸ばす者も現れた。

⑷ ウ　勘合貿易を始めたのは足利義満であり，15世紀初頭のことである。よって，室町時代のウを選ぶ。アは江戸時代，イは飛鳥時代，エは飛鳥時代から奈良時代にかけて。

⑸ イ，ウ　14世紀に始まったルネサンスは16世紀に最盛期を迎え，科学技術の発達にも大きな影響を与えた。科学技術の発達によって航海術も発達し，競って新たな航路を開拓するようになった。新たな航路の開拓によって世界各地に植民地を築いていたスペインとポルトガルが，プロテスタントの宗教改革に対抗してカトリック教会を支援したことから，勢力の立て直しを目指すカトリック系のイエズス会などが，アジアや中南アメリカで活発に布教活動を行うようになった。

⑹① P＝オランダ　R＝ポルトガル　鎖国体制が確立されていくなかで，スペイン→ポルトガルの順に来航が禁止されたことは確実に覚えておきたい。　② 朱印船貿易　海外への渡航を許可する証書を朱印状といい，朱印状を与えられた船を朱印船と呼んだ。

5 ⑴① 長州＝あ　X＝イ　Y＝ア　関ヶ原の戦いの当時，山口県あたりは毛利氏，鹿児島県あたりは島津氏が支配し，いずれも豊臣方で参戦した。江戸時代の後半，薩英戦争，下関戦争で外国に大敗した薩摩藩と長州藩は，攘夷は不可能と考え，倒幕に傾いていった。　② 藩を廃止して府・県をおき，新たに中央から府知事・県令を派遣したことで，政府が全国を直接支配するようになった。　③ イ→ウ→エ→ア　イ(1910年)→ウ(1920年)→エ(1937年)→ア(1944年)

⑵① ウ　「地租改正」が誤り。財閥が解体され，農地改革も実施された。　② イ，エ　1949年に中華人民共和国が成立し，1950年に朝鮮戦争が開始されると，アメリカを中心とした西側諸国とソ連を中心とした東側諸国による冷戦の状態が明確になり，日本は西側諸国の一員として，社会主義運動や労働運動を制限する方向に転換されていった。

⑶① P＝南北　Q＝南南　南半球に発展途上国，北半球に先進国が多いことから，発展途上国と先進国の間の経済格差の問題を南北問題という。発展途上国の中でも，資源の有無などによって生じる経済的な格差を南南問題という。　② 読み取ることができること＝ア，ウ　組み合わせ＝カ　イ．誤り。水力発電の発電電力量に変化がなく，火力発電の発電電力量は大きく増えているから，水力発電の全体に占める割合は低くなっている。エ．誤り。火力発電は，高度経済成長期の間に最大となった。Ⅰ．正しい。Ⅱ．誤り。原子力発電は2011年の東日本大震災による福島第一原子力発電所の事故によって急激に落ち込んだ。

⑷ R＝ア　S＝ク　日米和親条約によって開国し，日米修好通商条約などの不平等条約を結んだことが，倒幕・明治維新につながった。アメリカ軍を主力とするＧＨＱの最高司令官であったマッカーサーが，戦後の民主化を進めていった。大日本帝国憲法では主権は天皇にあったが，日本国憲法では天皇は国の象徴として，国事行為を行うことになった。

6 ⑴ イ　国務大臣の任命・罷免の権利は内閣総理大臣にある。

⑵ ウ　Ⅰ．誤り。地方公共団体が自立した活動を行えるようにするために，国から地方公共団体に権限や財源を移す地方分権が進められている。Ⅱ．正しい。

⑶ 記号＝エ　X＝本会議　常会は，1月に召集され，150日間(約5か月間)は開かれているので，5月から6月にかけては常会の会期中である。委員会で審議された法案は，その後本会議で審議される。

(4)　エ　　アは人工知能，イはソーシャルネットワーキングサービス，ウはモノのインターネットの略称である。

(5)　ア，ウ　　イ．誤り。著作物に関する権利は，外に向けて発表した著作物に対する権利だから，個人情報にあてはまらない。エ．誤り。裁判員制度では重大な刑事事件を扱う第１審に裁判員が参加するので，著作物に関する私人の間の争いである民事裁判には参加しない。

(6)　国宝・重要文化財件数は，圧倒的に近畿地方が多いことを読み取る。

7　(1)①　Ｐ＝エ　Ｑ＝ウ　　公正には，手続きの公正，機会の公正，結果の公正がある。あきらさんはもう一度考え直すことを提案したから，全員の合意を引き出すための提案をしたことになる。　②　Ｒ＝イ　Ｓ＝イ　Ｔ＝ア　商品Ａの売り上げが減少していることから，「価格を下げて売り上げを伸ばす」「供給量を減らして損失を減らす」「平日の売り上げが大きく減少しているため，平日の販売を取りやめる」といった対応が考えられる。

(2)②　イ　　企業はモノやサービスを生産するときでも，消費活動を行う。

(3)②　エ　　京都議定書では先進国だけに温室効果ガスの排出削減が義務付けられたが，パリ協定では，すべての国に温室効果ガスの排出削減の目標を設定することが義務付けられた。

《2024　国語　解説》

二　1　「どういうことができるようになると考えたのですか」という問いの表現と、同じ段落の最後の「誰もが一致して行動することができるようになるからだ」の表現が一致する。

2(1)　「時間を支配しようとした権力者」は「時間を独占して～尺度としようとしてきた」とあり、これを直後で「時間を正確に測って人々に知らせ、時間に沿って行動させるのだ」と言い換えている。字数に合うのはこの部分。

(2)　「『時間を支配』するために」という問題の文に対応しているのは、傍線部②の３行後の「そのために」に続く「時間を精度よく決定できる時計が発明され、改良されてきた」の部分である。問いに合う形にまとめる。

3　「ひたすら」は副詞で、用言を修飾する働きがあることから、「目指した」が適する。

4(1)　この段落の最初の３行は「定時法」の説明で、その後が「不定時法」の説明である。「江戸時代の日本では、太陽の位置と高さで時間を決めた」の部分をまとめる。　　(2)　直接的には、直前の「太陽の位置と高さで時間を決めたから」ということになるが、その発想の根底にある日本の人びとの生き方を表した、3 段落の「権力者も庶民も自然の時間に合わせて生きていたのである」が適する。

5　「往復」は「往《ゆ》く＋復《かえ》る」で反対の意味の構成。　ア．「年長」は「年が＋長《た》ける」で主語＋述語の構成。イ．「岩石」は「岩＋石」で似た意味の構成。　ウ．「作曲」は「作る＋曲を」で下から上に返る形の構成。エ．「送迎」は「送る＋迎える」で反対の意味の構成。

6　不定時法の時計の技術についての話題。この前にある定時法の時計の技術「極めて簡明で画一的な時間決定法」とは異なり、「太陽の動きに応じるために単位あたりの時間幅が季節によって異なる」ことを「時計という機械において表現しよう」とした。

7　傍線部⑦をふくむ一文の要点は、「現代の技術」に「和時計」の技術が活《い》かされたことが、「豊かさを生み出した」ということである。「現代の技術」が、西洋の「極めて簡明で画一的な時間決定法である」「定時法」に基づく技術であるのに対して、「和時計の技術」は、６で考えたとおり「複雑な時間調整を必要とする」「不定時法」に基づくものであるということを補足して答えるとよい。

8Ⅰ　1 段落では、人々は時を認識して日時計を考案し、太陽の運行や振り子の振動を使うようになったということを述べ、「時間」について「話題を提示」している。　　Ⅱ　2 段落では西洋の時計について述べている。3 段落では日本の時計について述べているが、2 段落の西洋の時計と比べて、共通点は「これと似て～」、相違点は

「～に対し」と対比的に述べている。　Ⅲ　4 段落までの内容が、時間のどのようなことについての記述かを答える問題。Ⅱで考えたように、西洋と日本の時間についての考え方が述べられていることから、「概念」が適する。

三　1　「ひとけがない」は「人気《ひとけ》がない」と書き、「人の気配がない」の意。ここでは、後に「もしも誰かに見つかったら」とあることから、自分以外に誰もいない状況ということである。

2　「殺風景」とは「景色などに趣がないさま」をいう。「その桜餅だけが明るく照らし出されているように」見えるのとは対照的に、作業場が「殺風景」であると描写していることから、「整然として実用的な」様子なのだと考えられる。

3　直前に「常に耳目を働かせろ」「餡子《あんこ》の炊けるにおいを嗅げ」とあるように、「全身で」学ぶとは、いつもお菓子のことを考えて、すべての体の感覚を使って学ぶということ。

4　「意を決して」は「決心して」の意。ワコが桜餅を食べることを決心する場面である。

5　副詞の呼応の問題。後に「ようだった」とあることから、「まるで」が適する。

6　「桜の葉の香りが鼻に抜ける」は桜餅を食べたときの香りの感覚で、「風景が見えた」とは直後の「ワコの中で広がったのは、一本桜だ。青空と広い平原の間で、それだけが大きく枝を広げている一本の満開の桜」を指す。桜餅を食べたら、桜の木がある風景が目に浮かんだということ。

7　桜餅を食べたことで、小学生のころ、葉桜の季節にあった「かすかな悲しみ」をともなう出来事を思い出し、クラスの女の子の気持ちについて「今なら分かる」と気づく。「慰撫《いぶ》するように」「包んでくれる」とは、桜餅の甘さが、その悲しみをいやしてくれるということ。

8　工場長の「お菓子を食べる時、人の心にはさまざまな思いが浮かぶ」という言葉に対するワコの思い。傍線部⑥の２文後で、「よいお菓子を味わうと、風景が見えるのですか？」と少し詳しく言い換えている。

9　２行後に、「あのどら焼きを食べたことで、自分の人生は決定づけられてしまった」とあり、和菓子職人を目指すきっかけになったことがわかる。また、最後の１文「強く心が求めるのだ」という点も解答に含めるとよい。

四　1　古文で言葉の先頭にない「はひふへほ」は、「わいうえお」に直す。

2　「みぞれといへるは～詠《よ》むべきにや（みぞれというのは、雪が混じって降る雨をいうので、冬または春のはじめなどに、詠むのがよいだろうか）」という内容なので、話題となっている「みぞれ」が適する。

3　急に雨が降ってきて笠も用意できないのでかぶる「肘笠《ひじかさ》」とは何かと考えると、「袖」が適する。

4　「肘笠雨といふは、にはかに降る雨をいふべきなめり（肘笠雨というのは、突然に降る雨をいうべきであるようだ）」とあることから、「にはかに降る雨」が適する。

5　最後の句の「雨《あま》がくれせむ」とは、「雨がくれ（雨宿り）」を「せむ（しよう）」ということ。急な雨で笠もないので、それを口実に恋しい人の家で雨宿りをしようというのである。

【古文の内容】

みぞれというのは、雪が混じって降る雨をいうので、冬または春のはじめなどに、詠むのがよいだろうか。肘笠雨というのは、突然に降る雨をいうべきであるようだ。急に笠も用意できない場合であって、袖 をかぶるのだ。だから、肘笠雨というのだ。

恋しい人の家の門を通り過ぎるのが難しいほどの肘笠雨も降ってほしい。（それを口実に恋しい人の家に）雨宿りをしよう。

五　自分の好きなものについて、どのようなところに魅力を感じるかを分析し、それを効果的に表現する方法を考える。解答例では、「バスケットボール」の「躍動感」に魅力を感じ、それを効果的に伝えるために、「視覚や聴覚でとらえ」「短い文を連ねてスピード感を表した」と述べている。

《2024　理科　解説》

1　(1)　地層の大きな力がはたらくと，しゅう曲や(X－Yの地層のずれのような)断層ができる。

(2)　サンゴの化石などのように，地層が堆積した当時の環境を推測できる化石を示相化石という。

(4)　cは押し曲げられているが，bは押し曲げられていないから，cが堆積した後にしゅう曲ができてbが堆積したと考えられる。また，X－Yの地層のずれはa～gのすべての地層にあるから，aが堆積した後にできたと考えられる。

(5)　凝灰岩は，火山灰が堆積してできる。

2　(1)　脳やせきずいをまとめて中枢神経といい，中枢神経から枝分かれしている感覚神経や運動神経を末しょう神経という。

(2)　左手の皮膚で受けとった刺激の信号は，感覚神経→せきずい→脳の順に伝わる。脳から出される命令の信号は，脳→せきずい→運動神経の順に伝わる。

(3)　うでを曲げるとき内側の筋肉が縮み，外側の筋肉がゆるむ。内側の筋肉の両端のけんはaとdについている。

(4)　反応2では，左手の皮膚で刺激を受けとった信号は，感覚神経→せきずい→脳の順に伝わるが，「手を引っ込める」という命令の信号はせきずいから直接出され，せきずい→運動神経の順に伝わる。そのため，皮膚で刺激を受けとってから，筋肉が反応するまでにかかる時間は短くなる。このような反応を反射という。なお，「熱い」と認識するのは，刺激の信号が脳に伝わったときである。

(5)　アはレンズ(水晶体)，イは角膜，ウは網膜，エは視神経である。

3　(2)　化学反応式の矢印の前後で，原子の組み合わせは変わるが，原子の種類と数は変わらないことに注意しよう。

(3)　発生した二酸化炭素は空気中に逃げていくから，質量保存の法則より，発生した二酸化炭素の質量は，㋐で測定した質量と㋑で入れた炭酸水素ナトリウムの質量の和から，㋓で測定した質量を引けば求められる。A～Dで発生した二酸化炭素の質量は入れた炭酸水素ナトリウムの質量に比例し，D～Fで発生した二酸化炭素の質量は一定になっている。

(4)　(3)より，Dでは炭酸水素ナトリウム3.00gと塩酸90.00gが過不足なく反応して，二酸化炭素1.56gが発生したとわかる。よって，Fでは塩酸90.00gがすべて反応し，炭酸水素ナトリウムが5.00－3.00＝2.00(g)余っているから，同じ濃度の塩酸を$90.00\times\frac{2.00}{3.00}=60.00$(g)追加すると，過不足なく反応する。

(5)　(4)解説より，0.44gの二酸化炭素が発生するのは，炭酸水素ナトリウムが$3.00\times\frac{0.44}{1.56}=0.846\cdots\to0.85$g反応したときだから，混合物に炭酸水素ナトリウムは0.85g含まれていた。

4　(1)　電流が磁界から受ける力(コイルが受ける力)の向きは，電流の向きと磁界の向きのどちらか一方のみを反対にすると，反対になる。この問題では，実験1のときと比べて，電流の向きと磁界の向きの両方を反対にしているから，コイルが受ける力の向きは実験1と同じになる。

(2)　図4より，同じ巻き数のコイルでは，電子てんびんの値はコイルに流れる電流の大きさに比例するとわかる。10回巻きのコイルに0.6Aの電流を流すと，電子てんびんの値は2.0gになるから，0.9Aの電流を流すと，電子てんびんの値は$2.0\times\frac{0.9}{0.6}=3.0$(g)になる。

⑶　図４より，0.6Ａの電流を流した（同じ大きさの電流を流した）とき，電子てんびんの値は巻き数に比例するとわかる。⑵解説の下線部を基準として求めると，コイルに0.6Ａの電流を流して電子てんびんの値が2.4ｇになるのは，$10\times\frac{2.4}{2.0}=12$（回巻き）のコイルを使ったときである。

⑷　交流が流れるとき，電流の向きの変化が１秒間に繰り返す回数を交流の周波数という。図６より，１回の電流の向きの変化にかかる時間は0.04秒だから，この交流の周波数は$\frac{1}{0.04}=25$（Hz）である。

⑸　発光ダイオードは電流が正しい向きに流れないと光らない。図５と６より，時間が 0.01 秒のときと 0.05 秒のときの電流の向きは同じで，赤の発光ダイオードが光る（青の発光ダイオードは光らない）とわかり，時間が0.03秒のときと0.07秒のときの電流の向きは0.01秒のときとは反対で，青の発光ダイオードが光る（赤の発光ダイオードは光らない）とわかる。よって，０～0.08秒の時間において，発光ダイオードは赤→青→赤→青と光る。

５　⑴　潜性形質に対し，子に現れる形質を顕性形質という。

⑵　対になっている遺伝子は，減数分裂によってそれぞれ別の生殖細胞に入る。

⑶　実験４でできた種子がすべて丸形であることから，丸形の種子が顕性形質，しわ形の種子が潜性形質であり，ＥはＲＲ（丸形の純系）とわかる。丸形の種子はＲＲまたはＲｒのどちらである。丸形の種子を育てて自家受粉させるとき，できる種子は，ＲＲの種子ではすべて丸形の純系（ＲＲ），Ｒｒの種子ではＲＲ《丸形》：Ｒｒ《丸形》：ｒｒ《しわ形》＝１：２：１となる。これより，ＡはＲＲ，ＢはＲｒとわかる。また，実験３でできた種子はすべて丸形だから，ＣとＤはどちらか一方はＲＲ，もう一方はＲＲまたはＲｒとわかる。よって，丸形の純系であると必ずいえるのは，ＡとＥである。

⑷　⑶解説より，実験２でできた丸形の種子がもつ遺伝子の組み合わせとその数の比はＲＲ：Ｒｒ＝１：２である。ここでＲＲの種子を育てて自家受粉させてできる種子の数をxとすると，Ｒｒの種子を育てて自家受粉させてできる種子の数は$2x$と表せる。できるしわ形の種子は，実験２より，Ｒｒの種子を育てて自家受粉させてできる種子のうちの$\frac{1}{3+1}=\frac{1}{4}$だから，$2x\times\frac{1}{4}=\frac{1}{2}x$となる。これ以外ではすべて丸形の種子ができるから，できる丸形の種子は全部で$x+2x-\frac{1}{2}x=\frac{5}{2}x$となる。よって，できた種子の丸形としわ形の数の比は$\frac{5}{2}x:\frac{1}{2}x=5:1$である。

⑸　しわ形の種子ができる可能性があるのは，交配させる丸形の種子の遺伝子がＲｒのときである。実験１でできた丸形の種子はすべてＲＲ，実験２と３でできた丸形の種子はＲＲまたはＲｒの可能性があり，実験４でできた丸形の種子はすべてＲｒである。よって，必ずＲＲとなる実験１でできた種子以外を交配すると，しわ形の種子ができる可能性があるので，エとオとカが正答となる。

６　⑴　18 時に見える半月は，南の空で右半分が光って見える上弦の月である。月の形と位置は，新月（Ａ）→上弦の月（Ｃ）→満月（Ｅ）→下弦の月（Ｇ）→次の新月と変化する。

⑵　２日前の月の位置はＢとＣの間と考えられる。よって，月の形は上弦の月より欠けていて，月の見える位置はより太陽に近い西側にあったと考えられる。なお，同じ時刻に見える月の位置は西→南→東と動く。

⑶　地球から見て，金星が太陽より左にあるとき夕方の西の空に見え，太陽より右にあるとき明け方の東の空に見える。

(4)　金星は５か月で 48×５＝240(度)移動するから，240÷30＝８(目盛り分)移動する。したがって，５か月後の地球と金星の位置は右図のようになる。(3)解説より，このときの金星は明け方の東の空に見える。また，５か月後の地球と金星の距離は，12 月 11 日のときより遠くなっているから，金星の見かけの大きさは小さくなる。

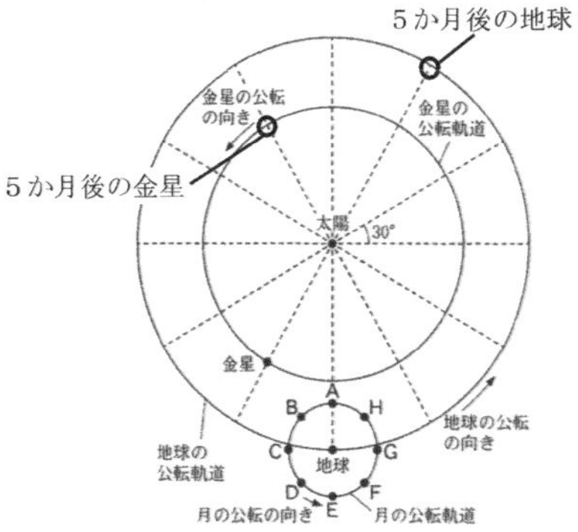

(5)　月食は，太陽－地球－月の順に一直線に並んだときに，満月が地球の影に入ることで起こる現象である。また，太陽が西の地平線に沈んだ直後，満月は東の地平線から上る。なお，太陽－月－地球の順に一直線に並んだとき，太陽が月に隠される現象を日食という。

7　(1)　〔仕事(Ｊ)＝力の大きさ(N)×力の向きに動かした距離(m)〕，300 g→３N，15 cm→0.15mより，３×0.15＝0.45(Ｊ)である。

(2)　物体が静止しているときや一定の速さで動いているとき，物体にはたらく力はつり合っているから，ひもがおもりを引く力の大きさは，重力Wの斜面に平行な分力の大きさと等しくなる。重力Wを斜面に平行な向きと斜面に垂直な向きに分解すると，右図のようになるから，ひもがおもりを引く力はOから右上に向かって３マス分の矢印をかけばよい。なお，重力Wの斜面に垂直な分力とつり合っている力は，斜面から物体にはたらく垂直抗力である。

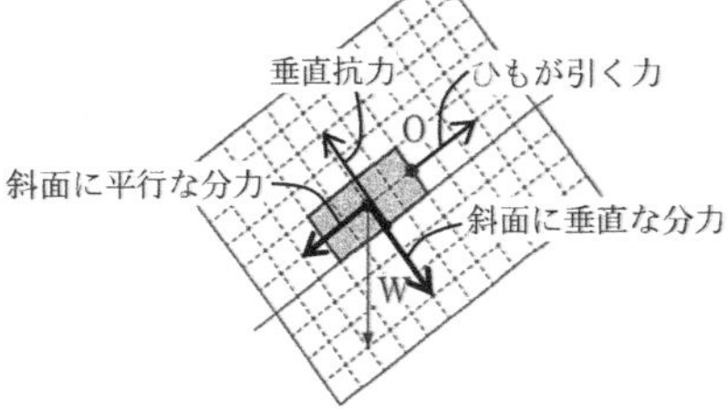

(3)　おもりが斜面の最高点の高さ(30 cm)の半分の 15 cm高くなるとき，おもりは斜面に沿って斜面の長さ(50 cm)の半分の 25 cm動いている。さらに動滑車を１個使っているから，手でひもを引く長さは 25 cmの２倍の 50 cmである。

(4)　仕事の原理と(1)より，実験１～３の仕事の大きさは 0.45 J である。〔仕事率(W)＝$\frac{\text{仕事(J)}}{\text{仕事に要した時間(s)}}$〕より，仕事率が最も大きいのはかかった時間が最も短い実験１で$\frac{0.45}{2.5}$W，最も小さいのはかかった時間が最も長い実験３で$\frac{0.45}{10.0}$Wである。よって，$\frac{0.45}{2.5}\div\frac{0.45}{10.0}$＝４(倍)となる。

(5)　600 g→６N，30 cm→0.3mより，おもりが受けた仕事の大きさは６×0.3＝1.8(Ｊ)である。〔電力(W)＝電圧(V)×電流(A)〕，〔電力量(Ｊ)＝電力(W)×時間(ｓ)〕より，電気モーターが消費したエネルギーは 2.5×0.5×1.8＝2.25(Ｊ)である。よって，$\frac{1.8}{2.25}$×100＝80(%)である。

8　(1)　〔質量パーセント濃度(%)＝$\frac{\text{溶質の質量(g)}}{\text{溶液の質量(g)}}$×100〕より，$\frac{40}{40+200}$×100＝16.6…→17%である。

(2)　物質が水にとける最大の質量は水の質量に比例するから，水 200 g に物質 40 g を入れてすべてとけるかどうかは，水 100 g に物質 20 g を入れてすべてとけるかどうかで判断すればよい。図より，㋐でとけ残りがあったCに入っていた物質は，60℃における溶解度が 20 g より少ないＺである。㋑で固体が出たＢに入っていた物質は，０℃における溶解度が 20 g より少ないＸである。よって，残りのＡに入っていた物質はＹとわかる。

(3)　表より，Ｘ(Ｂに入っていた物質)の０℃における溶解度は 13 g だから，２倍の水 200 g には 26 g 溶ける。よって，出た個体は 40－26＝14(g)である。

(4)　溶質がとける質量は溶媒(水)の質量に比例するから，加熱して水を蒸発させて水の質量を減らせばよい。

(5)　この水溶液は 1.1×200＝220(g)だから，とけているＹは 220×0.1＝22(g)，水は 220－22＝198(g)である。20℃の水 198 g にＹは 38×$\frac{198}{100}$＝75.24(g)までとかすことができるから，あと 75.24－22＝53.24→53 g とかすことができる。

《2024　英語　解説》

＝聞き取りテスト＝

問題Ａ

No. 1　Ａ「ハンバーガー２個とりんごジュース１つをいただけますか？」→Ｂ「はい。他には何かございますか？」→Ａ「いいえ，結構です」→Ｂ「540円です」より，Ｄが適切。

No. 2　「公園で２人の子どもがサッカーをしています。人が１匹の犬と散歩しています。２人がベンチに座っています」より，Ａが適切。

No. 3　「グラフは，私の学校の 100 人の生徒がどの国を訪れたいかを示しています。約 30 人の生徒がアメリカを訪問したいと思っています。韓国はフランスよりも人気があります。アメリカに行きたい生徒の数と，その他の海外の国へ行きたい生徒の数はほぼ同じです」より，Ｂが適切。

問題Ｂ　【放送文の要約】参照。

No. 1　**質問１**　「ジュリーのクラスはどれですか？」…Ｂ(ジュリー)の１回目の発言より，リョウタのクラスは１試合しか勝てなかった。Ａ(リョウタ)とＢ(ジュリー)のそれぞれ２回目の発言より，ジュリーのクラスは全部の試合には勝てなかったがリョウタのクラスよりも多くの試合に勝ったので，Ｃが適切。

質問２　「なぜジュリーは次の球技大会はリョウタのクラスが強いと思うのですか？」…Ａ(リョウタ)の４回目の発言より，Ｄ「リョウタのクラスにはバスケットボール選手がたくさんいるからです」が適切。

【放送文の要約】

Ａ：あのポスターを見て，ジュリー。先週の金曜日の球技大会の結果だよ。

Ｂ：私はバレーボールがとても楽しかったよ。質問１Cリョウタ，あなたのクラスは１試合しか勝てなかったのね。

Ａ：僕たちはベストを尽くしたけど，他のクラスはとても強かったよ。質問１C君のクラスは僕のクラスより多くの試合に勝ったね。

Ｂ：ええ。私のクラスはバレーボールが上手な生徒がたくさんいるの。でも，質問１C私は自分のクラスには全部の試合に勝ってほしかったな。次の球技大会はいつ開催されるか知ってる？

Ａ：12月だよ。

Ｂ：何をするの？

Ａ：質問２Dバスケットボールだよ！僕のクラスでは多くの生徒がバスケットボール部に入っているよ。

Ｂ：ああ，あなたのクラスは強そうね。

No. 2　**質問１**　「弁当はどれですか？」…ミネラルウォーターが最下位の47位のＤで，弁当もあまり買っていないので，弁当は46位のＣである。なお，１位のＡはコーヒー，２位のＢはふりかけである。

質問２　「話者は何を知りたいですか？」…コーヒーが人気である理由を知りたいから，Ｂ「なぜ私たちはたくさんコーヒーを買うのか」が適切。

【放送文の要約】

こんにちは。私の市についての情報をいくつか見つけました。私たちは海産物をたくさん買いますよね？しかし，コーヒーがぶりやこんぶのように１位だと知って驚きました。質問２Bなぜコーヒーを買うことがそんなに人気なのかわからないので，それについて知りたいです。質問１Cミネラルウォーターが最下位だということを知っても驚きませんでした。実際，家でもきれいな水が飲めるので，店で買う必要はありません。ふりかけをたくさん買っているとは知りませんでした。質問１C弁当をあまり買っていないことも知りませんでした。ふりかけと弁当の理由は同じだと思います。家においしいお米がたくさんあるからです。

問題C　【放送文の要約】参照。

「今日はロジャース先生と書道教室について話しました。僕は彼女の先生もキシ先生だとわかりました。先生たちは先週の日曜日に日本の①行事(＝events)について話しました。今度の日曜日，②４(＝four)時に教室に行って，先生と書道の練習をします。その後，僕たちは他の言語を学ぶことについて話をします。ロジャース先生に『③英語を勉強するよい方法を教えてくれませんか(＝Can you tell me a good way to study English)？』と尋ねたいです」

【放送文の要約】

A：こんにちは，ロジャース先生。

B：こんにちは，理貴さん。あなたは毎週日曜日に書道教室に通っているそうですね？

A：はい。

B：私は日本に来てから書道の練習をしています。

A：そうですか？知りませんでした。

B：私の書道の先生はキシ先生です。

A：ああ，僕の書道の先生でもあります。

B：わあ，私たちの先生は同じですね。キシ先生はとても優しいですよね。

A：僕もそう思います。キシ先生は英語を話しますか？

B：私は彼が英語を話す練習を手伝っています。私たちは書道の教室の後，英語で話すことを楽しんでいます。先週の日曜日，私たちは日本の①行事(＝events)について話しました。

A：面白そうです。僕も英語で話したいです。

B：あなたは今度の日曜日に私たちの書道教室に参加すべきです。教室が終わった後，よかったら私たちと一緒に英語を話す練習ができますよ。私たちは他の言語を学ぶことについて話すつもりです。

A：いいですね！僕は先生たちの書道教室に参加して英語を話します。先生はいつも何時に教室に行きますか？

B：いつもは３時に行きますが，次の日曜日は②４(＝four)時に行きます。

A：わかりました。キシ先生に僕が先生と一緒に行くことを伝えておきます。さようなら。

B：さようなら。

＝筆記テスト＝

１　〔１〕　【本文の要約】参照。

⑴①　Foreign Tourists のグラフより，春と秋(ウ)が最も人気があることがわかる。　②　Foreign Tourists のグラフより，冬(エ)が好きな外国人観光客はいないことがわかる。

⑵X　秋が一番人気だから，生徒たち(ウ)のグラフである。　Y　春が一番人気だから，先生方(イ)のグラフである。

【本文の要約】

私は春休みに外国人観光客のグループに出会いました。私は彼らと日本の四季について楽しく話しました。彼らの中で春と①ウ秋(＝autumn)が最も人気がありましたが，②エ冬(＝winter)が好きな人はいませんでした。それから，私の学校ではどの季節が一番人気があるのかを知りたくて，生徒と先生に聞きました。⑵Yイ先生方の間では春が一番人気があり，⑵Xウ生徒たちの間では秋が一番人気がありました。他の人はどうでしょうか？この町の人たちにお祭りで会ったときに聞いてみます。誰か手伝ってくれませんか？

〔2〕　【本文の要約】参照。

⑴①　①の直後により多くの時間をそこで過ごすと言っているので，掲示のそれぞれの表で最も滞在時間が長いエが適切。　②　掲示の２行目 All groups (1-3) will walk to the Flower Park「１～３のすべてのグループがフラワーパークに歩いて行きます」より，アが適切。

⑵　ア「生徒たちは，アウトドアサイエンスプログラムの期間中，×毎日貸切バスに乗る予定です」　イ○「１つのグループは３月 13 日，14 日，15 日に他のグループより遅くその日のプログラムを終了します」…掲示のそれぞれの表より，３月 13 日はグループ３，３月 14 日はグループ２，３月 15 日はグループ１が他のグループよりも遅くプログラムを終了するので正しい。　ウ「芽依とエラはアウトドアサイエンスプログラムの最終日に×ドラゴン川に行きます」…掲示の一番下の表より，グループ２の芽依とエラは最終日にホワイトレイクに行く。　エ「３月 11 日は祝日で授業はありませんが，×ノアはその日のことを知りませんでした」…知らなかったのは芽依である。

【本文の要約】

芽依：アウトドアサイエンスプログラムのグループが本日発表されたよ。私はグループ２だよ。

エラ：芽依，私たちは同じグループね。

芽依：いいね！一緒に同じ場所に行くことができるよ。

ノア：私はグループ１よ。違うグループにいるのは私だけね。

エラ：ノア，あなたのグループの計画は最高だと思うよ。①エマウンテンパーク(＝Mountain Park)を訪れると疲れるよ。そこでより多くの時間を過ごすからね。あなたのグループの計画では，次の日は土曜日だから休めるよ。

ノア：その通りね。

芽依：すべての場所に歩いて行かなければならないの？

ノア：②アフラワーパーク(＝Flower Park)だけは歩いて行くよ。２日目，３日目，４日目は貸切バスで行くの。

芽依：いいね。その週の通常の授業は，月曜日だけだね。

エラ：いいえ，違うよ。月曜日は学校が休みになるよ。

芽依：本当に？知らなかったよ。

ノア：その日は祝日だよ。カレンダーを確認して。

〔3〕【本文の要約】参照。

⑴　代名詞などの指示語の指す内容は直前にあることが多い。ここでは，直前のハンスの発言の old Japanese trains are running in the Philippines「古い日本の列車が(今でも)フィリピンで走っていること」を指す。

⑵②　ハンスが次の発言で，国内で再利用されている列車の例を挙げているので，エ「日本でも再利用されている列車があるよ」が適切。　③　淳は直後にあいの風とやま鉄道を象徴する色を例として挙げているので，ア「鉄道路線にはそれぞれの色があるよ」が適切。

⑶　下線部④のハンスの発言は，直前の淳の発言の最後の１文を言い換えたものである。

⑷　列車の写真を撮りたいと言っているハンスに対してかける言葉を 10 語以上で答える。

「(人)に(もの)を見せる」＝show＋もの＋to＋人　「～するための○○」＝○○＋to～

【本文の要約】

淳　　：やあ，ハンス。鉄道が好きらしいね。僕も鉄道が好きだよ。

ハンス：へえ，そうなの？うん。僕は特に日本の鉄道に興味があるよ。フィリピンでは日本の古い列車が走っているからね。

淳　　：日本の古い列車？それらはまだ走っているの？それはワクワクするね！

ハンス：僕はそこにいた時，日本の鉄道ファンを何人か見たよ。彼らは古い日本の列車を見たり，写真を撮ったりして楽しんでいたよ。

淳　　：そこに日本の古い列車を見に行きたいな。

ハンス：他の国でも日本の古い列車がたくさん走っているよ。日本の列車は品質がいいから人気があるんだ。

淳　　：日本の列車が他の国で愛されていると聞いて，とてもうれしいよ。それに，ものを再利用するのもいいことだと思うよ。

ハンス：その通り。②エ日本で再利用されている列車もあるよ。

淳　　：本当に？例を挙げてよ？

ハンス：東京の日比谷線で使われていた列車が，石川の北陸鉄道を走っているよ。

淳　　：日本の鉄道に詳しいんだね！

ハンス：先週の日曜日，僕は鉄道が好きな友達と金沢に行ったよ。彼が僕にそのことを教えてくれたんだ。

淳　　：日比谷線の列車は，銀色の模様だよね？

ハンス：うん，でもオレンジ色に変わったよ。北陸鉄道を象徴する色だよ。

淳　　：③ア鉄道路線にはそれぞれの色があるよ。例えば，あいの風とやま鉄道のシンボルカラーは青と緑だよ。

ハンス：青は海のイメージで，緑は山や木のような自然のイメージだよね？

淳　　：そうだよ。列車の左右の模様の色が違うって知ってた？

ハンス：いや，知らなかったよ。なぜ違うの？

淳　　：(3)青色の模様がある側を見ると列車の背景に海が見えて，緑色の模様がある側を見ると列車の背景に山が見えるよ。

ハンス：すごい！列車のそれぞれの側面の模様と背景は同じ模様なんだね。美しい背景で列車の写真を撮りたいな。

淳　　：⑤(例文１)もしいい写真が撮れたら，僕に見せてよ。（＝If you can take nice pictures, please show them to me.）／(例文２)僕は列車の写真が撮れるいい場所を知ってるよ。そこに行こう。（＝I know a good place to take pictures of trains.　Let’s go there.）

ハンス：わかった。

２〔１〕【本文の要約】参照。

(1) 第２段落より，アは新１万円札の東京駅駅舎，イは現１万円札の鳳凰，ウは新５千円札の藤の花，エは新千円札の海だから，イが不適切。

(2) 下線部の直後に For example があり，具体例が挙げられている。

(3) ア○「美穂は新５千円札に印刷される花が好きです」　イ「美穂は×現在私たちが使っている紙幣に印刷されている有名人を紹介しています」　ウ○「美穂は，新紙幣の人物は日本人から尊敬されていると言っています」　エ「美穂は×来年，新紙幣を見ることにワクワクしています」　オ「美穂は×同じ考えを持つ人たちとだけ勉強したいと思っています」

【本文の要約】

こんにちは，みなさん。今日は日本の新紙幣についてお話しします。今年から使用が始まることをご存知ですか？これらはその写真です。

まず，新しい紙幣はカラフルで美しいです。新１万円札の裏面は東京駅丸の内駅舎です。(1)イ一方，現在使用している１万円札の裏面には，鳳凰の絵が描かれています。鳳凰は鳥のようです。日本の紙幣には花が印刷されていることが多く，(3)ア新５千円札には藤の花が描かれます。私はとても気に入っています。新千円札には有名な浮世絵から採用された海の絵があって，素晴らしいです。新しい紙幣の絵は，私たちの美しい自然と独自の文化を紹介していることがわかりました。

新しい紙幣にはそれぞれ有名人の絵が描かれます。有名人は渋沢栄一，津田梅子，北里柴三郎です。彼らの素晴らしい仕事は多くの人々と日本を助けました。例えば，渋沢栄一は日本で初の銀行を作り，約 500 の会社を設立するのに貢献しました。津田梅子は 1900 年に東京で女子英学塾を開設し，女性に勉強する機会を与えました。北里柴三郎は，多くの人を救うために医学の分野で懸命に働きました。(3)ウ日本人は彼らのことをよく知っていて，尊敬しています。これらの理由から，彼らは新紙幣に選ばれました。

新紙幣の最も興味深い点は，それらの紙幣に使用されている優れた技術です。例えば，(2)紙幣を違う角度から見ることによって，人物の顔が動いているように見えます！また，(2)新紙幣には非常に小さな NIPPONGINKO の文字が印刷されています。それらはとても小さいので，見つけることさえできません。このような技術によってにせの紙幣を作ることは困難です。新しい紙幣が見たいです。

新しい紙幣について調べることは，日本の偉大な人物と技術の両方について学ぶいい機会になりました。私たちはそれらについて他の観点でも学ぶことができます。さまざまな観点で物事を学ぶことができるのは素晴らしいことではないでしょうか？私はこれからも新しいことを学び続け，みなさんと様々なアイデアを共有したいと思います。今，私は外国の紙幣に興味があります。ですからみなさん，一緒に学んでいきましょう。

ご清聴ありがとうございました。

〔２〕【本文の要約】参照。

(1)①　直前の富山湾はとても深いこととつながるウ「富山湾には，深海に生息する魚がいます」が適切。

②　直前の富山湾には暖かい海流と冷たい海洋深層水があることとつながるア「富山湾には暖かい海水と冷たい海水の両方に生息する魚がいます」が適切。　③　直前の多くの大きな川が山や森から海に多くの栄養を運んでいることとつながるイ「このため，魚のための豊富なえさが育ちます」が適切。

(2)　第３段落の内容から，同じ経験とは，以前に見たことがない魚を釣ったことである。ウ「富山湾に生息していなかった魚を釣ったこと」が適切。

(3)　第５段落の最初の１文で，正は富山湾の今後の課題について述べている。

(4)　[1]はオ「非常に美しい富山湾」，[2]はイ「富山湾にたくさんの種類の魚がいる理由」，[3]はア「友達のケンが釣った魚」，[4]はウ「海水の温度と地球温暖化」，[5]はエ「私が将来のためにやりたいこと」があてはまる。

【本文の要約】

[1]私は海を見るのが好きです。富山湾では海と山を同時に見ることができます。私は富山湾は世界で一番美しい湾だと思います。私はどの季節にもよく海に釣りに行きます。私は５歳の時に釣りを始めました。私は富山湾でたくさんの種類の魚を釣ったことがあります。驚くべきことに，そこには約 500 種類の魚がいます。なぜ富山湾にはこんなにたくさんの種類の魚が生息しているのでしょうか？

[2]私は富山湾に関する本を何冊か読んでその理由を探ってみました。１つ目の理由は，富山湾はとても深いということです。だから，[①ウ富山湾には，深海に生息する魚がいます。]２つ目の理由は，富山湾には暖かい海流と冷たい海洋深層水があることです。だから，[②ア富山湾には暖かい海水と冷たい海水の両方に生息する魚がいます。]３つ目の理由は，富山には高い山が多く，富山湾からそう遠くないところにあります。多くの大きな川が山や森から海に多くの栄養を運んでいます。[③イこのため，魚のための豊富なえさが育ちます。]これらの理由によって，富山湾にはたくさんの種類の

魚が生息しているのです。

3 ある日，私は友達のケンと海に釣りに行きました。彼は魚を釣りました。そして彼は私に「正，この魚は何？」と言いました。私は「知らないよ。そんなの見たことないよ」と言いました。そこで，家に帰ってから魚の図鑑で確認しました。九州近海の暖かい海に生息している魚でした。それ以来，何度も同じ経験をしています。

4 より暖かい海水に生息している魚が富山にやってきました。一方で，釣りを始めたときに釣っていた魚のいくつかは今は釣れません。私が作ったグラフを見てみましょう。地球温暖化によって日本周辺の海水の温度が高くなったことを示しています。 地球温暖化により，富山湾の海水の温度も高くなりました。

5 (3)もし海水の温度が上がり続けたら，富山湾では将来，冷たい海水に生息する魚を見なくなるでしょう。私はこの問題を解決するために何ができるか，そしてどのように富山湾の独自性を保つことができるかを考えたいです。

3 〔1〕(1) 「学校に遅れてはいけません」…「～してはいけません」は，主語を省略し〈Don't＋動詞の原形.〉で表す。

・be late for ～「～に遅れる」

(2) 「それは富山で最も人気のレストランのひとつとして知られています」…・one of＋名詞の複数形「～のひとつ」

・be known as ～「～として知られている」

(3) 「彼が書いた本を私に見せてくれませんか？」…「彼が書いた本」は〈省略された関係代名詞(＝which/that)と語句(＝he wrote)〉が後ろから名詞(＝books)を修飾する形にする。 ・show＋人＋こと/もの「(人)に(こと/もの)を見せる」

3 〔2〕対話に挿入する作文問題は，直前や直後の内容に注目する。それぞれ３語以上で書くこと。

③ 直後の④でサラが「私は浴衣を着たいの」と言ったので，What do you want to do「あなたは何をしたいの」，Can you tell me what you want to try「何をやってみたいか私に教えてくれない」などで答える。

⑧ 浴衣の着方を尋ねられて，わからないと言った後の言葉だから，my grandmother knows how to wear a yukata「祖母が浴衣の着方を知っているよ」，I'll ask my mother to help you wear a yukata「母に浴衣を着るのを手伝ってくれるよう頼んでみるよ」などで答える。 ⑩ 着せてもらった浴衣を「似合っているよ」と言われたときのサラの言葉だから，I want you to take pictures of me「あなたに写真を撮ってほしいな」，Please tell your sister that I like her yukata「あなたのお姉さんに浴衣が気に入ったと伝えてね」などで答える。

〔3〕 ケビン先生の話「私は富山県に住んで３年になります。富山県のことはここに来るまで知りませんでした。今では，富山県は素晴らしい場所だということを知っています。もっと多くの外国人に富山県に来て楽しんでもらいたいです。そのために富山県はどうすればいいでしょうか？あなたの考えと，なぜそう思うのかを私に教えてください」…25 語以上の条件を守って英文を書こう。(例文)「富山県は列車やバスの数を増やすべきです。もし富山県にもっと多くの列車やバスがあれば，外国人が富山県を旅行しやすくなるでしょう」

《2024 数学 解説》

1 (1) 与式＝$7-8=\mathbf{-1}$

(2) 与式＝$\dfrac{xy^3\times 6x^2y}{3y^2}=\mathbf{2x^3y^2}$

(3) 与式＝$2\sqrt{6}-\sqrt{6}=\mathbf{\sqrt{6}}$

(4) 与式＝$8a+4b-5a+b=\mathbf{3a+5b}$

(5) $2x+3y=4$…①，$5x+4y=3$…②とする。①×５－②×２でxを消去すると，$15y-8y=20-6$

$7y=14$　　$y=\mathbf{2}$　　$y=2$を①に代入して，$2x+3\times 2=4$　　$2x=-2$　　$x=\mathbf{-1}$

(6) 回転体は右図のような，底面の円の半径が３cm，高さが10cmの円柱になる。

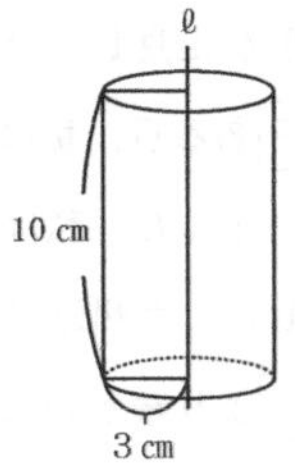

よって，求める体積は $3^2\pi\times10=$ **90π**（cm^3）

(7) **【解き方】（変化の割合）$=\dfrac{(y\text{の増加量})}{(x\text{の増加量})}$で求める。**

$y=ax^2$に$x=2$を代入すると，$y=a\times2^2=4a$，$x=6$を代入すると，$y=a\times6^2=36a$となる。よって，xの値が２から６まで増加するときの変化の割合は，$\dfrac{36a-4a}{6-2}=8a$となり，これが12と等しいから，$8a=12$より$a=$**$\dfrac{3}{2}$**である。

(8) おとな４人の入館料は$4a$円，中学生３人の入館料は$3b$円であり，この和が7000円以下だから，**$4a+3b\leqq7000$**となる。

(9) **【解き方】取り出した玉のうち，少なくとも１個が偶数であれば，書かれた数の積も偶数となる。**

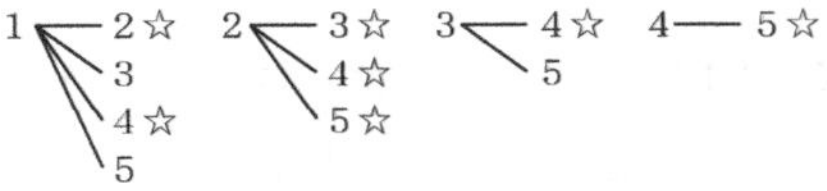

右の樹形図より，玉の取り出し方は全部で10通りあり，条件に合う取り出し方は☆印の７通りだから，求める確率は**$\dfrac{7}{10}$**である。

(10) ＡＢとＡＣが重なるように折ったときの折り目は，∠ＣＡＢの二等分線になる。よって，∠ＣＡＢの二等分線と，ＢＣとの交点をＰとすればよい。

2 **【解き方】土地の横の長さは縦の長さの３倍だから，$3x$mである。**
道を端に移動させると，右図のようになる。

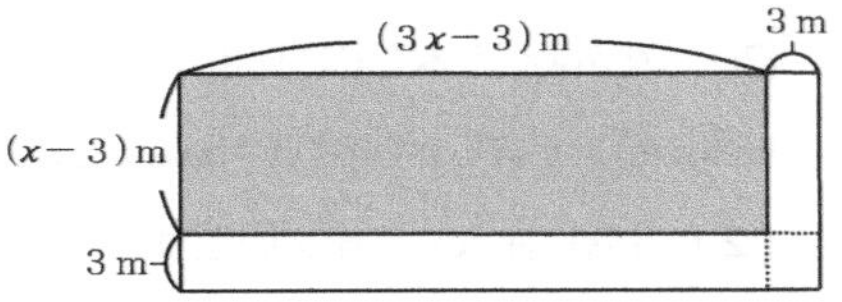

(1) 畑の面積は，縦の長さが$(x-3)$m，横の長さが$(3x-3)$mの長方形の面積だから，$(x-3)(3x-3)$$m^2$である。

これが297m^2に等しいので，**$(x-3)(3x-3)=297$**

(2) 道の面積は，縦の長さが３m，横の長さが$3x$mの長方形の面積と，縦の長さがxm，横の長さが３mの長方形の面積の和から，１辺の長さが３mの正方形の面積を引いた値だから，$3\times3x+x\times3-3\times3=12x-9$（$m^2$）と表せる。

また，道の面積は土地全体の面積から，畑の面積を引いた値に等しいので，$x\times3x-297=3x^2-297$と表せる。

したがって，**$12x-9=3x^2-297$**

(3) (2)の２次方程式より，$x^2-4x-96=0$　　これを解くと，$x=-8$，12となり，$x>3$だから，$x=12$である。よって，土地の縦の長さは**12**mである。

3 (1) （四分位範囲）＝（第３四分位数）－（第１四分位数）だから，$11-3=$**8**（問）である。

(2) **【解き方】７人のデータの中央値は，$7\div2=3.5$より，小さい方から４番目の値，第１四分位数は$3\div2=1.5$より，小さい方から２番目の値，第３四分位数は大きい方から２番目の値である。よって，中央値，第１四分位数，第３四分位数と同じ正解数の人がそれぞれいるから，自然数ａ，ｂを用いて，データの小さい順に，２，３，ａ，８，ｂ，11，14と表すことができる。**

① ８人のデータの中央値は，$8\div2=4$より，小さい方から４番目と５番目の平均，第１四分位数は，$4\div2=2$より，小さい方から２番目と３番目の平均，第３四分位数は大きい方から２番目と３番目の平均である。

中央値について，みずきさんの点数に関わらず，小さい方から４番目か５番目の値は８だから，もう一方の値は$7\times2-8=6$である。同様に，第１四分位数について，小さい方から２番目か３番目の値は３だから，もう一方の値は$4\times2-3=5$，第３四分位数について，大きい方から２番目か３番目の値は11だから，もう一方の値は$10\times2-11=9$となり，８個の値は２，３，<u>５</u>，<u>６</u>，８，<u>９</u>，11，14とわかる。下線部の３個がそれぞれａ，ｂ，みずきさんの正解数であり，$8\leqq b\leqq11$より，$b=9$だから，みずきさんの正解数は**５**問または**６**問である。

② ８人のデータの平均値は，$(2+3+5+6+8+9+11+14)\div8=$**7.25**（問）

4　(1)①　右図より，「５番目の三角形」において，直線ℓ上の格子点は（０，０）（１，１）（２，２）（３，３）（４，４）（５，５）の６個，直線m上の格子点は（０，０）（－１，－１）（－２，－２）（－３，－３）（－４，－４）（－５，－５）の６個，直線y＝５上の格子点は（－５，５）（－４，５）（－３，５）（－２，５）（－１，５）（０，５）（１，５）（２，５）（３，５）（４，５）（５，５）の11個ある。これら６＋６＋11＝23（個）の格子点のうち，２本の直線上にある点は（０，０）（５，５）（－５，－５）の３個だから，求める格子点の個数は23－３＝**20**（個）である。

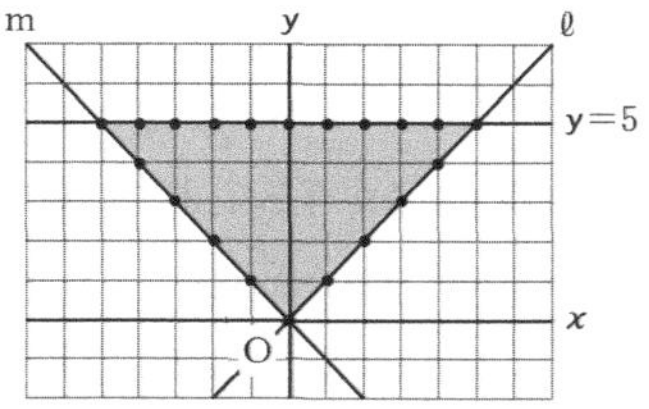

②　①をふまえる。「n番目の三角形」において，直線m上，直線ℓ上の格子点はそれぞれ（n＋１）個，直線y＝n上の格子点は（２n＋１）個ある。このうち３個は２本の直線上にあるから，求める格子点の個数は（n＋１）＋（n＋１）＋（２n＋１）－３＝**４n**（個）である。

(2)　**【解き方】「１番目の三角形」，「２番目の三角形」，「３番目の三角形」，…となると，周上および内部にある格子点の個数は，$4=2^2$（個），$9=3^2$（個），$16=4^2$（個），…と増えていくから，「m番目の三角形」の周上および内部にある格子点の個数は$(m+1)^2$個である。**

$(13+1)^2=14^2=196$，$(14+1)=15^2=225$だから，周上および内部にある格子点の個数がはじめて200個以上となるのは「**14**番目の三角形」である。

5　(1)　**【解き方】△ACDはAC＝ADの二等辺三角形だから，AMはCDの垂直二等分線である。**

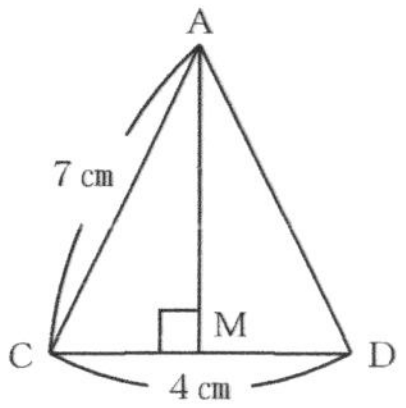

MはCDの中点だから，CM＝$\frac{1}{2}$CD＝２（㎝）である。よって，△ACMにおいて，三平方の定理より，AM＝$\sqrt{7^2-2^2}$＝**$3\sqrt{5}$**（㎝）

(2)　**【解き方】三角すいABCDの底面を△BCDとしたときの高さを求める。**

△BCDはBC＝BDの二等辺三角形だから，Aから面BCDに垂線を引き，交点をHとすると，HはBM上にある。△ABMは１辺の長さが$3\sqrt{5}$㎝の正三角形なので，右図のようになる。

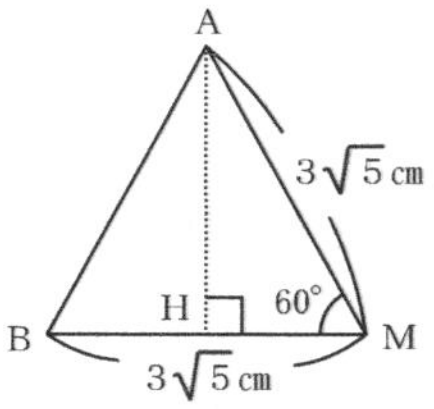

△AHMは３辺の長さの比が１：２：$\sqrt{3}$の直角三角形だから，AH＝$\frac{\sqrt{3}}{2}$AM＝$\frac{\sqrt{3}}{2}\times 3\sqrt{5}=\frac{3\sqrt{15}}{2}$（㎝）である。また，△BCD＝$\frac{1}{2}\times 4\times 3\sqrt{5}=6\sqrt{5}$（㎠）だから，三角すいABCDの体積は，$\frac{1}{3}\times 6\sqrt{5}\times\frac{3\sqrt{15}}{2}$＝**$15\sqrt{3}$**（㎤）である。

(3)　**【解き方】底面積と高さの一方の値が等しい三角すいの体積は，もう一方の値に比例する。**

三角すいABCDと三角すいPBCDについて，底面をそれぞれ△BCDとしたとき，それぞれの体積は高さに比例する。よって，右図のように，PからBMに引いた垂線との交点をIとすると，△ABH∽△PBIで，相似比はAB：PB＝２：１だから，AH：PI＝２：１となる。

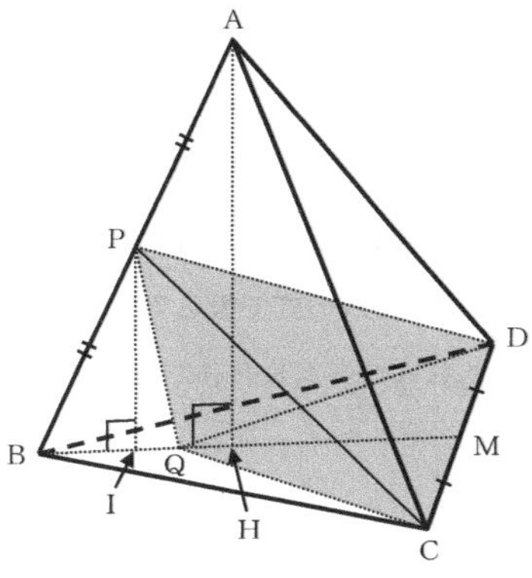

よって，（三角すいPBCDの体積）＝$\frac{1}{2}$（三角すいABCDの体積）

三角すいPBCDと三角すいPQCDについて，底面をそれぞれ△BCD，△QCDとしたときの高さが等しい。△BCDと△QCDで，底辺をCDとしたときの高さはそれぞれBM，QMとなるので，△BCD：△QCD＝BM：QMとなる。よって，（三角すいPQCDの体積）＝（三角すいPBCDの体積)×$\frac{QM}{BM}$＝$\frac{1}{2}$×$\frac{QM}{BM}$×(三角すいＡＢＣＤの体積)だから，$\frac{1}{2}$×$\frac{QM}{BM}$＝$\frac{1}{3}$より$\frac{QM}{BM}$＝$\frac{2}{3}$である。

したがって，QM＝$\frac{2}{3}$BM＝$\frac{2}{3}$×$3\sqrt{5}$＝**$2\sqrt{5}$**(cm)

6　(1)　Ａ宅からＢ宅までは900m，Ｂ宅からＣ宅までは1200－900＝300(m)，Ｃ宅から図書館までは2100－1200＝900(m)離れている。ＡさんとＢさんが出会った地点からＣ宅までは，1200－600＝600(m)離れているので，２人は出会ってから600÷120＝５(分後)にＣ宅に着いた。よって，Ｂ宅での待ち合わせ時間から，10＋５＝15(分後)にＡ宅から1200mの地点にいるので，２点(10，600)，(15，1200)を直線で結べばよい。

(2)　**【解き方】ＡさんとＢさんが出会ったのは，Ａさんが出発してから何分後か求める。**

計画では，Ａさんは出発してから900÷60＝15(分後)にＢ宅に到着する予定であった。ＡさんとＢさんが出会ったのは，Ａさんが出発する予定だった時刻の15＋10＝25(分後)であり，このときＡさんはＡ宅から600÷120＝５(分間)走っていたから，Ａさんは計画より25－５＝**20**(分)遅れて出発した。

(3)　**【解き方】Ｃさんが出発したのは，Ａさんが出発してから何分後か求める。**

計画では，Ａさんは出発してから1200÷60＝20(分後)にＣ宅に到着する予定であった。つまり，ＡさんはＣ宅への到着予定時間に家を出発したことになるので，Ｃさんが出発したのは，Ａさんが出発して５分後に，ＡさんとＢさんが出会ったのと同時である。よって，Ｃさんが出発したとき，ＡさんとＢさんはＣ宅まであと600mの地点にいた。ここからｔ分後にＣさんに追いついたとすると，120ｔ＝30ｔ＋600よりｔ＝$\frac{20}{3}$だから，Ａ宅から

1200＋30×$\frac{20}{3}$＝**1400**(m)離れた地点で追いついた。

(4)　(3)より，３人が一緒に歩き始めたのは図書館から2100－1400＝700(m)離れた地点だから，さらに700÷60＝$\frac{35}{3}$(分後)に図書館に到着する。よって，３人が図書館に到着したのは，計画でＡさんが出発する予定時間の20＋５＋$\frac{20}{3}$＋$\frac{35}{3}$＝$\frac{130}{3}$(分後)であり，計画ではＡさんが出発してから2100÷60＝35(分)で到着する予定だったので，予定よりも$\frac{130}{3}$－35＝$\frac{25}{3}$＝$8\frac{1}{3}$(分)→８分($\frac{1}{3}$×60)秒＝**８分20秒**遅れて到着した。

7　(1)　まず，問題文の仮定を図にかきこんで，証明のために必要な条件を探そう。条件が足りない場合は，問題の内容に応じて，図形の性質，平行線の同位角・錯角，円周角の定理などからわかることもかきこんでみよう。

(2)①　**【解き方】ＢＧ＝ＢＣ＋ＧＣとして求める。**

△ＡＢＣは３辺の長さの比が１：２：$\sqrt{3}$の直角三角形だから，ＢＣ＝$\frac{\sqrt{3}}{2}$ＡＢ＝$\frac{\sqrt{3}}{2}$×６＝$3\sqrt{3}$(cm)である。

また，ＡＯ＝６×$\frac{1}{2}$＝３(cm)だから，円Ｏと円Ａの半径は３cmなので，ＡＣ＝３cm

△ＡＧＣにおいて，三平方の定理より，ＧＣ＝$\sqrt{4^2-3^2}$＝$\sqrt{7}$(cm)

したがって，ＢＧ＝ＢＣ＋ＧＣ＝**$3\sqrt{3}+\sqrt{7}$**(cm)

②　**【解き方】①までで△ＡＧＢの面積は求められるので，△ＡＧＢと△ＥＦＧの面積比から△ＥＦＧの面積を求めたい。そのためにはＦＧ：ＧＢを求める必要があるので，Ｆを通りＡＧに平行な直線と直線ＡＢの交点をＰとする(右図参照)。ＰＡ＝$x$cmとし，三角形の相似を利用してＰＦの長さを２通りのxの式で表して，xの方程式をたてる。**

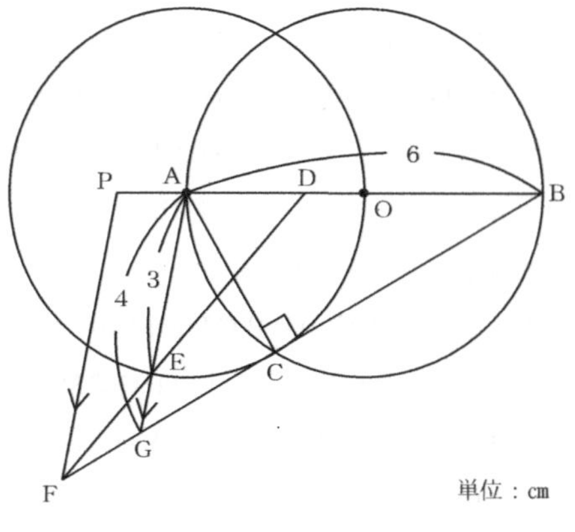

単位：cm

△ＢＡＧ∽△ＢＰＦで相似比がＢＡ：ＢＰ＝６：(６＋x)だから，ＰＦ＝ＡＧ×$\frac{6+x}{6}$＝４×$\frac{6+x}{6}$＝$\frac{12+2x}{3}$(cm)

ＤＡ＝６×$\frac{1}{3}$＝２(cm)，△ＤＡＥ∽△ＤＰＦで相似比がＤＡ：ＤＰ＝２：(２＋x)だから，ＰＦ＝ＡＥ×$\frac{2+x}{2}$＝

$3\times\frac{2+x}{2}=\frac{6+3x}{2}$(cm)　　ＰＦの長さについて，$\frac{12+2x}{3}=\frac{6+3x}{2}$　　これを解くと，$x=\frac{6}{5}$

したがって，ＦＧ：ＧＢ＝ＰＡ：ＡＢ＝$\frac{6}{5}$：６＝１：５

△ＡＢＧ＝$\frac{1}{2}$×ＢＧ×ＡＣ＝$\frac{1}{2}\times(3\sqrt{3}+\sqrt{7})\times3=\frac{9\sqrt{3}+3\sqrt{7}}{2}$(cm²)

△ＡＦＧ：△ＡＢＧ＝ＦＧ：ＧＢ＝１：５だから，△ＡＦＧ＝$\frac{1}{5}$△ＡＢＧ

△ＥＦＧ：△ＡＦＧ＝ＥＧ：ＡＧ＝(４－３)：４＝１：４だから，

△ＥＦＧ＝$\frac{1}{4}$△ＡＦＧ＝$\frac{1}{4}\times\frac{1}{5}$△ＡＢＧ＝$\frac{1}{20}$△ＡＢＧ＝$\frac{1}{20}\times\frac{9\sqrt{3}+3\sqrt{7}}{2}=$ **$\frac{9\sqrt{3}+3\sqrt{7}}{40}$**(cm²)

富山県公立高等学校

《2023　社会　解答例》

1　⑴オ，カ　⑵記号…X　名称…環太平洋　⑶(あ)A　(い)F　⑷①R　②イ　⑸ウ　⑹ウ→ア→エ→イ

2　⑴香川　⑵北西の季節風により，日本海側では，冷たく湿った空気が流れ込むため雪が降り，奥羽山脈の風下である太平洋側では，乾いた風がふきおろすため雪が少なくなるから。　⑶エ　⑷イ　⑸富山県…オ　C県…ウ　⑹X．海溝　県…あ

3　⑴語句…兵農分離　記号…エ　⑵X．元　Y．徳政令　⑶Ⅰ．ウ　Ⅳ．カ　⑷エ　⑸ア，エ　⑹①[1]C　[4]A　②Ⅰ．お　Ⅱ．え

4　⑴エ　⑵ア→エ→イ→ウ　⑶労働者の年齢が低いこと。／労働時間が長いこと。　⑷P．ア　X．世界恐慌　⑸エ　⑹ウ　⑺Ⅰ．C　Ⅲ．B

5　⑴①新聞…B　インターネット…C　②P．ウ　S．ア　⑵①ウ　②ウ　③拒否権をもつ常任理事国のロシア連邦が反対したため。　⑶①法の支配　②記号…い　X．自由　Y．幸福

6　⑴多額の資金を少額の株式に分け，広く多数の人に購入してもらうことにより，必要な資金を集めやすくなること。　⑵P．イ　X．希少性　⑶エ　⑷ウ　⑸イ，エ　⑹ウ

《2023　国語　解答例》

一　ア．かんき　イ．いど　ウ．よくよう　エ．混雑　オ．営　カ．資源

二　1．三　2．言語は～本能だ　3．「リンゴ」という名前で呼ばれるものを見えているものの中から決定すること。　4．イ　5．ア　6．物には名前がある　7．私は弟の発表会に妹と行く。　8．エ
9．ある名前で呼ばれた物体と共通性を見出した物体は、同一の名前で言い表せることを理解すること。
10．経験

三　1．ウ　2．A．短所　B．長所　3．⑴納得できない気持ち　⑵普通であることに梨木が悩む理由
4．A．完全に正しくわかること　B．考えや気持ちに気づくこと　5．しわをつくる　6．積極的に香山と関わろうと行動することは、ありきたりでつまらないことではないということ。　7．香山　8．特徴のない自分を否定的に捉えていたが、香山とのやり取りを通して、自分を肯定的に捉えられるようになった。

四　1．エ　2．かげあり　3．歌管　4．ウ　5．イ

五　(例文)

選んだ番号…①

AとBは、「物事を行うための計画」という共通点があると思う。AとBを比較すると、行う物事の規模に違いがあり、Aは関わる人が多く、範囲が広い場合に使うのに対し、Bは小さな規模で行う場合に使う印象がある。

生徒会が中心となって、自分たちが暮らす町の良さを発信する活動をするときには、Aを使いたい。自分たちが気づいていない魅力を発見するには、地域に暮らす多くの人の協力が必要になる。多くの人が関わる活動であることを表すにはAがふさわしいからだ。

《2023　理科　解答例》

1　⑴R　⑵細胞と細胞をはなれやすくする。　⑶E→B→F→C→D　⑷D．X　E．２X　⑸ア，エ

2　⑴P．イ　Q．エ　R．オ　⑵13.79　⑶X．光　Y．音

⑷①ピストルの音が校舎で反射して，その後浩二さんに伝わったから。　②1.15

3　⑴$HCl+NaOH \rightarrow NaCl+H_2O$　⑵X．水酸化物　Y．中和　⑶イ　⑷A，B

⑸右グラフ

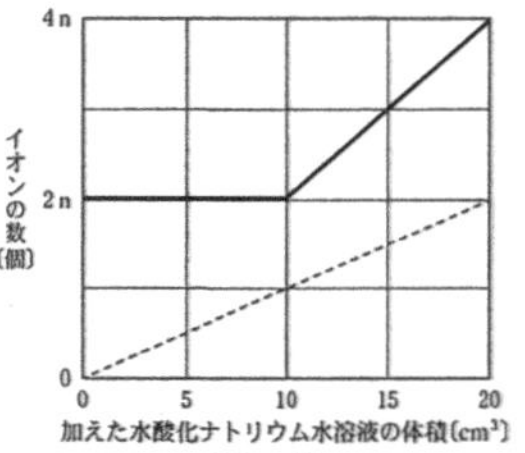

3⑸のグラフ

4　⑴P．26　Q．25　⑵X．イ　Y．エ　Z．キ　⑶イ　⑷はいた息の温度が露点よりも下がったため，息の中の水蒸気が水滴に変わったから。　⑸ウ

5　⑴Zn　⑵３　⑶Al　⑷砂糖　⑸水素／炭素

6　⑴①イ　②ウ　③オ　⑵①B，C　②エ　⑶酸素が多いところでは…酸素と結びつく。　酸素が少ないところでは…酸素をはなす。

⑷P．ア　Q．イ　R．エ

7　⑴恒星　⑵X．エ　Y．カ　⑶イ　⑷ア，ウ　⑸おうし／しし

8　⑴2.0　⑵X．比例　Y．短く　⑶右グラフ

⑷P．3.0　Q．b　R．c　S．ア

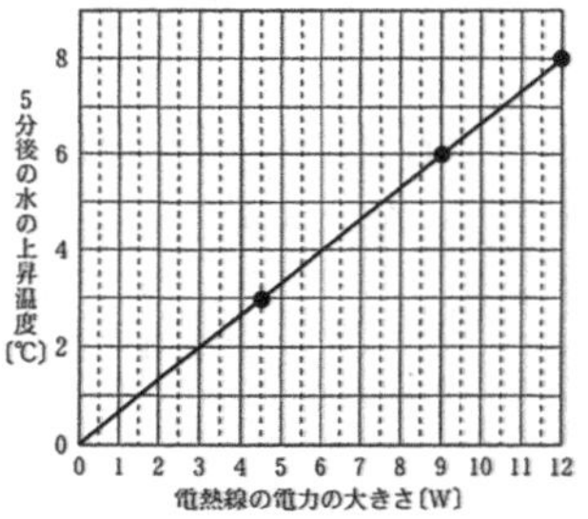

8⑶のグラフ

《2023　英語　解答例》

(聞き取りテスト)

問題A　No.１．A．正　B．誤　C．正　No.２．A．誤　B．正　C．正　No.３．A．正　B．正　C．誤

問題B　No.１．質問１…A　質問２…C　No.２．質問１…D　質問２…C

問題C　①food　②pictures　③What time can I come

(筆記テスト)

1　〔１〕(あ)６　(い)11　〔２〕⑴エ　⑵①B　②C　〔３〕⑴ウ　⑵①町をきれいに保てること。／体をより強くすることができること。　②環境をよりよくしたいと思っている新しい友だちができること。　⑶ア

⑷(例文１)I'm interested in it.　I will be happy if I can make our city clean　(例文２)I'm sorry I will go shopping with my mother on Saturday. Thank you for asking

2　〔１〕⑴①イ　②エ　⑵ウ，オ　⑶イ　〔２〕⑴ア．４　イ．３　⑵A．１　B．１　C．１　D．３

⑶health　⑷世界の人々が日本の文化に興味をもち，日本のことをもっと好きになること。

3　〔１〕⑴you usually get up so early　⑵I don't think she can come　⑶I wish I lived in Hyogo

〔２〕③(例文１)Where did you go in Tokyo　(例文２)What did you do there　⑦(例文１)I'll drink it tonight

(例文２)I have never had it　⑧(例文１)Can I borrow the book you bought in Tokyo　(例文２)Will you tell me about it

〔３〕I think it is important for children to study.　I learn many useful things at school every day.　I want to learn a lot about this problem and think about how to help them.

《2023　数学　解答例》

1　(1)3　(2)$2xy^2$　(3)$-\sqrt{3}$　(4)$a+9b$　(5)$x=4$　$y=-2$　(6)7，－3

(7)$a=8b+5$　(8)$\frac{1}{6}$　(9)140　(10)右図

2　(1)$0\leqq y\leqq 2$　(2)12　(3)$-5x$

3　(1)0.12　(2)15，20　(3)ア，ウ，オ

4　(1)21　(2)$6n$　(3)ウ．11　エ．66

5　(1)$3\sqrt{11}$　(2)$19\sqrt{11}\pi$　(3)10

6　(1)4　(2)右グラフ　(3)33，20　(4)68

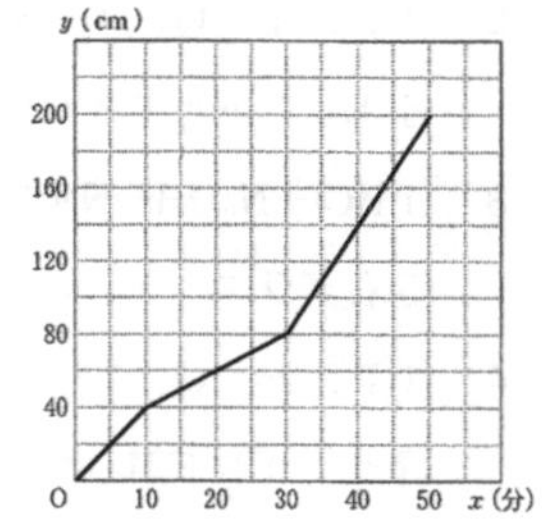

7　(1)△ACEと△BCFにおいて

仮定より　AC＝BC…①　半円の弧に対する円周角は90°であるから　∠ACE＝∠BCF…②

$\overset{\frown}{CD}$に対する円周角は等しいから　∠CAE＝∠CBF…③

①，②，③より，1組の辺とその両端の角がそれぞれ等しいから　△ACE≡△BCF

(2)2：1　(3)$(\frac{9}{4}\pi-\frac{57}{10})$

《2023　社会　解説》

1 ⑴　本初子午線は，イギリスの首都ロンドン郊外にある旧グリニッジ天文台を通る，経度0度の経線である。

⑵　Xはロッキー山脈で，Yやヒマラヤ山脈である。環太平洋造山帯は，太平洋を取り巻く新期造山帯であり，ヒマラヤ山脈はアルプス・ヒマラヤ造山帯に属する。

⑶　あ「広大な平原(＝グレートプレーンズ)」「高山がつらなる山脈(＝ロッキー山脈)」「サンベルト」から，北アメリカ大陸のAである。い「2番目に面積が大きく」「地中海に面し」「世界最大の砂漠(＝サハラ砂漠)」などから，アフリカ大陸のFである。

⑷①　アルゼンチンの首都であるブエノスアイレスは，温帯の温暖湿潤気候に属し，南半球に位置しているため，日本と季節が逆になり，6～8月あたりの気温が低くなる。　②　パンパと呼ばれる大草原がアルゼンチンを中心に，セルバと呼ばれる熱帯雨林地帯がアマゾン川流域を中心に，カンポ(カンポセラード)と呼ばれる草原地帯がブラジルの中部に，それぞれ広がっている。アはアンデス山脈西側の農業，ウはブラジルの農業，エはエクアドルやコロンビアのプランテーション農業である。

⑸　■の国はそれぞれ，Cはタイ，Dはニュージーランド，Eはフランス，Fはナイジェリアである。1980年の輸出品は米が最も多いことから，アジアにあるタイと判断する。1980年代以降，タイをはじめ，東南アジアの国々には日本を含む外国の企業が多く進出しており，工業が発展して機械類や自動車の輸出が盛んになった。機械類の輸出が多いウ・エのうち，航空機・医薬品などの輸出も多いエは，進んだ技術を持った先進国であるフランスだから，ウをタイと判断する。アはナイジェリア，イはニュージーランドである。

2 ⑴　**あ**は山形県，**い**は和歌山県，**う**は香川県，**え**は宮崎県である。A県は面積が最も小さいので，香川県である。面積が最も大きく，米の産出額が最も多いB県は山形県，果実の産出額が最も多いC県は和歌山県，野菜の産出額が最も多いD県は宮崎県である。

⑵　山形県の同緯度の隣県は宮城県である。北西からの季節風が日本海をわたるときに大量の水分を含み，標高の高い山地や山脈(＝奥羽山脈)にぶつかって，日本海側に雨や雪を降らせて水分を失う。その結果，太平洋側にある宮城県の仙台市では乾いた風が吹き，晴れの日が多くなる。補足として，山形県は日本海に面している県ではあるが，山形市は内陸部に位置しているため，北西季節風の影響は少なく，冬の降水量はそれほど多くならない。

⑶　アは宮崎県(または鹿児島県)，イは山形県，ウは香川県である。

⑷　宮崎県では温暖な気候をいかしたピーマンなどの促成栽培が行われており，「みやざき地頭鶏《じとっこ》」「宮崎牛」などの食肉のブランド化が進められている。アは山形県，ウは香川県，エは和歌山県である。

⑸　「アルミ産業が集積」とあることから，「化学」「生産用機械」「金属製品」など，アルミが用いられると考えられるオを富山県と判断する。「鉱山資源」「重化学工業」「工業地帯(＝阪神工業地帯)の特徴」より，「石油・石炭製品」「鉄鋼」と続くウを和歌山県と判断する。

⑹　海底にある，細長いやや幅のある広い盆地のような溝の部分をトラフといい，太平洋側の静岡県から高知県あたりにかけての沖に位置している。

3 ⑴　豊臣秀吉が行った検地を太閤検地と呼ぶ。太閤検地では，米の収穫高を貫高から石高への変更，全国のマスの大きさの統一，土地のよしあし，数の単位の統一などが行われ，検地帳に耕作者が記された。その結果，寺社や貴族による荘園制が完全に否定された。刀狩では，方広寺につくる大仏の釘に使うことを名目に，百姓に一揆を起こさせないために刀などの武器を取り上げた。太閤検地によって農民は勝手に土地を離れられなくなり，刀狩によって武士と農民の身分差がはっきりと区別されるようになったことで，兵農分離が進んだ。聖武天皇の治世の頃に制定された墾田永年私財法によって，新たに開墾した土地の永久私有が認められたことで，貴族や寺社などが貧しい農民を使って開墾をさかんに進め，荘園が成立していった。

(2)　X．元寇において，１度目の襲来である文永の役(1274 年)では上陸を許したが，その後，博多湾沿岸に防塁を築いたため，２度目の襲来である弘安の役(1281 年)では元軍の上陸を許さなかった。Y．元寇の後，元寇が防衛戦であったため，恩賞が与えられなかったこと，分割相続が続いて御家人の領地が細分化していたことから困窮する御家人が出てきたため，幕府は永仁の徳政令を出して，御家人がただで領地を取り戻せるようにした。

(3)　C．聖武天皇は，仏教の力を借りて国を安定させようとして，全国に国分寺・国分尼寺，奈良の都に東大寺をつくり，東大寺に大仏をつくった。F．平安時代中期頃，釈迦の死後から2000年が経つと，仏教の力が衰え，世の中が乱れるとする末法思想が広まり，阿弥陀仏にすがって死後に極楽浄土へ生まれ変わることを願う浄土信仰が広まった。藤原頼通は浄土信仰をもとに京都の宇治に平等院鳳凰堂を建てた。

(4)　ラクスマンの来航以降，ロシア・イギリスなどの船が日本の沿岸に近づくようになると，これを警戒した幕府は，伊能忠敬に蝦夷地の測量を，間宮林蔵らに蝦夷地や樺太の探索を命じた。日米和親条約や日米修好通商条約による開国以前の出来事なので，エが誤り。

(5)　『魏志』倭人伝には，邪馬台国の女王卑弥呼が朝貢し，「親魏倭王」の称号・金印・銅鏡などが授けられたことが，記されている。

(6)①　E(弥生時代)→C(奈良時代)→F(平安時代)→B(鎌倉時代)→A(安土桃山時代)→D(江戸時代中期)

②　Ⅰ．1688年のイギリスの名誉革命後，1689年に定められた権利の章典では，国王は議会の承認なしに法律を停止できないこと，議会の中での言論の自由を認めることなどが定められ，イギリス立憲君主政の基本原則となった。この頃の日本は江戸時代前期である。Ⅱ．琉球王国の建国は1429年であり，この頃の日本は室町時代である。琉球王国は東南アジアと東アジアを結ぶ中継貿易でさかえた。

4　(1)　夏目漱石は，『坊っちゃん』『吾輩は猫である』などの作品で知られる小説家である。欧米の表現方法を取り入れ，彫刻作品を制作したのは，高村光雲・荻原守衛らである。

(2)　ア(1871 年～1873 年)→エ(1885 年)→イ(1889 年)→ウ(1905 年)　年号がわからなくても，岩倉使節団が明治時代初頭であること，伊藤博文が内閣制度をつくり，初代内閣総理大臣に就任したのちに大日本帝国憲法が制定されたこと，憲法制定後に日清戦争・日露戦争が起こったことを理解していれば判断できる。

(3)「ひどいときには七，八歳の児女」＝労働者の年齢が低い　「時に二日間も勤続させる」＝労働時間が長い

(4)　P．東京大空襲は太平洋戦争時の 1945 年３月に起こった。X．世界恐慌は 1929 年，ニューヨークのウォール街で株価が大暴落したことから始まった。日本国内では，多くの会社が倒産して町には失業者があふれ，アメリカへの生糸の輸出が激減したことなどを受け，農家の生活は苦しくなった(昭和恐慌)。

(5)　1945 年に日本がポツダム宣言を受け入れて降伏することで，太平洋戦争を含む第二次世界大戦が終わったから，戦後の講演と考えられるものを選べばよい。ユネスコは国際連合教育科学文化機関の略称であり，国際連合の専門機関である。国際連合は終戦後に設立されたから，「ユネスコの世界観」も戦後の講演であると判断できる。

(6)　中華人民共和国との国交が正常化されたのは，1972 年の日中共同声明においてである。1989 年のマルタ会談で冷戦の終結が宣言された。アは 1962 年，イは 1951 年，エは 1955 年。

⑺　Ⅰ．「交通網整備」＝「高岡駅・伏木間を結ぶ運河建設」　Ⅲ．「働き方改革」「格差解消」＝「地方産業衰退の中での，貧しい人々の様子を調査」　ⅡはＥ，ⅣはＤである。

5　⑴①　メモの「新聞は 40 代以下では，10 分未満」から，資料１において，40 代以下で利用時間がかなり短いＢは新聞である。メモの「10 代前半～テレビがインターネットを上回る」より，Ｂを除いたＡ・Ｃにおいて，利用時間が長いＡがテレビであり，残ったＣはインターネットである。　②　○○社の見出しでは，「２割に達せず」と打ち消しの助動詞を使っていることから，否定的な表現となっており，棒グラフにおいても，縦軸の目盛りの幅を細かくしており，視覚的にあまり差が無いように見える。一方で，△△社の見出しでは，「２倍以上伸びる」と，大きさを強調する表現を使っていることから，肯定的な表現となっており，折れ線グラフを使って，縦軸の目盛りの幅を大きくしており，変化がより大きく見える。

⑵①　Ⅰ．誤り。被選挙権の年齢については右表。内閣総理大臣は国会議員の中から選ばれるから，25 歳で選出される可能性はあるが，地方公共団体の首長のうち，市区町村長は 25 歳以上であれば立候補できる。Ⅱ．正しい。　②　各年代の投票率は(年齢別の投票者数)÷(年齢別の有権者数)，各年代の議員数の比率は(年齢別の議員数)÷(全議員数)で求められる。　③　国連安全保障理事会は常任理事国と非常任理事国から構成され，常任理事国は非改選で，アメリカ合衆国，イギリス，フランス，ロシア，中国の５か国，非常任理事国は，選挙によって選ばれた 10 か国(任期は２年)である。常任理事国は拒否権をもち，常任理事国が１か国でも議案に反対すると，その議案は廃案となる。

種類	被選挙権年齢
衆議院議員・都道府県の議会議員 市(区)町村長・市(区)町村の議会議員	満 25 歳以上
参議院議員・都道府県知事	満 30 歳以上

※2023 年５月現在

⑶②　あは「神によってあたえられていること」などから，アメリカ独立宣言の一節，いは「公共の福祉」などから日本国憲法と判断する。

6　⑴　株式発行などで資金を調達することを直接金融，銀行から融資を受けることなどを間接金融という。株主総会は，株主で構成された株式会社の最高意思決定機関である。株式会社が倒産した場合，株主が出資額を失う以上の責任を負う必要がないことを，株主の有限責任という。

⑵　資源の量が少なく，多くの人が欲しいと思うものほど希少性は高く，価格が高くなる傾向にあり，希少性が低いものほど価格は低くなり，価格がつかないものもある。

⑶　Ｑ．2022 年から始まったロシアのウクライナ侵攻をきっかけに，小麦を多く輸出していたロシアは各国からの経済制裁への対抗や国内自給の安定のために小麦の輸出を制限した。また，「ヨーロッパの穀倉」と呼ばれ，小麦の生産が盛んであったウクライナでの小麦の生産量が減少したことに加え，アメリカなどで小麦が不作となったことから，小麦の供給量が減少し，小麦の価格が上がった。Ｒ．日本の小麦の自給率は低く，石油もほとんどを輸入に頼っているので，原料費・輸送費の価格が上がったことで，小麦製品が大幅に値上げされた。

⑷　Ｙ．誤り。物々交換は貨幣を用いない取引である。貨幣には「価値の尺度」「交換の手段」「価値の保存」の働きがある。Ｚ．正しい。

⑸　低負担・低福祉が小さな政府，高福祉・高負担が大きな政府である。ア・ウは小さな政府の説明である。

⑹　ア．「１人あたりのＧＤＰ」は表の上から下にかけて小さくなっているが，「無償での支援」は下に行くほど順に大きくなっているわけではない。イ．表からはＡＳＥＡＮ諸国以外の国への「無償の支援」の総額は読み取れない。エ．「返済の必要な貸し付け」が最も大きい国はベトナムであるが，ベトナムの「無償での支援」は最も小さいわけではない。

《2023　国語　解説》

二　1　「加えました」は、「加え」(動詞「加える」の連用形)・「まし」(助動詞「ます」の連用形)・「た」(助動詞「た」の終止形)の三つの単語に分けられる。

2　傍線部②は、「彼」(＝ノーム・チョムスキー)が、「最初の著作『統辞構造論』を出版して以来、一貫して」唱えてきた説である。3～5行前に「チョムスキー(一九二八～)は、～と主張したのです」とあることに着目する。彼の「言語は人間が生まれつき持っている本能だ」という主張を「言語生得説」と言う。

3　「この」が指す内容は直前に述べられていることが多い。「何かを見せてその名前を呼んだだけで、その名前が見えているものの中のどれを指しているのかを決定すること」を指している。「その名前」を「リンゴ」という言葉にして説明する。

5　傍線部④とアは、一例を挙げて他を類推させる意味。　イ・エ．添加を示す。　ウ．限定を示す。　よってアが適する。

6　1～2行前に、「物には名前があるということを、どのようにしたら教えることができるでしょうか」という疑問を投げかけている。これについて、「物には名前があるということ」を、「単に名前を教えることによって教えることはできないのです」と述べている。

7　提示された一文は、「弟だけが発表会に出る」「妹と弟が発表会に出る」という二通りの解釈が考えられる。「妹と」という文節を「行く」の直前にすれば、「私は妹と(一緒に)行く」という意味になり、「弟だけが発表会に出る」と解釈できるようになる。

8　直前に、傍線部⑦の理由として、「『物には名前がある』とか『名前は種類を示す』とか～『文章は語順によって意味がまったく変わってしまうことがある』といったことを、子どもの側があらかじめ知っているからこそ」とある。これは、直前の段落の「言語を学ぶためには、言語とは何なのかについての知識があらかじめ子どもの側に備わっていなくてはならない」を具体的に説明したものである。よってエが適する。

9　傍線部⑧について、「遺伝的だといってよいかもしれません」とある。これについて具体的に説明されているのは、第6段落の「他のリンゴも『リンゴ』と呼ばれる～子どもが『名前で呼ばれるべきもの』がどんなものなのかをあらかじめ知っていると考えるほかない」ということである。また、第7段落の「『名前は種類を示す』～といったことを、子どもの側があらかじめ知っている」と表現されている。つまり、ある名前で呼ばれた物体を識別し、それと類似性や共通性のある物体は同じ種類として同一の名前で言い表せるということを理解することである。

10　筆者は、チョムスキーの「経験だけでは文法構造を学ぶことができないと主張した」ことについて、「物の名前を学ぶことを例に挙げて」説明し、「言語は単に経験のみによって学ばれるのではなく、人間の生得的な要素が関わっている」と結論づけている。

三　2　「そんな」は、直前の「長所もない～とにかく普通～特徴ゼロ」を指す。「長所も」ないのだから、長所がないだけでなく、「短所もない」。だから「特徴のない自分」と言っている。

3(1)　「腑《ふ》に落ちない」とは、納得ができないという意味の慣用句。　(2)　直前に「それってそんなに悩まないといけないことか？」言っている。「それ」が指すのは、梨木《なしき》が「とにかく普通」であること。香山《かやま》は、それが梨木の悩みの理由であることに納得ができないのだ。

4　直後の「完全に正しく他人をわかることは不可能だ。けれど、一緒にいれば相手が何を考えているのか、どんな気持ちでいるのか、気づけることだってある」より。

6　梨木が香山にこれまでとってきた行動は、傍線部⑥の後の「突然体育館で俺のこと励ましだしたかと思ったら、二回も一緒にマラソン大会出てるんだぜ。これのどこが普通？」と言っているように、梨木が積極的に香山と関わろうと行動してきたことが分かる。「普通がありきたりでつまらないって意味なら、梨木は普通じゃない」と言っているように、梨木の行動はありきたりでつまらないことではないと香山は捉えている。

7　傍線部⑦の前の会話文を、前から順に、それぞれ誰のせりふか整理すると、「はいはい。今日って俺が無理やりエントリーされたから、次は逆な。俺がいい大会見つけて申し込んでおくから楽しみにしといて」と言ったのは、香山であることが分かる。直後の「放っておいたら、とんでもない大会に出ることになりかねない。十キロが限界だ」は、「五キロ以内で」「ぼくは走るのが好きなわけじゃない」と言った梨木である。よって、傍線部⑦の「次は逆な」(＝次は俺がエントリーする)は、香山のせりふで香山が申し込みをするということ。

8　梨木は、初め「ぼくは、本当にごく普通の平均ど真ん中のやつでさ」「とにかく普通でさ。特徴ゼロ。そんな自分をずっとどうにかしたかったんだ」「平凡なことがものすごくつまらなく感じて」と言っていた。つまり、特徴のない自分を否定的に捉えていた。しかし、香山とのやりとりを通して「もう普通でいいや。うん。普通って一番だよな」と、自分を肯定的に捉えられるようになった。

四　1　〈右の漢詩を訳した詩〉の、「かけね」(＝掛け値)とは、物事を大げさに言うこと。「かけねなき(かけねなしの連体形)　ゆめごこち」は、大げさに言っているのではなく、夢のようなうっとりとした気持ちがするということ。「値千金」は、きわめて大きな価値、意義をもつことの意。よってエが適する。

2　レ点は、一字下から上にもどって読む。

3　「声」は、ここでは音色を表すので、具体的には「歌管」(＝歌と楽器)によるものである。

4　夜がふけていく様子を表す言葉なので、ウの「しんしんと」(＝静まり返ったさま)が適する。よってウが適する。

5　ア．「眠りを楽しむ様を表現」は適さない。　イ．嗅覚で花の清らかな香りを、視覚で月がかすんでいる様子を感覚的に捉え、春の夜の風物(花・月)の美を表現している。　ウ．「不安に思う気持ちを表現」は適さない。　エ．あたりが静まり返っている様子を表しており、「ぶらんこを詠《よ》み込み軽やかな動きを表現」は適さない。　よってイが適する。

【漢詩の内容】

春夜

春の宵《よい》は、ひとときでも千金の値があると思えるほどすばらしい
花は清らかに香り、月はおぼろにかすんでいる
歌声や楽器の音が鳴り響いていた楼閣も、今はかすかに聞こえるばかりで
ぶらんこのある中庭では、夜が静かにふけてゆく

《2023　理科　解説》

1　(1)　タマネギの根の細胞分裂は，先端付近で最も盛んである。ｃがＰ，ｂがＱ，ａがＲである。

(4)　体細胞分裂では，染色体が現れる図３のＥの時期には，染色体が複製されて細胞１個あたりの染色体の数が２倍の２Ｘになっている。複製されて数が２倍になった染色体が２つの細胞に分かれて入るので，Ｄの細胞１個あたりの染色体の数はＸに戻る。

(5)　イ×…細胞１個あたりに含まれる染色体の数は，生物によって異なる。　ウ×…生殖細胞の染色体の数は体細胞の半分だが，胚の細胞の染色体の数は体細胞と同じである。

2　(1)　ピストルの音が健一さんに伝わるまでに時間がかかるので，健一さんがピストルの音を聞いてストップウォッチのボタンを押したときには，太郎さんはすでにスタートしている。よって，測定した時間は，太郎さんがスタートしてからゴールするまでに実際にかかる時間よりも短くなる。

(2)　太郎さんがスタートしてからゴールするまで実際にかかる時間は，測定した時間よりもピストルの音が健一さんに伝わるまでにかかる時間$\frac{100}{340}$＝0.294…→0.29 秒の分だけ長くなるので，13.50＋0.29＝13.79(秒)となる。

(3)　音の速さは約 340m/s，光の速さは約 30 万km/s で，音の速さに比べて光の速さは非常に速い。

(4)②　浩二さんは 100m を 12.50 秒で走るので，速さは$\frac{100}{12.50}$＝8(m/s)である。浩二さんがスタートしてからx秒後にもう一度ピストルの音を聞いたとすると，浩二さんが２度目にピストルの音を聞くまでにピストルの音が進んだ距離と浩二さんが走った距離の和はスタートラインから校舎までの往復距離と等しくなる。よって，$8x+340x=200\times2$より，x＝1.149…→1.15 秒となる。

3　(1)(2)　酸性の塩酸とアルカリ性の水酸化ナトリウム水溶液を混ぜると，塩酸中の水素イオン〔H^+〕と水酸化ナトリウム水溶液中の水酸化物イオン〔OH^-〕が結びついて互いの性質を打ち消し合う中和が起こり，塩化ナトリウムと水ができる〔$HCl+NaOH\rightarrow NaCl+H_2O$〕。

(3)　㋑では，加えた水酸化ナトリウム水溶液の体積が 3.0 ㎤のＣがちょうど中和して緑色(中性)になったことに着目する。加えた水酸化ナトリウム水溶液の体積が 1.5 ㎤のＢでは半分の塩酸が中和するので，４個の水素イオン(◎$^+$)のうち２個が水酸化物イオンと結びついて水になり，水素イオンが２個残る。また，塩化物イオン(○$^-$)とナトリウムイオン(●$^+$)は水溶液中にイオンのまま存在するので，イが正答である。

(4)　マグネシウムリボンは塩酸と反応して水素を発生させるが，水酸化ナトリウム水溶液とは反応しないので，気体が発生するのは，塩酸と水酸化ナトリウム水溶液がちょうど中和するＣよりも水酸化ナトリウム水溶液の量が少ないＡとＢである。

(5)　(3)の図２とイで全イオン数が変わらないように，ちょうど中和するまでは全イオン数は２ｎ個で変わらない。10 ㎤の塩酸とちょうど中和する水酸化ナトリウム水溶液は 10 ㎤だから，加えた水酸化ナトリウム水溶液が 10 ㎤まではイオンの数は２ｎで変わらず，10 ㎤から 20 ㎤までは一定の割合で増加し，水酸化ナトリウム水溶液 10 ㎤中の全イオン数は２ｎ個だから，20 ㎤でイオンの数が２ｎ＋２ｎ＝４ｎ(個)になる。

4　(1)　Ｐ．気温と湿度の変化に着目する。雨の日の１日の気温の変化は小さく，湿度は１日中高いので，雨の日は３月 26 日である。　Ｑ．３月 25 日と３月 27 日は晴れだったと考えられる。これらのうち，朝にはいた息が白く見えたのは，朝の気温が低く，息にふくまれる水蒸気が水滴に変化しやすかった３月 25 日である。

(2)　湿度が高いと，飽和水蒸気量に対する空気中に含まれる水蒸気量の割合が大きいので，空気中にさらに含むことができる水蒸気量は少なく，晴れていても洗濯物が乾きにくい。

(3)　高気圧におおわれると天気が良くなり，低気圧におおわれると天気が悪くなる。３月 25 日は天気が晴れだったので，図２で日本列島をおおっているＡは高気圧である。また，３月 26 日は天気が雨で，日本付近の移動性高気圧と低気圧は，偏西風の影響で西から東へ移動することが多いので，Ｂは低気圧である。

(5)　３月 25 日の６時の気温は約 4.5℃(飽和水蒸気量は約 6.5g/㎥)，湿度は約 75%，12 時の気温は約 14℃(飽和水蒸気量は約 12g/㎥)，湿度は約 40%，18 時の気温は約 11.5℃(飽和水蒸気量は約 10.5g/㎥)，湿度は約 80%である。これらの気温と湿度から，コップの表面に細かい水滴が現れるのは，空気１㎥に含まれる水蒸気の質量が５℃の飽和水蒸気量である約７g/㎥よりも大きい 18 時(空気１㎥に含まれる水蒸気の質量が $10.5\times0.8=8.4$(g/㎥)である。

5 (1) メスシリンダーでは，液面の中央部分の値を最小目盛の 10 分の 1 まで目分量で読み取るので，図 1 の示す値は 53.5 ㎤であり，Aの体積は 53.5−50=3.5(㎤)である。表 2 より，Aの質量は 25.0 g だから，〔密度(g/㎤)$=\frac{\text{質量(g)}}{\text{体積(㎤)}}$〕より，Aの密度は$\frac{25.0}{3.5}$=7.14…(g/㎤)となる。よって，表 1 より，Aは亜鉛〔Zn〕である。

(2) 図 i のように，表 2 の値をグラフに記入する。同じ密度の物質の点は原点を通る同じ直線上にあるので，AとBとEは同じ物質(亜鉛)，DとFも同じ物質(アルミニウム)である。

図 i

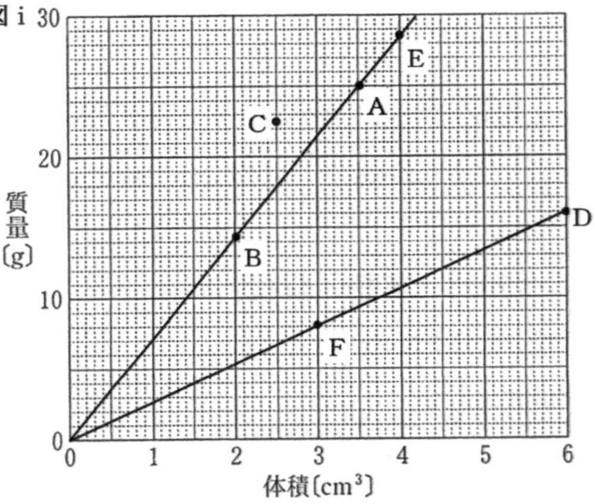

(3) 同じ質量で比較した場合，最も体積が大きくなる金属は，3 種類の金属のうち最も密度が小さいアルミニウム〔Al〕である。

(4) 表 3 より，I は水にとけ，加熱するととけてこげて水と二酸化炭素が発生することがわかる。よって，I は水にとけやすい有機物の砂糖である。なお，G は水にとけにくい有機物のデンプン，H は無機物の食塩である。

(5) 水〔H_2O〕と二酸化炭素〔CO_2〕が発生するのは，G と I に含まれる水素原子〔H〕や炭素原子〔C〕が加熱によって酸素原子と結びついたからである。

6 (1) ゴム膜を矢印の方向へ引くと，ペットボトル内の体積が大きくなるので，ペットボトル内の空気の圧力(風船の外側から加わる圧力)が小さくなり，風船の中に空気が入る。

(2)① 全身を流れてきた血液は，大静脈(A)→右心房→右心室→肺動脈(D)→肺→肺静脈(C)→左心房→左心室→大動脈(B)の順に流れ、再び全身へ送り出される。気体の交換は肺で行われるので，肺を通る前の血液は静脈血，肺を通った後の血液は動脈血である。 ② 血液が心臓から押し出されるとき，心臓から肺や全身へ血液が流れるようにYは開いている。また，心室から心房へ逆流しないようにXは閉じている。

(3) ヘモグロビンは酸素が多い肺では酸素と結びつき，酸素が少ない全身の細胞で酸素をはなす。

(4) 呼吸数と心拍数が増えることで，全身の細胞に送られる酸素の量が多くなる。5(5)と同様に，養分には炭素原子と水素原子が含まれているので，全身の細胞で養分と酸素が結びつくと二酸化炭素と水ができる。

7 (2) X．同じ時刻に北の空の星を観察すると，地球の公転によって 1 年で 360 度，反時計回りに回転して，1 年→12 か月後に同じ位置に戻るので，3 か月後の同じ時刻には，$360\times\frac{3}{12}=90$(度)反時計回りに回転したエの位置に見える。 Y．北の空の星は，地球の自転によって 24 時間で 360 度反時計周りに回転してほぼ同じ位置に戻るので，4 時間に $360\times\frac{4}{24}=60$(度)反時計回り動く。よって，エから 60 度反時計回りに動いたカである。

(3) アは北極，イは赤道上，ウは南半球のある地点，エは北半球のある地点のガンマ星の動きである。

(4) イ×…Bの位置では，みずがめ座は夕方には見えない。 エ×…Dの位置では，おうし座は明け方，西の方角に見える。

(5) 地球がBからCへ動くとき，地球(日本)から見る太陽はおうし座からしし座の間を動く。

8 (1) 〔電流(A)$=\frac{\text{電圧(V)}}{\text{抵抗(Ω)}}$〕より，$\frac{6.0}{3.0}=2.0$(A)となる。

(2) X．図 2 で，グラフが原点を通る直線になっているので，水の上昇温度は電流を流す時間に比例することがわかる。 Y．抵抗が小さい電熱線の方が電流が流れやすいので，水の温度を同じだけ上昇させるとき，電流を流す時間は短くなる。

(3) 〔電力(W)=電圧(V)×電流(A)〕より，a の電力は 6.0×2.0=12(W)である。電圧が等しいとき，電力は電流に比例する(抵抗に反比例する)ので，b の電力は $12\times\frac{3}{4}=9$ (W)，c の電力は $12\times\frac{3}{8}=4.5$(W)であり，5 分後の水の上昇温度はａが８℃，ｂが６℃，ｃが３℃である。これらの点を取り直線で結ぶと原点を通る比例のグラフになる。

(4)　Ｐ．図２より，ａの５分後の水の上昇温度は８℃である。上昇温度を$\frac{2.0}{8}=\frac{1}{4}$(倍)にするには電力を$\frac{1}{4}$倍にすればよいので，加える電圧を$\frac{1}{2}$倍にすることで，電流も$\frac{1}{2}$倍なり，電力が$\frac{1}{2}\times\frac{1}{2}=\frac{1}{4}$(倍)になる。よって，電圧は$6.0\times\frac{1}{2}=3.0$(Ｖ)にする。　Ｑ～Ｓ．電力がａの$\frac{1}{4}$倍の$12\times\frac{1}{4}=3$(Ｗ)になるようにする。電圧が 6.0Ｖだから，電流が$\frac{3}{6}=0.5$(Ａ)になるように，つまり〔抵抗(Ω)＝$\frac{\text{電圧(V)}}{\text{電流(A)}}$〕より，全体の抵抗が$\frac{6.0}{0.5}=12$(Ω)になるようにする。よって，ｂとｃをアのように直列つなぎにする。

《2023　英語　解説》

＝聞き取りテスト＝

問題Ａ

No. 1　Ａ○「何かを掃除するときによくそれを使います」　Ｂ×「いつもＴシャツを作るのにそれが必要です」　Ｃ○「普段はそれを洗って，何度も使用します」

No. 2　Ａ×「花を買いたい場合は上にあがらなければなりません」　Ｂ○「ＴＹＭショップタウンに本を売っているお店があります」　Ｃ○「ＴＹＭショップタウンは，月に１回，水曜日に閉店します」

No. 3　Ａ○「２月のアメリカ映画は日本映画ほど人気がなかった」　Ｂ○「アメリカ映画を観るには韓国映画よりも長い時間が必要です」　Ｃ×「それぞれの映画を観るのに２時間以上かかります」

問題Ｂ　【放送文の要約】参照。

No. 1　**質問１**「どれが真実ですか？」…Ａ「エマが乗りたいバスはすぐに来るでしょう」が適切。

質問２「シンゴは次に何をしますか？」…Ｃ「彼はエマと学校生活について話すでしょう」が適切。

No. 2　**質問１**「グラフを見てください。どれが本を読まない生徒を表していますか？」　**質問２**「話し手があなたに一番伝えたいことは何ですか？」

【放送文の要約】

No. 1　Ａ：すみません，北町行きのバスに乗りたいです。ここでそのバスに乗れますか？

Ｂ：はい。今午後３時 35 分です。No. 1 Ａもうすぐバスが来るはずです。私も同じバスを待っているので，バスに乗るのをお手伝いします。

Ａ：ありがとうございます，とても親切ですね。

Ｂ：どこまで行きますか？

Ａ：美術館前まで行きます。兄がそこで私を待っています。

Ｂ：わかりました。私の学校の北高校は美術館の近くにあります。

Ａ：ああ，私の兄はそこで英語を教えています。彼の名前はホワイトです。

Ｂ：本当ですか？私は先生の生徒のシンゴです。前回の授業で，先生は今週妹が訪ねてくると私たちに言いました。

Ａ：あ，それが私です。エマです。はじめまして，シンゴさん。No. 2 Ｃもう少しお話ししてもいいですか？私は日本の学校生活に興味があります。

Ｂ：もちろんです。

No. 2　こんにちは，みなさんにグラフをお見せします。富山県の中学生が月曜日から金曜日までにどれだけの時間本を読んだかを示しています。13％の生徒が１時間以上読書をしています。他の人はどうでしょうか？実際，本を読む生徒は多いですが，全生徒の約45%が本を読みません。私はそれを知って驚きました。中学生は，学校や放課後にやることがたくさんあるのはわかります。しかし，中学生にとって読書は大切だと思います。読書はあなたが多くのことを学ぶのに役立ち，あなたの人生を豊かにしてくれます。

問題C 【放送文の要約】参照。

リサさんへの電子メールの要約「こんにちは，リサ，マークが台湾から帰ってきたよ。彼は台湾から様々な①食べ物(＝food)を持ち帰ってきて，私たちはすべてを食べられるよ。それと，彼は私に見せたい②写真(＝pictures)がたくさんあるんだって。私は明日彼のところに行くつもりだよ。一緒に来ない？ユミ」

マークさんへの返事の電子メールの要約「こんにちはマーク，電話をくれてありがとう。私は明日，あなたの家を訪れたいわ。③何時に行ったらいい？(＝What time can I come?)待ちきれないわ。また明日ね。ユミ」

【放送文の要約】

おはよう，ユミ。マークです。僕はまだ台湾にいるよ。ここは午前８時で，午後には富山にいると思うよ。とにかく，ここにはユニークな食べ物があるんだ。タイヤンピンもそのひとつだよ。聞いたことある？僕のお気に入りなんだ。①僕はたくさんの食べ物を持って帰るよ。全部食べてみてほしいから。君におすそ分けするよ。それと，②旅行中にたくさんの写真を撮ったよ。それを見れば僕がどれだけ台湾が好きかわかると思う。僕は明日空いているよ。君はどう？君は僕の家に来れる？友達も一緒に来ることができるよ。後で僕にメールを送って。じゃあ，また。

＝筆記テスト＝

1 〔**1**〕 【本文の要約】参照。**(あ)** バスで来る生徒は３＋１＋２＝６(人)である。 **(い)** 通学に20分以上かかる生徒は４＋３＋１＋１＋２＝11(人)である。通学に30分以上かかる生徒の人数を入れ忘れないようにしよう。

【本文の要約】

ジャック：10以上の生徒が自転車で通学しますが，バスで通う生徒は(あ)６人だけです。

陽太　：僕は歩いて通学します。15分かかります。

ジャック：なるほど。通学に15分以上かかる生徒もいます。

陽太　：このクラスでは，(い)11人の生徒が通学に20分以上かかり，そのうちの３人は30分以上かかります。

〔**2**〕 【本文の要約】参照。(1) 直後にモニカがNoで，メキシコシティの冬はそんなに寒くないと言っているので，エ「メキシコシティは富山よりも寒いの？」が適切。

(2)① モニカの３回目の発言より，メキシコシティの気温は１年の間であまり変化しない。１年中気温が高いAがシンガポールだから，Bがメキシコシティである。 **②** 夏の気温がシンガポールと同じくらいのDが富山である。ベイカー先生の２回目の発言より，夏の気温が富山よりも低く，冬の気温が富山よりも高いCがロンドンである。

【本文の要約】

モニカ　：夏にメキシコシティから初めてここに来た時，富山はとても暑かったので驚いたよ。

沙也　：夏に富山はメキシコシティより暑いってこと？

モニカ　：そうよ。

沙也　：冬はどう？エメキシコシティは富山よりも寒いの？

モニカ　：いいえ。(2)①Bメキシコシティの気温は１日で大きく変わるけど，１年ではあまり変化しないよ。冬はそんなに寒くないの。富山は夏はとても暑くて冬はとても寒いよ。

ベイカー：私も同感だよ。シンガポールに行ったことがあるんだ。夏に富山はシンガポールと同じくらい暑いよ。

沙也　　：ベイカー先生，ロンドンはいつも富山より寒いですよね？

ベイカー：⑵②c夏は富山ほど暑くはないけど，冬は富山の方が寒いんだ。

モニカ　：だから富山の気温は他の３都市よりも１年で大きく変化するよ。

ベイカー：気温の変化が大きいから，富山では季節の違いをより楽しむことができるよ。

モニカ　：そうですね。

沙也　　：それを聞いて嬉しいです。あ，もうすぐ春ですね。富山の花を楽しんでください。

〔３〕【本文の要約】参照。⑴　ア「由梨は×英語の辞書で plogging という言葉を見つけました」　イ「Plogging は×2018 年にスウェーデン人男性によって始まり，その後世界中で人気を博しました。　ウ○「ルーシーと由梨は，ルーシーがインターネットで見つけたイベントに参加することについて話しています」　エ「ルーシーと由梨が Mirai City Plogging に参加するとき，ゴミ袋を×買うべきです」

⑵①　ルーシーの５回目の発言より，２つ答える。　・keep＋もの＋状態「(もの)を(状態)に保つ」　・make＋もの＋状態「(もの)を(状態)にする」　②　由梨の９回目の発言より，１つ答える。

⑶　「こんにちは。今日，由梨と『plogging』の話をしたよ。私たちは来週の土曜日に私たちの市で開催される plogging イベントに参加するつもりよ。あなたも参加できる？ア木曜日(＝Thursday)までにウェブサイトで申し込みをする必要があるの。その前に返事をください。詳細は，Mirai City Plogging のウェブサイトを見て」…ルーシーが見つけたウェブサイトより，イベントが開催される３月 18 日は土曜日，その２日前の３月 16 日までに申し込みをする必要があるので，ア「木曜日」が適切。

⑷　ルーシーの誘いに対する返事を10語以上で答える。（例文１）「こんにちは。私はそれに興味があるよ。私たちの市をきれいにできたらうれしいよ。またね」　（例文２）「こんにちは。私は土曜日に母と買い物に行くよ。誘ってくれてありがとう。またね」

【本文の要約】

由梨　　：こんにちは，ルーシー。私は辞書に載っていない英単語を見つけたよ。

ルーシー：こんにちは，ユリ。それは何？

由梨　　：「Plogging」よ。この単語，知ってる？

ルーシー：ああ，Plogging ね。最近世界中でとても人気のある活動ね。

由梨　　：どんな活動なの？

ルーシー：走っている人がゴミを拾うの。Plogging は Plocka upp と jogging を組み合わせた新しい言葉よ。「Plocka upp」はスウェーデン語で「pick up(＝拾う)」を意味するよ。

由梨　　：英語の辞書に載ってなかった理由がわかったわ。

ルーシー：スウェーデン人男性が 2016 年にこの活動を始めたよ。2018 年頃，インターネットを通じて他の国でも人気が出たの。

由梨　　：どうして人気が出たの？

ルーシー：⑵①町をきれいに保ち，体を強くすることができるからよ。

由梨　　：一石二鳥ね！

ルーシー：そうね。英語では「killing two birds with one stone(＝一石二鳥)」って言うよ。

由梨　　：英語でも日本語でも同じ言い回しなんだね！興味深いよ。

ルーシー：その通りね。日本でも多くの Plogging のイベントが開催されているよ。ウェブサイトを見てみよう。

由梨　：うわぁ，こんなにたくさんのイベントがあるのね。見て。私たちの市にもイベントがあるよ。

ルーシー：その中の１つに一緒に参加しない？

由梨　：うん。⑵②環境をより良くしたいと思っている新しい友だちを作ることができるね。イベントに参加すれば「一石三鳥」ね。

ルーシー：そのとおりね。このMirai City Ploggingはどう？ イベントは来週の土曜日の朝にあるよ。

由梨　：いいね。

ルーシー：このサイトで私たちの申し込みをするよ。

由梨　：ありがとう。ゴミ袋を持っていくの？

ルーシー：いいえ。サイトによると，それらは支給されるよ。

由梨　：いいね。誰か私たちと一緒に参加したい人はいるかな？

ルーシー：私も友達に聞いてみるね。楽しそうだね。

2 〔1〕【本文の要約】参照。

⑴① 第２段落１～３行目参照。メッセージと野菜の絵より，イが適切。　② 第４段落３行目参照。メッセージと花の絵より，エが適切。

⑵ ア×「今日，インターネットでメッセージを送信する人はあまりいませんが，彼らは頻繁に短い手紙を書きます」…本文にない内容。　イ「麻紀は×近所の人からもらった野菜をあげるために祖母を訪ねました」　ウ○「麻紀ははがきをもらった時，祖母が絵手紙を習っていることを知りませんでした」，エ「祖母は×自分より若い人たちと一緒に絵手紙の教室を楽しんでいました」　オ○「筆を使うのは大変でしたが，麻紀は使い方を学び，絵手紙を描き終えました」

⑶ 第５段落の内容から，イ○「麻紀は絵手紙を送ることによって気持ちを伝えるのは効果的だとわかりました」が適切。ア「もしメッセージが筆で書かれていたら，人は誰が書いたかわかるでしょう」，ウ「麻紀は絵手紙で有名な老婆に出会い，それを教室で教えました」　エ「地域の公共施設における高齢者の授業数は年々増加しています」は不適切。

【本文の要約】

今日，多くの人が手紙やはがきを書く代わりに電子メールやテキストメッセージを送っています。私は人にメールを書いたり電話をしたりするだけでしたが，ある日「１枚のはがき」が私を変えました。

それは祖母からのものでした。⑴①ｲ祖母はそのはがきに「野菜をたくさん育てたよ。食べにきて」と日本語で書いてありました。はがきには野菜の絵が描かれていました。おいしそうでした。⑵ｳ私はすぐに彼女に電話して「美しいはがきをありがとう。おばあちゃんが絵を描くのが上手だとは知らなかったよ」と言いました。すると祖母は，「私は絵手紙を習い始めて，教室でたくさんの友達ができたの」と話言いました。絵手紙は絵と短いメッセージがかかれたはがきです。祖母は私に「絵を描くのも，メッセージを書くのも筆よ。最初の絵手紙の授業でも，生徒は絵手紙を完成させることができるのよ」と言いました。それを聞いて，私は絵手紙に興味を持ち，絵手紙教室に連れて行ってほしいと頼みました。

そして，先週の土曜日，私は祖母の家の近くの地域の公共施設を訪れました。ダンス教室や生け花教室など，たくさんの教室がありました。絵手紙教室には約20人がいて，祖母と同じくらいの年齢でした。絵を描いている人もいれば，はがきについてお互いに話し合っている人もいました。祖母が教室で幸せそうで，以前より若く見えたので，お年寄りたちが一緒に何かを学んで楽しむのはいいことだと思いました。

⑵ｵ教室の人たちはとても親切で，私に筆の使い方を教えてくれました。最初は使いづらかったのですが，ついに私は最初の絵手紙を完成させました。それは祖母へのもので，⑴②ｴ私は日本語で「長生きしてね」と書いて，祖母の好き

な花の絵を描きました。彼女は私の絵手紙を見てとても喜んでいました。

(3)イ絵手紙は，私たちの気持ちを他人に伝える良い方法で，それは彼らの心を温かくすると思います。また，若い人も年配の人も楽しめます。私はこれからも祖母や他の人たちに絵手紙を送り続けたいと思います。

絵手紙に挑戦してみるのはいかがですか？

ご清聴ありがとうございました。

〔2〕【本文の要約】参照。

(1) ア「けん玉をする利点は何ですか？」…第4段落にけん玉をする3つの利点が書かれている。 イ「けん玉はどのようにして世界中で人気になりましたか？」…第3段落にアメリカ人男性が動画を投稿したことでけん玉人気に火が付いた内容が書かれている。

(2) 第2段落より，現在，日本のけん玉には皿が3つあるが，当時のフランスのけん玉や江戸時代の日本のけん玉は皿が1つしかなかったことがわかる。

(3) けん玉の1つ目の利点を挙げている部分。けん玉をするときには，腕だけでなく体の他の部分も使うので，健康(＝health)に良いということである。第3段落3行目から抜き出す。

(4) 下線部②によって次につながることは，次の文の If we can do so, 以下に書かれている。 ・be interested in ～「～に興味がある」

【本文の要約】

1 先週の土曜日，友人の家で勉強しました。勉強して疲れたら，友達がけん玉を見せてくれて，技も見せてくれました。彼は本当にそれが上手で，私はとても驚きました。彼はけん玉をすることは私たちの健康にも良いと言っていました。私はけん玉についてもっと知りたいと思って，さらに情報を探し始めました。

2 多くの人がけん玉は日本で最初にプレーされたと思っていますが，インターネットによると，けん玉は約500年前にフランスで最初にプレーされたということです。当時のけん玉は，今のけん玉とは形が違っていました。絵を見てください。現在私たちがやっているけん玉には，取っ手，玉を受け取るための3つの皿，穴のあいた玉があります。しかし，フランスでプレーされていたけん玉には，取っ手，玉を受け取るための1つの皿，穴の開いた玉がありました。フランスでは，子どもから国王まで，たくさんの人がけん玉をやっていました。日本では，江戸時代に大人たちが皿が1つしかないけん玉をやっていました。大正時代，広島のある会社がけん玉を今日の形に変えました。

3 今では，海外でよりわくわくするけん玉の遊び方が見られます。2007年，あるアメリカの若者が日本に来て，人々がけん玉をしているのを見て，それを自分の国に持ち帰りました。彼はかっこいい技を練習し始め，自分の動画をインターネットに投稿しました。それから世界中の多くの人がそれを見て，けん玉をすることが楽しいと思いました。今，海外の人々は，けん玉はかっこいいスポーツだと思い，けん玉選手の数が増えています。けん玉ワールドカップも毎年日本で開催されています。

4 けん玉をすることは利点があると言う人もいます。1つ目に，腕だけでなく体の他の部分も使うので，けん玉をするのは①健康(＝health)にいいです。2つ目に，けん玉は子どもたちのバランスを保つ能力と集中力を育てるのに効果的です。日本の学校の中には，それらの能力を伸ばすためにけん玉を使うところもあります。3つ目に，けん玉をするときに他の人とコミュニケーションを取ることができます。日本では長い間けん玉がプレーされて，周りの年配の世代からけん玉の遊び方を学び，一緒に楽しめるのかもしれません。

5 私はけん玉について多くのことを学び，私たちの伝統文化はとてもわくわくするものだとわかりました。私たちの文化をもっといろんな国の人と共有すべきです。そうすれば，(4)世界中の人々が私たちの文化にもっと興味を持ち，私たちの国をもっと好きになるかもしれません。それで，私は将来，世界中の人々に他の日本の伝統文化を紹介したいと思います。

3 〔1〕(1) usually「たいてい」のような頻度を表す副詞は，一般動詞getの直前に入れる。なお，be動詞の場合は直後に入れる。　(2) 「彼女は来ることができないと思う」という意味にする。　「～ではないと思う」＝I don't think (that) ～

(3) wishを使った仮定法〈I wish＋主語＋動詞の過去形〉「～だったらなあ」の文にする。

〔2〕対話に挿入する作文問題は，直前や直後の内容に注目する。それぞれ3語以上で書くこと。

③ 直後の④で「僕は宇宙博物館に行ったよ」と言ったので，「東京のどこに行ったの？／東京で何をしたの？」などで答える。　⑦ Space Tea をもらったときの言葉だから，「今夜飲んでみるよ／飲んだことがないよ」などで答える。「一度も～したことがない」＝have＋never＋過去分詞　⑧ 宇宙に興味を持ったという内容から，「東京で買った本を貸りてもいい？／それについて教えてくれない？」などで答える。「～してもいいですか？」＝Can I ～？　「～してくれませんか？」＝Will you ～？

〔3〕 アーサー先生の話「世界にはたくさんの子どもに関する問題があります。最も大きい問題の1つは『1億2100万人もの子どもが学校に行けない』ということです。この問題についてあなたの考えを書いてください」…25語以上の条件を守って英文を書こう。（例文）「子どもたちにとって，勉強することは大切だと思います。私は毎日学校でたくさんの役に立つことを学んでいます。この問題についてたくさん学び，彼らを救う方法を考えたいです」

《2023　数学　解説》

1 (1) 与式＝$9-6=$**3**

(2) 与式＝$3x^2y\times4y^2\times\frac{1}{6xy}=\mathbf{2xy^2}$

(3) 与式＝$\frac{9\sqrt{3}}{3}-4\sqrt{3}=3\sqrt{3}-4\sqrt{3}=\mathbf{-\sqrt{3}}$

(4) 与式＝$9a+3b-8a+6b=\mathbf{a+9b}$

(5) $2x+5y=-2$…①とする。$3x-2y=16$…②とする。

①×3－②×2でxを消去すると，$15y+4y=-6-32$　$19y=-38$　$\mathbf{y=-2}$

①に$y=-2$を代入して，$2x+5\times(-2)=-2$　$2x-10=-2$　$2x=8$　$\mathbf{x=4}$

(6) 与式より，$x-2=\pm5$　$x=2\pm5$　よって，$x=2+5=\mathbf{7}$，$x=2-5=\mathbf{-3}$

(7) 8個ずつb人に配ると，全部で8b個配ったことになるから，$\mathbf{a=8b+5}$

(8) 2つのさいころの目の差が3となるのは，目の数が1と4，2と5，3と6のときだから，そのような出方は，(A，B)＝(1，4)(4，1)(2，5)(5，2)(3，6)(6，3)の6通りある。2つのさいころを投げたときの目の出方は全部で6×6＝36(通り)だから，求める確率は，$\frac{6}{36}=\mathbf{\frac{1}{6}}$

(9) AE//BCより，平行線の錯角だから，∠BEA＝∠EBC

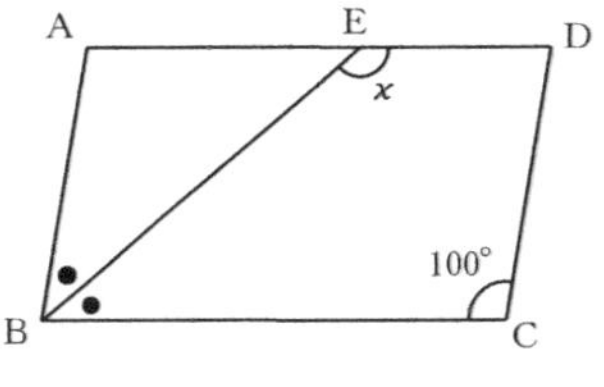

よって，∠BEA＝∠ABE

平行四辺形の対角の大きさは等しいから，∠EAB＝∠BCD＝100°

よって，△ABEの内角の和より，∠BEA＝(180°－100°)÷2＝40°

したがって，$\angle x=180°-40°=$**140°**

(10) 円の対称の軸は中心を通る直線である。弦の垂直二等分線は円の中心を通るから，どこでもいいので円の弦を引き，その垂直二等分線を作図すればよい。

2 (1) **【解き方】上に開いた放物線において，xの変域に0が含まれるとき，yの最小値は0になる。**

$y=\frac{1}{2}x^2$において，xの絶対値が大きいほどyの値は大きくなるので，xの変域が$-1\leqq x\leqq2$ならば，$x=2$のときにyは最大値$\frac{1}{2}\times2^2=2$となる。よって，yの変域は，$0\leqq y\leqq2$

⑵　**【解き方】右の「座標平面上の三角形の面積の求め方」を利用する。**

座標平面上の三角形の面積の求め方

下図において，$\triangle OPQ=\triangle OPR+\triangle OQR=\triangle OMR+\triangle ONR=\triangle MNR$だから，

$\triangle OPQ$の面積は以下の式で求められる。

$\triangle OPQ=\frac{1}{2}\times OR\times$（PとQの$x$座標の差）

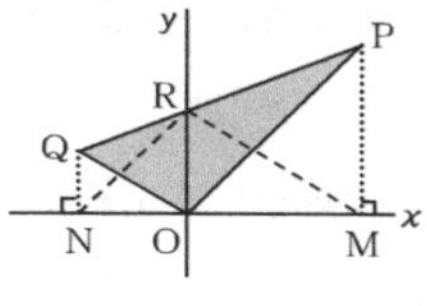

A，Bは放物線$y=\frac{1}{2}x^2$上の点だから，

Aのy座標は$\frac{1}{2}\times(-4)^2=8$より，A$(-4,\ 8)$

Bのy座標は$\frac{1}{2}\times2^2=2$より，B$(2,\ 2)$

よって，直線ABの式を$y=ax+b$とし，A，Bの座標をそれぞれ代入すると，$8=-4a+b$…①，$2=2a+b$…②となる。①と②を連立して解くと，$a=-1$，$b=4$となるから，直線ABの式は，$y=-x+4$である。

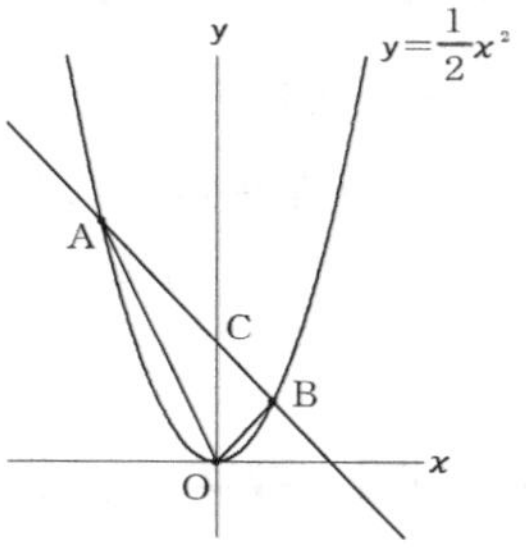

直線ABとy軸の交点をCとすると，Cは直線ABの切片だから，C$(0,\ 4)$より，$OC=4$とわかる。したがって，

$\triangle OAB=\frac{1}{2}\times OC\times$（AとBの$x$座標の差）$=\frac{1}{2}\times4\times\{2-(-4)\}=12$

⑶　**【解き方】点Oを通り，△OABの面積を2等分する直線は，AとBの中点を通る。**

AとBの中点の座標は，$\left(\frac{(\text{AとBの}x\text{座標の和})}{2},\ \frac{(\text{AとBの}y\text{座標の和})}{2}\right)$

だから，$\left(\frac{-4+2}{2},\ \frac{8+2}{2}\right)=(-1,\ 5)$である。

よって，この直線は傾きが$\frac{5}{-1}=-5$の比例のグラフだから，求める直線の式は，$y=-5x$である。

3　⑴　P組の0日以上5日未満の階級に含まれる人数は3人だから，相対度数は$3\div25=$**0.12**である。

⑵　$25\div2=12.5$より，中央値は大きさ順に13番目の値である。P組では，英語で日記を書いた日数が0日以上15日未満の生徒は$3+3+6=12$(人)だから，大きさ順に13番目の値，つまり中央値は**15日以上20日未満**の階級に含まれる。

⑶　ア．Q組では，15日以上の生徒は$8+8+5=21$(人)だから，正しい。

イ．最も度数が大きい階級を考える。P組が15日以上20日未満，Q組が10日以上15日未満で異なるから，最頻値は異なる。よって，正しくない。

ウ．20日以上25日未満の生徒の割合は，P組が$5\div25=0.2$，Q組が$8\div40=0.2$で等しい。よって，正しい。

エ．P組，Q組ともに最大値が含まれる階級は25日以上30日未満だが，度数分布表からどちらの組の最大値が大きいかは判断できない。よって，必ず正しいとはいえない。

オ．累積相対度数とは，最も小さい階級からその階級までのすべての相対度数の和である。よって，0日以上10日未満の相対度数を考えればよい。P組は$(3+3)\div25=0.24$，Q組は$(2+5)\div40=0.175$だから，正しい。

以上より，正しいものは**ア，ウ，オ**である。

4　⑴　タイルの枚数は，1番目が1枚，2番目が$1+2=3$(枚)，3番目が$1+2+3=6$(枚)，…と増えていく。よって，6番目は$1+2+3+4+5+6=$**21**(枚)である。

⑵　**【解き方】図1のように上下左右から見たときの辺の長さの和が，図形の周りの長さである。**

図1

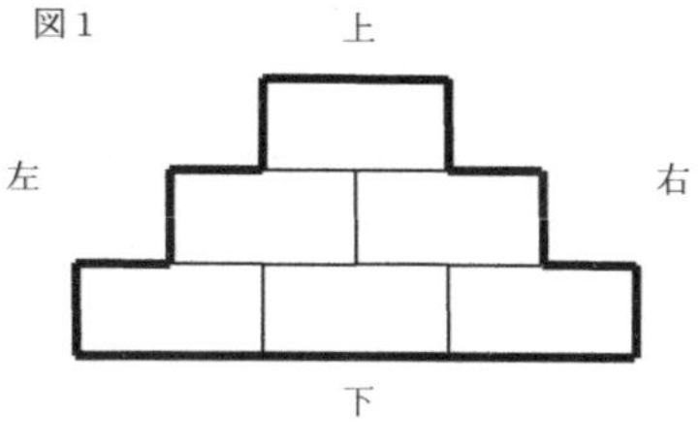

図1は$n=3$のときを例にした場合である。図形を左右から見たと

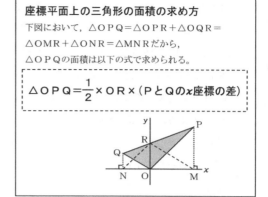

きの辺の長さはそれぞれ$1\times3=3$(cm)，上下から見たときの辺の長さはそれぞれ$2\times3=6$(cm)となる。n番目の図形でも同様のことがいえるから，左右から見たときそれぞれ$1\times n=n$(cm)，上下から見たときそれぞれ$2\times n=2n$(cm)となる。

よって，n番目の図形の周りの長さは，$n\times2+2n\times2=$**6n**(cm)である。

⑶　【解き方】⑴⑵の解説をふまえ，nについての方程式を立てる。

⑴より，n番目の図形のタイルの枚数は1からnまでの連続する整数の和で求められる。

1からnまでの連続する整数の列を2つ使って右のような筆算が書けるから，

$$\begin{array}{rl} & 1+2+3+\cdots\cdots+(n-2)+(n-1)+n \\ +) & n+(n-1)+(n-2)+\cdots\cdots+3+2+1 \\ \hline & (n+1)+(n+1)+(n+1)+\cdots\cdots+(n+1)+(n+1)+(n+1) \end{array}$$

n番目のタイルの枚数は，$\dfrac{n(n+1)}{2}$枚である。

よって，$\dfrac{n(n+1)}{2}=6n$となり，これを解くと，$n=0$，11であり，nは自然数だから，$n=11$となる。

したがって，11番目の図形ではタイルの枚数と周の長さがともに，$6\times11=$**66**となる。

5　⑴　**【解き方】右図のように切断した円すい部分を立体Q，切断する前のもとの立体を立体Rとし，立体Qと立体Rが相似であることを利用する。**

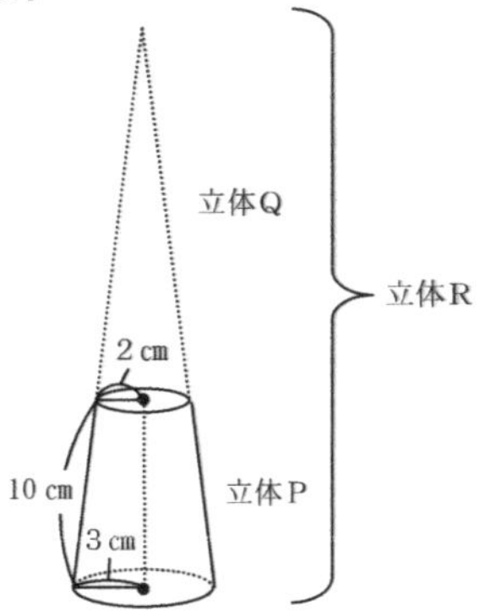

立体Qの母線の長さを$x$cmとすると，立体Qと立体Pは相似な円すいだから，

$x:(x+10)=2:3$　　これを解いて，$x=20$

立体Qの高さは，三平方の定理を用いて，$\sqrt{20^2-2^2}=6\sqrt{11}$(cm)

立体Qと立体Rの相似比は2：3だから，立体Rの高さは

$6\sqrt{11}\times\dfrac{3}{2}=9\sqrt{11}$(cm)なので，立体Pの高さは，$9\sqrt{11}-6\sqrt{11}=$**$3\sqrt{11}$**(cm)

⑵　**【解き方】相似比がm：nの相似な立体の体積比は$m^3:n^3$となることを利用する。**

⑴の解説をふまえる。立体Qと立体Rの相似比は2：3だから，体積比は$2^3:3^3=8:27$である。よって，立体Qと立体Pの体積比は$8:(27-8)=8:19$である。立体Qの体積は，$\dfrac{1}{3}\times2^2\pi\times6\sqrt{11}=8\sqrt{11}\pi$(cm³)だから，立体Pの体積は，$8\sqrt{11}\pi\times\dfrac{19}{8}=$**$19\sqrt{11}\pi$**(cm³)となる。

⑶　**【解き方】立体Pの底面の円が通る道のりは，立体Rの母線の長さを半径とする円周の長さである。**

⑴の解説をふまえる。立体Rの母線の長さは$20+10=30$(cm)だから，立体Pの底面の円が通る道のりは，$2\pi\times30=60\pi$(cm)である。立体Pの底面の円周の長さは，$2\pi\times3=6\pi$(cm)だから，$60\pi\div6\pi=10$より，立体Pが回転した回数は**10**回である。

6　⑴　**【解き方】yが0から40になるまでは水が入る部分の底面積が変わらないから，yはxに比例する。**

$0\leqq y\leqq40$のとき，xが1増えるとyは$20\div5=4$増えるから，$y=4x$と表せる。

よって，$x=1$のとき$y=$**4**となる。

⑵　**【解き方】水そう内の水が入る部分を右図のようにP，Q，Rに分ける。グラフは，Rに水が入っているときの直線と，Qに水が入っているときの直線と，Pに水が入っているときの直線をつないだ形になる。**

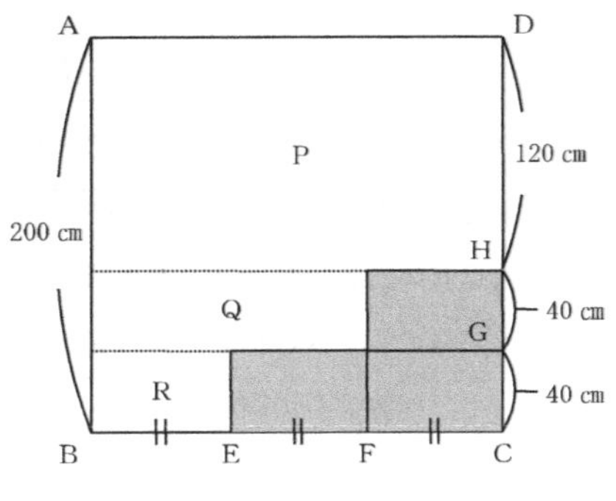

⑴より，$y=40$になるのは$x=40\div4=10$のときだから，グラフは点(10，40)を通る。

Qの底面積はRの底面積の2倍で，高さは同じだから，Qをいっぱい

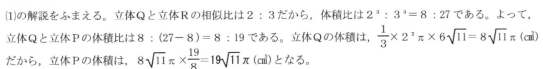

にするのにかかる時間は，Ｒをいっぱいにするのにかかる時間の２倍

である。よって，水面の高さが 80 cmになるまでにかかる時間は $10+10\times2=30$(分)である。

表より，水面の高さが 200 cmになり２つの給水口を閉じたのは，水を入れ始めてから 50 分後である。

したがって，グラフは，点(０，０)，(10，40)，(30，80)，(50，200)を順に直線で結べばよい。

(3)　(2)の解説をふまえる。水面の高さが 80 cmから 200 cmになるまでに $50-30=20$(分)かかる。つまり，１分間に $(200-80)\div20=6$ (cm)ずつ水面の高さが上がることになる。よって，水面の高さが 80 cmから 100 cmまで上がるのにかかる時間は，$(100-80)\div6=3\frac{1}{3}$(分)$=3$分$(\frac{1}{3}\times60)$秒$=3$分 20 秒だから，水を入れ始めてから，30 分＋３分 20 秒＝**33 分 20 秒(後)**である。

(4)　**【解き方】(2)の図においてＲの容積をＶとすると，Ｑの容積は２Ｖ，Ｐの容積は$V\times3\times\frac{120}{40}=9V$と表せる。よって，水面の高さが 200 cmのとき，入っている水の体積は$V+2V+9V=12V$と表せる。**

水面の高さが 200 cmの状態から 60 分後にすべて排水されるから，48 分後に残っている水の体積は，

$12V\times\frac{60-48}{60}=\frac{12}{5}V=2.4V$となる。よって，水面はＱの部分にあり，Ｑの部分に残っている水の体積は，

$2.4V-V=1.4V$である。これはＱの容積の$\frac{1.4V}{2V}=\frac{7}{10}$(倍)だから，Ｑの部分の水面の高さは，$40\times\frac{7}{10}=28$(cm)になっている。したがって，求める水面の高さは，$40+28=$**68**(cm)

7　(1)　まず，問題文の仮定を図にかきこんで，証明のために必要な条件を探そう。条件が足りない場合は，問題の内容に応じて，図形の性質，平行線の同位角・錯角，円周角の定理などからわかることもかきこんでみよう。

(2)　**【解き方】ＡＢが直径だから∠ＡＣＢ＝∠ＡＤＢ＝90°なので，右図のように角度がわかる。したがって，△ＡＢＤは３辺の比が$1:2:\sqrt{3}$の直角三角形である。また，△ＡＣＥ∽△ＢＤＥであり，相似な図形の面積比は相似比の２乗に等しいことを利用する。**

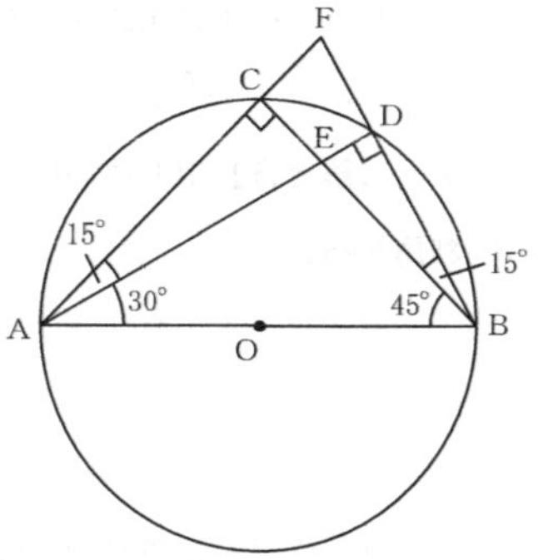

△ＡＣＢは直角二等辺三角形だから３辺の比は$1:1:\sqrt{2}$なので，

ＡＣ＝ａとすると，$AB=\sqrt{2}a$である。また，$BD=\frac{1}{2}AB=\frac{\sqrt{2}}{2}a$

よって，△ＡＣＥと△ＢＤＥの相似比は，

$AC:BD=a:\frac{\sqrt{2}}{2}a=\sqrt{2}:1$だから，面積比は，$(\sqrt{2})^2:1^2=$**２：１**

(3)　**【解き方】△ＡＢＦ：△ＡＢＥ＝２：１だから，△ＡＢＥ＝△ＡＣＥ＋△ＢＣＦであり，△ＡＣＥ≡△ＢＣＦだから，△ＡＢＥ：△ＡＣＥ＝２：１である。**

(おうぎ形ＯＢＣの面積)－△ＯＢＣ－△ＢＤＥで斜線部分の面積を求める。

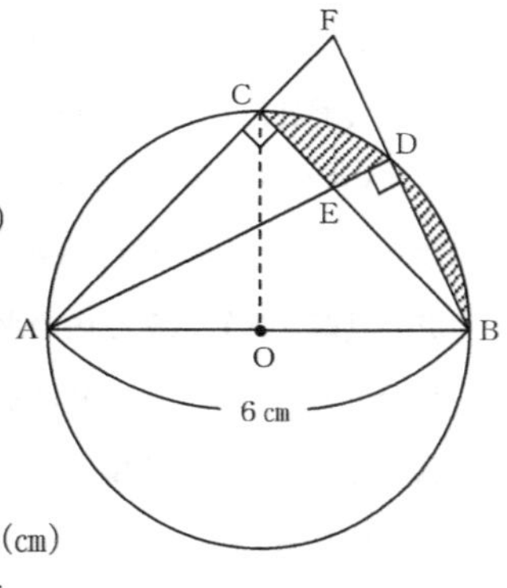

△ＯＢＣはＯＢ＝ＯＣ＝$6\div2=3$ (cm)の直角二等辺三角形だから，

(おうぎ形ＯＢＣの面積)$=3^2\pi\times\frac{1}{4}=\frac{9}{4}\pi$ (cm²)，$\triangle OBC=\frac{1}{2}\times3\times3=\frac{9}{2}$(cm²)

$AC=BC=\frac{1}{\sqrt{2}}AB=\frac{6}{\sqrt{2}}=3\sqrt{2}$ (cm)，

$CE=\frac{1}{1+2}BC=\frac{1}{3}\times3\sqrt{2}=\sqrt{2}$ (cm)，$BE=3\sqrt{2}-\sqrt{2}=2\sqrt{2}$ (cm)

したがって，$\triangle ACE=\frac{1}{2}\times AC\times CE=\frac{1}{2}\times3\sqrt{2}\times\sqrt{2}=3$ (cm²)

三平方の定理より，$AE=\sqrt{AC^2+CE^2}=\sqrt{(3\sqrt{2})^2+(\sqrt{2})^2}=\sqrt{20}=2\sqrt{5}$ (cm)

△ＡＣＥ∽△ＢＤＥで，その相似比は，$AE:BE=2\sqrt{5}:2\sqrt{2}=\sqrt{5}:\sqrt{2}$

したがって，$\triangle ACE:\triangle BDE=(\sqrt{5})^2:(\sqrt{2})^2=5:2$だから，$\triangle BDE=\frac{2}{5}\triangle ACE=\frac{2}{5}\times3=\frac{6}{5}$(cm²)

よって，斜線部分の面積は，$\frac{9}{4}\pi-\frac{9}{2}-\frac{6}{5}=$**$\frac{9}{4}\pi-\frac{57}{10}$**(cm²)

2022 解答例　富山県公立高等学校

令和4年度

《2022　社会　解答例》

1　(1)エ　(2)記号…B　都市名…神戸　(3)ア　(4)イ　(5)記号…b　特徴…黒潮の影響で冬でも気温は高く，夏の季節風の影響で降水量が多い。

2　(1)P．ア　Q．イ　(2)周囲より標高が低いため，雨水が流れ込むと考えられるから。

3　(1)D　(2)多国籍企業　(3)記号…C　国名…中国　(4)P．エ　Q．ア　(5)ウ　(6)ウ

4　(1)イ　(2)天武　(3)Y．打ちこわし　Z．百姓一揆　(4)朝廷を監視するため。　(5)B→D→A→C
(6)Ⅰ．B　Ⅱ．C　(7)①不安定になったもの　②A

5　(1)X．天皇　Y．外国　(2)イ　(3)P．ウ　Z．国家総動員　(4)①できごと…エ　世界の様子…Ⅰ
②乗用車…C　白黒テレビ…B　(5)S．ウ　T．イ　(6)ウ→エ→イ→ア

6　(1)A　(2)条例　(3)P．平等　Q．差別　(4)小選挙区制…死票が多くなる。　比例代表制…多くの政党が乱立して，政治が不安定になる。　(5)①X．ア　Y．イ　②最高裁判所　(6)エ

7　(1)P．利潤　Q．配当　(2)Ⅰ．イ　Ⅱ．ア　(3)①イ，ウ　②消費を拡大し，景気を回復させる。　(4)エ
(5)ウ

《2022　国語　解答例》

一　ア．そうしょく　イ．ほが　ウ．あっかん　エ．永久　オ．届　カ．展望

二　1．ア　2．ウ　3．A．夜の長さ　B．寒さの訪れ　4．a．芽　b．越冬芽　5．エ　6．ウ
7．芽の中にあるアブシシン酸のはたらきによって花が咲くことが抑えられている状態。　8．イ→ウ→ア→エ
9．春の暖かさにだけ反応するのではなく、冬の到来を予知し、冬の通過を確認するしくみもはたらかせている

三　1．かける言葉が見つからない　2．イ　3．A．駆け寄ろう　B．冷静だった　4．ウ　5．エ
6．そのまん丸　7．負けてくやしいと思わないこれまでの自分のままでいること。　8．西崎くんが自分の中に見出した強い気持ちは西崎くん自身のものであり、自分が干渉できないことだ　9．無言の強さ

四　1．学問　2．ア　3．いわく　4．月かげ／世　5．イ

五　(②の例文)

地方では交通手段が少なく、自動車がなければ、生活に不都合なことが多い。そのため、高齢になっても自動車を運転せざるを得ず、高齢者による交通事故も多発している。

全自動カーが実現すれば、高齢になっても安全に運転することができる。それだけでなく、障害がある人も自力での移動手段を得ることができると考える。住んでいる場所や年齢などの制約を受けずに暮らせる社会が理想だ。私は、誰にとっても安全で快適な社会の実現のために、情報通信機器を活用したい。

《2022　理科　解答例》

1　(1)イ　(2)右図　(3)①観点１…ウ　観点３…エ　②D
③必要な水分をからだの表面全体から直接吸収する

2　(1)初期微動　(2)９，50　(3)X．32　Y．54　(4)①ア　②エ　(5)エ

3　(1)電解質　(2)$CuCl_2 \rightarrow Cu^{2+} + 2Cl^-$　(3)気体の名称…塩素　性質…ウ
(4)X．電子　Y．Mg^{2+}　Z．Cu　(5)亜鉛

4　(1)全反射　(2)ア　(3)右図　(4)ｂ，ｃ　(5)方向…X　マスの数…２

5　(1)D　(2)50　(3)0.6　(4)$CuO + H_2 \rightarrow Cu + H_2O$　(5)４

6　(1)対立形質　(2)それぞれ別の生殖細胞に入り受精する　(3)A，C
(4)１：１　(5)F，H

7　(1)カ　(2)9.3　(3)①A．ウ　B．エ　C．キ　D．露点　②ウ

8　(1)1.5　(2)等速直線運動　(3)エ　(4)①ウ　②イ　(5)右グラフ

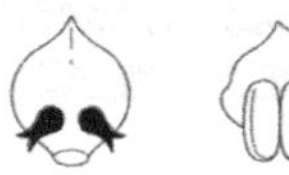
1(2)の図

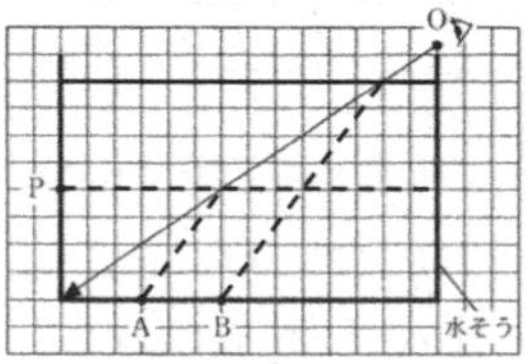

4(3)の図

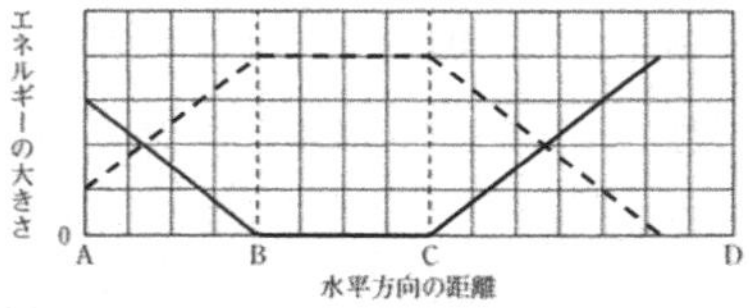

《2022　英語　解答例》

(聞き取りテスト)

問題A　No. １．A．正　B．誤　C．誤　No. ２．A．誤　B．正　C．誤　No. ３．A．誤　B．正　C．正

問題B　No. １．質問１…A　質問２…C　No. ２．A

問題C　①easy　②know　質問１．D　質問２．What song do you want to sing at the next chorus contest?

(筆記テスト)

1　〔１〕(あ)23　(い)A　(う)B　〔２〕ウ　〔３〕(1)70　(2)13，55　〔４〕(1)A．エ　B．イ　(2)①彼らが抱えている問題と必要としているもの　②技能を教える　(3)イ，カ

2　〔１〕(1)おしぼりが冬は温かく，夏は冷たいこと。　(2)ア，オ　(3)The best way to learn English for me is to use English a lot in classes／I think listening to music in English is the best way　などから１つ　〔２〕(1)ウ　(2)都会で時間を過ごすことを楽しんでいた人々が，自然の中で時間を過ごすことをより面白いと考えるようになっていること。／多くの人々が家族や親しい友人と時間を過ごすことの方が，海外へ行ったり高価な物を買ったりすることよりも大事だと考えるようになっていること。　(3)A．enjoyed　B．different

3　〔１〕(1)What sport do you play　(2)I cannot sing as well as　(3)my friend helped me finish it
〔２〕④Which one is the best／Will you show me the most popular one　などから１つ　⑧I learned a lot about Mozart／The CD was great　などから１つ　⑪Let's go together next time／I want to go with you　などから１つ
〔３〕(Aの例文)If I could meet Dazai Osamu, I would ask many questions about my favorite book "Run, Melos!". Then I would like to ask him to take pictures together.　(Bの例文)I wish I could see the world without war. I want to know how people in the future stopped wars. Then I want to talk about it with my friends to make a better world.

《2022 数学 解答例》

1 (1)13　(2)$4x^2y$　(3)$\sqrt{2}$　(4)$a+4b$　(5)$x=4$　$y=-1$　(6)9，-2　(7)$2a+3b\leqq 1000$

(8)$\dfrac{7}{8}$　(9)27　(10)右図

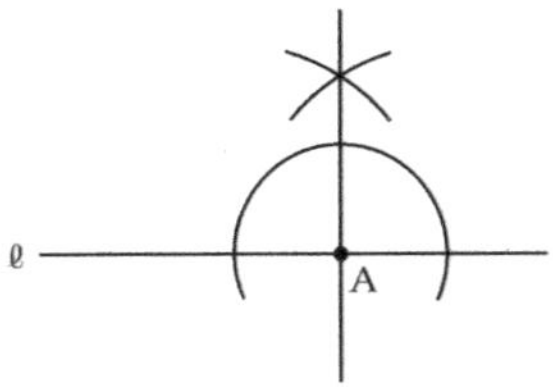

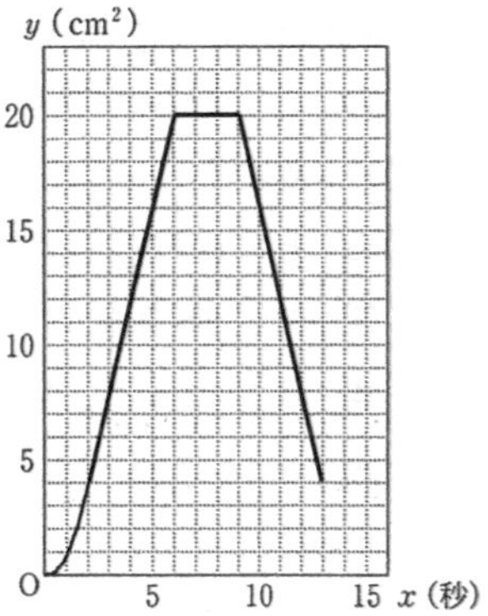

2 (1)エ　(2)$2x+3$　(3)6

3 (1)53　(2)55　(3)イ，エ

4 (1)$\dfrac{32}{3}$　(2)$8\sqrt{3}$　(3)$\dfrac{4\sqrt{3}}{3}$

5 (1)16　(2)55　(3)14，49

6 (1)1　(2)$0\leqq x\leqq 13$／右グラフ

(3)$\dfrac{7}{2}$，$\dfrac{23}{2}$

7 (1)△CADと△FABにおいて，

$\overset{\frown}{CD}=\overset{\frown}{EB}$より，等しい弧に対する円周角は等しいから，∠CAD＝∠FAB…①

$\overset{\frown}{AC}$に対する円周角は等しいから，∠CDA＝∠FBA…②

①，②より，２組の角がそれぞれ等しいから，△CAD∽△FAB

(2)①$2\sqrt{6}$　②$(27-9\sqrt{3})$

《2022　社会　解説》

1　⑴　エ　　近畿地方には，京都府・奈良県があることから，重要文化財数が圧倒的に多くなる。アは北海道地方，イは東北地方，ウは中部地方，オは中国・四国地方，カは九州地方。

⑵　Ｂ／神戸市　　Ａは京都府，Ｂは兵庫県，Ｃは和歌山県。

⑶　ア　　輪島塗は石川県，小千谷ちぢみは新潟県，南部鉄器は岩手県の伝統的工芸品。

⑷　イ　　北から，丹波高地→大阪平野→紀伊山地を通ることからイと判断する。

⑸　ｂ　　夏は，南東季節風の影響を受けて降水量が多いこと，冬は暖流である黒潮(日本海流)の影響を受けて，比較的温暖であることが書けていればよい。日本海側の舞鶴は，暖流である対馬海流と北西季節風の影響を受けて，冬に降雪が多い。

2　⑴　Ｐ＝ア　Ｑ＝イ　　５万分の１の地形図は，２万５千分の１の地形図より縮尺が小さい。地図は，縮尺が小さいほど，表す範囲は広くなるが，省略されるものが多くなる。

⑵　地図１の標高が10m未満の地域と，地図２の浸水が想定される地域がほぼ一致することから，まわりより標高が低い土地であると読み取る。

3　⑴　Ｄ　　１月と７月の平均気温差が小さく20℃近くであれば熱帯の可能性が高い。

⑵　多国籍企業　　スターバックス・マクドナルド・ユニクロなど，さまざまな分野に多国籍企業が存在する。

⑶　Ｃ　　21世紀の世界の工場は中国だから，日本に近い緯度と経度で，日本の西に位置するＣを選ぶ。

⑷　Ｐ＝エ　Ｑ＝ア　　国内消費量に占める国内産出量の割合を自給率とする。国内消費量に占める輸入量の割合は依存率になる。

⑸　ウ　　Ｅ国の位置は西経77度だからアメリカ合衆国である。アメリカ合衆国は，ＮＡＦＴＡ・ＵＳＭＣＡを，カナダ・メキシコと結び，さかんに貿易をしてきたから，最大の貿易相手国はカナダと判断する。

⑹　ウ　　Ａはドイツ，Ｂはオーストラリア，Ｃは中国，Ｄはブラジル，Ｅはアメリカ合衆国。日本より発電量の多いイとウが中国とアメリカ合衆国である。中国の人口はアメリカ合衆国の人口の４倍以上だから，一人当たりの二酸化炭素排出量は，中国の方が少なくなると判断して，イが中国，ウがアメリカ合衆国とする。アはオーストラリア，エはドイツ，オはブラジル。

4　⑴　イ　　室町時代，室町幕府の第八代将軍である足利義政の跡継ぎ問題と，山名氏と細川氏による勢力争いから京都を主戦場とする応仁の乱が起きた。よって，室町文化を代表する雪舟の『秋冬山水図』を選ぶ。アは『蒙古襲来絵詞』(鎌倉時代)，ウは「鳥毛立女屏風」(奈良時代)，エは『富嶽三十六景』より，『神奈川沖浪裏』(江戸時代)である。

⑵　天武　　天智天皇の弟である大海人皇子と，天智天皇の子である大友皇子の争いが壬申の乱である。勝利した大海人皇子が天武天皇として即位し，律令制度と中央集権国家の形成を進めた。

⑶　Ｙ＝打ちこわし　Ｚ＝百姓一揆　　天災などの被害で年貢が納められないとき，農民は年貢を減らしてくれるように領主に要求していた。訴えが退けられると，百姓たちは一揆を起こし，城下へと押し寄せた。大きなききんが起きると，百姓一揆や打ちこわしの件数は大幅に増えた。

⑷　朝廷を監視するため。　　源氏の将軍が三代で途絶えると，後鳥羽上皇は政権を奪回するために，当時の執権である北条義時打倒を掲げて挙兵した(承久の乱)。勝利した鎌倉幕府は，朝廷の監視と西国武士の統制のために，

京都に六波羅探題を置いた。これによって，鎌倉幕府の勢力は九州から関東にまで広がった。

⑸　B→D→A→C　　壬申の乱(672 年・飛鳥時代)→承久の乱(1221 年・鎌倉時代)→応仁の乱(1467 年・室町時代)→大塩の乱(1837 年・江戸時代)

⑹　I＝B　Ⅱ＝C　　唐の成立は 618 年の飛鳥時代，南北戦争は 1861 年の江戸時代に起きた。

⑺②　A　　将軍の権威が落ちてきたのは，室町時代の応仁の乱の後のことである。応仁の乱が起きると，実力で身分の下の者が上の者と代わる下剋上の世の中となり，将軍の権威は失墜していった。

5　⑴　X＝天皇　Y＝外国　　朝廷の許可を得ずに日米修好通商条約を結んだ井伊直弼は，幕府に反対した大名や公家を処罰し，吉田松陰らを処刑する安政の大獄を行った。その後，井伊直弼は，反発した水戸藩の元藩士によって，江戸城の桜田門外で暗殺された(桜田門外の変)。

⑵　イ　　古代から江戸時代まで，朝廷は京都にあった(南北朝時代に南朝は奈良にあった)。

⑶　P＝ウ　Z＝国家総動員　　1937 年が 3200 百万円，1936 年が 1000 百万円だから，約 3.2 倍になっている。政府が，議会の承認なしに国民と物資を調達できるとする法律が国家総動員法である。この法律によって，国民を強制的に軍需工場で働かせることができた。

⑷①　エ　　下関条約は 1895 年，サンフランシスコ平和条約は 1951 年，日ソ共同宣言は 1956 年。

②　乗用車…C　白黒テレビ…B　　自動車とカラーテレビでは，自動車の方が登場は早いが，値段の安いカラーテレビの方が普及率は急激に上昇したから，Cが乗用車，Dがカラーテレビである。カラーテレビの普及とともに白黒テレビの普及率は下がっていくから，Bが白黒テレビである。Aは電気冷蔵庫，Eは電気洗濯機。

⑸　S＝ウ　T＝イ　　第一次護憲運動は，桂太郎と西園寺公望が交互に政権をとる桂園内閣への不満から，第三次桂内閣を倒閣に追い込んだ 1912 年の政治運動。原敬による本格的な政党内閣の成立は 1918 年。全国水平社の結成は 1922 年。男子普通選挙法の成立は 1925 年。平塚らいてうが青鞜社を結成したのは 1911 年である。Qにはイ，Rにはアがあてはまる。

⑹　ウ→エ→イ→ア　　ABCD包囲陣(1941 年)→55 年体制(1955 年)→第一次石油危機(1973 年)→バブル崩壊(1991 年)　　ABCD包囲陣…アメリカ・イギリス・中国・オランダによる日本に対する経済封鎖
55 年体制…与党が自民党，野党第一党が社会党とする政治体制　　第一次石油危機…第四次中東戦争の影響を受けて石油が不足した世界的な不況。　　バブル崩壊…土地と株式が異常に高くなる不健全な好景気(バブル景気)が崩壊したこと。

6　⑴　A　　ゆいさんのメモより，2008 年頃に 100 になっているCは富山県の人口，2020 年に 50 以下になっているDは富山県の 15 歳未満の人口である。日本の人口は 2010 年前後から減少に転じているからBである。人口は減少しているが，核家族や単独世帯が増えたことで世帯数は増えていると考えられるから，富山県の世帯数はAになる。

⑵　条例　　法令は，憲法＞条約＞法律＞政令＞条例＞規則の序列で有効である。

⑶　P＝平等　Q＝差別　　信条…宗教上の信仰・思想上，政治上の主義　　門地…家がら・家系

⑷　小選挙区制…死票が多くなる。　比例代表制…多くの政党が乱立して，政治が不安定になる。　　例えば，A，B，Cの３人が立候補した小選挙区制で，Aが３万票，Bが 2.5 万票，Cが 1.5 万票を獲得すると，Aが当選するが，A以外に投票された４万票は死票となる。このように死票の方が多くなる場合も小選挙区制ではありうる。

⑸①　X＝ア　Y＝イ　　衆議院で可決し，参議院で否決された法律案は，再び衆議院で出席議員の３分の２以上の賛成で可決すると法律となる。②　最高裁判所　　すべての裁判所に違憲審査権があるが，違憲審査の最終決定権を最高裁判所がもっていることから，最高裁判所は憲法の番人と呼ばれる。

(6)　エ　　国や地方公共団体に情報公開を求める権利は「知る権利」である。

7　(1)　P＝利潤　Q＝配当　　利益(利潤)を追求するのが私企業，国や地方公共団体が経営するのが公企業である。株式会社における株主は，保有する株式に応じて，利益を配当として受け取る。

(2)　Ⅰ＝イ　Ⅱ＝ア　　右図1のように，P1を均衡価格とする需要曲線と供給曲線があったとする。供給量(売りたい量)が増えると，同じ価格で多くの商品が生産できるから，供給曲線がS1からS2へと右にシフトするので，均衡価格はP1からP2に下がる(図2)。需要量(買いたい量)が増えると，同じ価格で買いたい人が増えるから，需要曲線がD1からD2へと右にシフトするので，均衡価格はP1からP3に上がる(図3)。

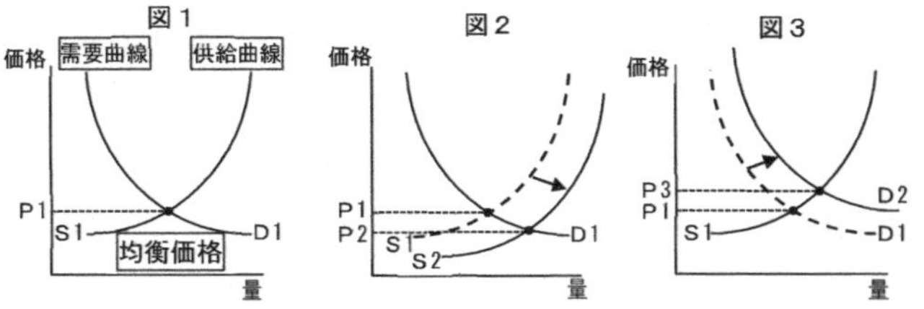

(3)①　イ，ウ　　好景気のときは，生産の拡大・雇用の拡大・賃金の上昇が起きる。　②　消費が拡大し，景気が回復する。　　公共事業を増やすと雇用が増え，家計に入るお金が増える。お金が増えた家計では，消費が増えるので，景気が回復していく。

(4)　エ　　円の価値が上がると円高，下がると円安というから，1ドル＝100円から1ドル＝80円になることは，円高である。1ドル＝80円のとき，12000円の宿の宿泊代は，12000÷80＝150(ドル)になるから，日本にくる外国人旅行客は減る。1ドル＝120円のとき，12000円の宿の宿泊代は，12000÷120＝100(ドル)になるから，日本にくる外国人旅行客は増える。

(5)　ウ　　効率は「社会全体で無駄を省くこと」。アは手続きの公正(みんなが参加しているか)，イは機会の構成(みんなの意見が出されているか)，エは結果の公正(利益を受けている人・不利益を受けている人がいないか)。

《2022　国語　解説》

二　1　傍線部①の「すぐに」は副詞。　ア．副詞。　イ．形容動詞(「静かだ」の連用形)。　ウ．形容詞(「新しい」の連用形)。　エ．連体詞。　よってアが適する。

2　[2]段落は、「ツボミは、開花する前の夏につくられるのです。でも、そのまま成長して秋に花が咲いたとしたら～冬の寒さのために、タネはできず、子孫を残すことができません。そこで」、冬になる前の「秋に、硬い『越冬《えっとう》芽《が》』がつくられ、その中にツボミは、包み込まれて、冬の寒さをしのぎます」という文脈である。よってウが適する。

3　(　A　)と(　B　)に続く語句と似た表現を[4]段落で探すとよい。　A．「(　A　)をはかることで」と似た表現は「夜の長さをはかれば」である。　B．「(　B　)を知ることができる」と似た表現は「寒さの訪れを約二ヵ月先取りして知ることができるのです」である。

4 a　[5]段落に「葉っぱが長くなる夜を感じて『冬の訪れを予知した』という知らせは、『芽』に送られなければなりません」とある。また、「葉っぱが、『アブシシン酸』という物質をつくり、[a]に送ります。芽にアブシシン酸の量が増えると」とあることから、「芽」が入る。　　b　[2]段落に「硬い『越冬芽』がつくられ、その中にツボミは、包み込まれて」とある。「ツボミを包み込む[b]ができるのです」より、「越冬芽」が入る。

6　「『[Ⅲ]』という答え」を受けて、[9]段落に「ソメイヨシノが花を咲かせるためには、暖かくならなければなりません。ですから、この答えは誤りではありません」とあることから、ウが適する。

7　[11]段落に「暖かさに出会っても花を咲かせないソメイヨシノは、〝眠っている〟状態であり『〝休眠〟している』と表現されます」とある。この状態について[12]段落で「アブシシン酸は、休眠を促し、花が咲くのを抑える物質です。ですから、これが越冬芽の中に多くある限り、暖かくなったからといって、花が咲くことはないのです」と説明されている。

8　14・15段落に「冬の寒さ(イ)の中で、アブシシン酸は分解され(ウ)」、「暖かくなってくると(ア)、『ジベレリン』という物質がつくられてきます(エ)」と順を追って説明されている。

9　「『多くの人』の捉え方」は、「春の暖かさにだけ反応して花を咲かせるように見える」ということだが、筆者が注目しているのは、その現象には、「冬の到来を予知し、冬の通過を確認するしくみも、はたらいている」ということである。

三　3　3行前に「恐れにも似た思いで駆け寄ろうとした佑子《ゆうこ》」とある。新米教師の佑子にとって、自分が顧問をしているラグビー部の生徒が、挫折しそうになり、海に飛び込んで海面を両手で叩《たた》き、大声で叫んだら、早く止めなければ、海から上がらせなければと、慌てて当然だと思われる。それに対して、「足立くんは小さな声で言う。『先生、あいつは大丈夫だよ』」と、冷静だった。

4　「太い眉毛が、八の字になっている」とは眉尻が下がっている状態を表す。「ぎこちない微笑《ほほえ》み」で「先生、昨日はすいませんでした」と謝る西崎くんの様子から、昨日感情をあらわにしたことに対して気まずさや照れくささが読み取れる。よってウが適する。

5　西崎くんは、「学校までの間、話させてもらって、いいですか」と言ったが、「佑子の半歩後ろにいながら、うつむいて歩みを進めるだけだ」。そこで、佑子は「歩く速さを緩めて」西崎くんとできるだけ近づこうとした。「時々彼を振り向いたものの」とあることから、まだ西崎くんの方が後ろを歩いていることがわかる。また、佑子も、「どうやって話したいことを引き出していいのか分からないままでいた」とあることから、エが適する。

6　前の部分をよく読むこと。西崎くんは「訥々《とつとつ》と言葉を重ねる」「気がついてみれば～立ち話になっていた」とあるように、自分の思いを打ち明け始めている。そのための時間が必要だというのだが、「西崎くんのどのような様子から」という問いなので、話したいという気持ちがよく表れている「そのまん丸に見開かれた目に、何かが宿っていることが分かる」がふさわしい。

7　「それ」が何を指すのかを前の部分から読み取る。西崎くんの前の言葉に「柔道やってた頃、そんなこと（＝くやしい気持ち)、思ったこともなかった」とある。

8　「そう」が指す内容は、直前の「彼は強い気持ちを自分の中に見出《みいだ》した。それは西崎くん自身のもので、自分が干渉できることじゃない」である。

9　「背中で教える」という言葉がある。学ぶ姿勢があるものにとって、手本となる人の無言の後姿は、言葉で教えたり手取り足取り教えたりするより、むしろ効果的だという意味で使われる表現である。「足立先輩の背中」は、「それ（＝くやしいと思わないこと）じゃダメなんだ」ということを言っていた。佑子が見送った西崎くんの「背中」は「強い気持ちを自分の中に見出した」ことを表していた。足立先輩の背中に「無言の強さ」を感じ、今度は自分も強い気持ちを持って、背中に「無言の強さ」を漂わせながら、佑子の前を遠ざかっていったのだ。

四　1　直前に「あれ体《てい》の者あれば、余《よ》の児《ちご》ども見学《みまな》び、不用なるに」と理由が述べられている。

2　家に返される相談をされていることも知らないで、夜に和歌をよんだのは、アの「この児」である。

3　古文で言葉の先頭にない「はひふへほ」は、「わいうえお」に直す。

4　「あるかなきか」とは「あるかないか」わからないほど「はかない」という意味で、ここでは【和歌の意味】にあるように、「『月の姿（月かげ)』がはかない」ように「無常ではかない『この世（世)』」と表現されている。

5　最後の段落に、恵心僧都《えしんそうづ》が和歌を好むようになった理由が、「僧都これを聞きて～哀れなりければ」とまとめられている。よってイが適する。

【古文の内容】

> 弟子の児の中に、朝夕心を静めて、和歌をよんでばかりいる者がいた。「児たちは、学問などをすることこそが、ふさわしい事だ。この児は、歌にだけ熱心な、どうしようもない者である。あのような者がいると、他の児たちが見てまねをして（学問を）怠るので、明日家へ返そう」と、同じ寺の他の僧侶に相談なさったのも（児は）知らないで、月が冴《さ》えて何となく静かなときに、夜がふけて縁側に立って出て、手を洗おうとして、和歌をよむには、
>
> 　手にくんだ水に映る月の姿がはかないように、無常ではかないこの世に暮らすことだなあ。
>
> 僧都はこれを聞いて、状況のふさわしさ、歌の体、心にしみるほどすばらしいので、その後、この児を留め置いて、(僧都自身も)和歌を好んで、代々の和歌集に、その歌が入っているのではないでしょうか。

《2022　理科　解説》

1　⑴　観察するものが花のように手に持って動かせないときは，ルーペを目に近づけたまま自分が近づいたり離れたりしてピントを合わせる。

⑵　Ｐは胚珠で受粉後種子になる。また，図３の上の花は雌花，下の花は雄花である。

⑶①　観点１は，イヌワラビ(シダ植物)とゼニゴケ(コケ植物)がいいえで，はいに分類されるのはすべて種子植物だから，ウがあてはまる。観点２は，マツ(裸子植物)がいいえで，はいに分類されるのはすべて被子植物だから，アがあてはまる。観点３は，ツユクサ(単子葉類)がいいえで，はいに分類されるのはすべて双子葉類だから，エがあてはまる。観点４は，アサガオ(合弁花)がいいえで，アブラナ(離弁花)がはいだから，オがあてはまる。

②　タンポポは，種子植物＞被子植物＞双子葉類で，合弁花だから，Ｄに分類される。　③　ゼニゴケ(コケ植物)は，からだの表面全体から水分を吸収する。コケ植物の根のように見える部分(仮根)は，からだを地面などに固定する役割をもつ。なお，イヌワラビ(シダ植物)は根・茎・葉や維管束をもち，根から水分を吸収する。

2　⑴　Ｐ波による小さなゆれを初期微動，Ｓ波による大きなゆれを主要動という。

⑵　Ｐ波はＢとＣの震源からの距離の差の80kmを10秒で伝わるので，地震の発生から$10\times\frac{160}{80}=20$(秒後)にＢにＰ波が到着したとわかる。したがって，地震の発生した時刻は15時10分10秒の20秒前の15時９分50秒である。

⑶　Ｘ．Ｓ波は震源からＢまでの160kmを40秒で伝わり，ＡにＳ波が到着するのにかかった時間は８秒なので，Ａの震源からの距離は$160\times\frac{8}{40}=32$(km)である。　Ｙ．Ｐ波がＡに到着するのは，地震の発生から$10\times\frac{32}{80}=4$(秒後)の15時９分54秒である。

⑷　マグニチュードは地震の規模を表し，震度は観測地点のゆれの大きさを表す。

⑸　大陸プレートの下に沈みこむ海洋プレートが，大陸プレートを引きずり込む。このとき，大陸プレートにできたひずみが元に戻るときに，岩石が破壊され海溝型地震が起こる。

3　⑵　塩化銅〔$CuCl_2$〕は，水溶液中で銅イオン〔Cu^{2+}〕と塩化物イオン〔Cl^-〕に電離している。このとき，矢印の前後で原子の数が同じになるように注意して係数をつける。

⑶　陽極では塩化物イオン〔Cl^-〕が電子を１個放出し，塩素原子〔Cl〕になり，それが２個結びついて塩素分子〔Cl_2〕となって発生する。陰極では銅イオン〔Cu^{2+}〕が電子を２個受け取り，銅原子〔Cu〕となって出てくる。また，塩素は黄緑色で刺激臭のある気体で，漂白作用や殺菌作用がある。なお，アは酸素，イは水素，エは二酸化

炭素の性質である。

(4) マグネシウム片の表面に付着した赤かっ色の物質は銅〔Cu〕であり，水溶液中の銅イオン〔Cu^{2+}〕が電子を受け取って銅原子になったことがわかる。このとき，マグネシウム〔Mg〕は電子を放出して，マグネシウムイオン〔Mg^{2+}〕になって，水溶液中に溶け出している。この実験より，銅よりマグネシウムの方がイオンになりやすいことがわかる。

(5) Aと同じ金属のイオンを含む水溶液とは反応しないから，Aは亜鉛かマグネシウムとわかる。Aが亜鉛とすると，マグネシウムの方がイオンになりやすいので，マグネシウムイオンを含む水溶液にAを入れたとき，反応しない。よって，表より，Aは亜鉛であると言える。なお，Aがマグネシウムとすると，マグネシウムの方がイオンになりやすいので，亜鉛イオンを含む水溶液にAを入れたとき，Aが溶け，亜鉛イオンが亜鉛となって出てくる(反応する)はずである。

4 (2) ア○…光が空気中からガラス中や水中に進むとき，入射角＞屈折角となり，光がガラス中や水中から空気中に進むとき，入射角＜屈折角となる。なお，境界面に垂直な直線と光の道すじがつくる角を入射角や屈折角という。

(4) a～dの棒が鏡にうつって見えるとき，それぞれの棒の像ができる位置は図 i のa′～d′である。また，花子さんがいる位置から見える範囲は図 i の斜線部分だから，鏡にうつって見える棒はbとcである。

(5) aやdの棒の像を見るためには，a′やd′と鏡の端を結んだ直線上まで移動する必要がある。図 ii より，Xの方向に1マス移動するとaの像が，2マス移動するとdの像が鏡の端に見えてくる。よって，すべての棒が鏡にうつって見えるのは，Xの方向に2マス移動したときである。

図 i

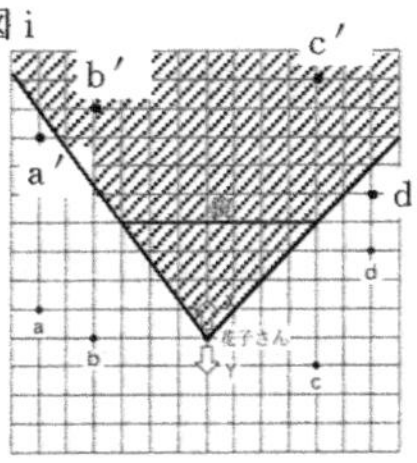

図 ii

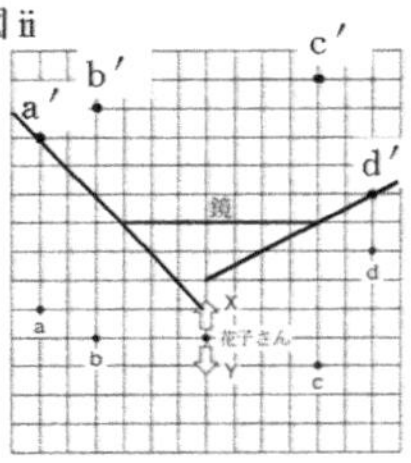

5 (1) 表より，Aは銅粉末1.40 gが酸素1.75－1.40＝0.35(g)と結びついた。同様にB～Eについても求め，グラフにかきこむと図 iii のようになる。D以外は同一直線上に点があるから，Dでは銅粉末がじゅうぶんに酸化されなかったことがわかる。

図 iii

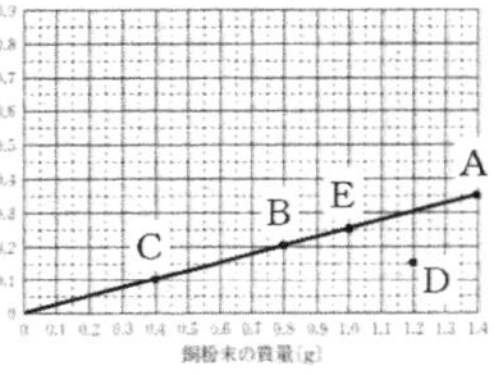

(2) 図 iii より，Dでは銅粉末1.20 gが酸素0.15 gと結びつき，この銅粉末がじゅうぶんに酸化された場合，結びつく酸素の質量は0.30 gだから，$\frac{0.15}{0.30}\times100=50$(%)の銅粉末が酸化されたとわかる。

(3) Bの結果より，酸化銅1.00 gを得るとき，銅0.80 gと結びつく酸素は0.20 gだから，3.0 gの酸化銅を得るとき，銅と結びつく酸素は，$0.20\times\frac{3.0}{1.00}=0.6$(g)である。

(4) 酸素が銅より水素と結びつきやすいので，酸化銅が還元され，水素が酸化される。化学反応式では，左辺と右辺で原子の組み合わせは変わるが，原子の種類と数が変わらないことに注意する。

(5) 水分子1個に含まれる水素原子2個と酸素原子1個の質量比は(1×2)：16＝1：8となるから，水0.9 g中に水素原子は0.1 g，酸素原子は0.8 g含まれる。この酸素原子0.8 gは還元される前の酸化銅に含まれていたから，(3)解説より，還元された酸化銅は$1.00\times\frac{0.8}{0.20}=4.00$(g)である。

6 (3) 実験1で，親は自家受粉を行っているので，子の種子の形質が1種類のとき，親の種子は純系である。丸形の種子をつくる遺伝子をX，しわ形の種子をつくる遺伝子をxとすると，親の種子がもつ遺伝子の組み合わせは，AがXX(丸形の純系)，BがXx，Cがxx(しわ形の純系)である。

⑷　表ｉより，ＢでできるＸＸ(丸形)：Ｘｘ(丸形)：ｘｘ(しわ形)＝１：２：１の割合となり，丸形にはＸＸの遺伝子をもつものとＸｘの遺伝子をもつものがある。交配させた子の丸形の種子がもつ遺伝子の組み合わせがＸＸであるとすると，しわ形(ｘｘ)と交配させた孫の種子がもつ遺伝子の組み合わせはすべてＸｘ(丸形)となる(これはＦの組み合わせである)。したがって，ＧではＸｘ(丸形)とｘｘ(しわ形)を交配させていて，表ⅱより，Ｘｘ(丸形)：ｘｘ(しわ形)＝１：１となる。

表ｉ	Ｘ	ｘ
Ｘ	ＸＸ(丸)	Ｘｘ(丸)
ｘ	Ｘｘ(丸)	ｘｘ(しわ)

表ⅱ	Ｘ	ｘ
ｘ	Ｘｘ(丸)	ｘｘ(しわ)
ｘ	Ｘｘ(丸)	ｘｘ(しわ)

⑸　Ｄ×…少なくとも一方の丸形の種子が純系であればよい(ＸＸ×ＸＸまたはＸＸ×Ｘｘの組み合わせである)。Ｅ×…孫にしわ形が出るので，Ｘｘ×Ｘｘの組み合わせである。Ｆ○…⑷解説より，ＸＸ×ｘｘの組み合わせである。Ｇ×…⑷解説より，Ｘｘ×ｘｘの組み合わせである。Ｈ○…潜性形質であるしわ形の種子は必ず純系である(ｘｘ×ｘｘの組み合わせである)。

7　⑴　降水がないとき，天気は空全体を10としたときに雲が空をしめる割合(雲量)で決まっていて，雲量が０～１は快晴(○)，２～８は晴れ(⦶)，９～10はくもり(◎)だから，①より，雲量は５とわかるので天気は晴れである。風向は風がふいてくる方角を示すから，②より，風は南西から北東に向かってふいているので風向は南西である。風力は，天気図記号の矢羽根の数で表す。

⑵　図１と２より，乾球の示度が23℃，乾球と湿球の示度の差が23－16＝７(℃)とわかるから，表１より，12時の湿度は45％である。また，気温は乾球温度計の示度(23℃)に等しいから，表２より，この気温における飽和水蒸気量は20.6ｇ/㎥である。よって，12時の１㎥の空気中に含まれる水蒸気量は，20.6×0.45＝9.27→9.3(ｇ)である。

⑶②　ウ○…北半球の低気圧の中心付近における地表では，風は中心に向かって反時計回りにふきこむ。なお，北半球の高気圧の中心付近における地表では，風はアのように中心から時計回りにふき出す。

8　⑴　１秒間に８回写真にうつるから，隣り合う小球と小球の間を運動するのにかかる時間は$\frac{1}{8}$秒である。したがって，小球がＡＢ間を運動するのにかかった時間は$\frac{1}{8}$×４＝0.5(秒)である。ＡＢ間の長さは75㎝→0.75ｍだから，平均の速さは0.75÷0.5＝1.5(ｍ/ｓ)である。

⑵　物体に力がはたらいていないときや，物体にはたらく力がつり合っているとき，静止している物体は静止し続け，動いている物体は等速直線運動を続ける。これを慣性の法則という。

⑶　エ○…小球の中心から真下に出る矢印は小球にはたらく重力を表し，斜面から垂直に出る矢印は斜面からの垂直抗力を表す。小球にはたらく重力を斜面に平行な力と，斜面に垂直な力に分解すると，斜面に垂直な力と垂直抗力はつり合い，小球には重力の斜面に平行な力がはたらき続けるため，斜面を上る小球の速さは徐々に遅くなる。

⑷①　ウ○…摩擦力や空気抵抗が無視できるとき，位置エネルギーと運動エネルギーの和である力学的エネルギーは一定になる(力学的エネルギー保存の法則)から，運動エネルギーが０(速さが０)である小球をはなしたときと，小球が最高点に達したときの位置エネルギー(高さ)は同じになる。　②　イ○…小球をはなしてから最高点に達するまでに，小球が運動する軌道の長さは等しいから，ＢＣ間の長さと，ＦＧ間とＨＩ間の長さの和は等しい。力学的エネルギー保存の法則より，ＢＣ間の速さとＨＩ間の速さは等しく，ＦＧ間の速さはＢＣ間やＨＩ間の速さより遅い。よって，小球が最高点に達するまでの時間はＹの方が長くなる。

⑸　Ａでの位置エネルギーを３とすると，運動エネルギーは３×$\frac{1}{3}$＝１，力学的エネルギーは３＋１＝４となる。ＢＣ間の位置エネルギーは０だから，運動エネルギーは４となる。また，ＡＢ間で水平方向の距離が４進むと運動エネルギーは３大きくなったから，同じ傾きの斜面を上っていくとき(Ｃを通過してから運動エネルギーが０になるまで)，水平方向に４進むと運動エネルギーは３小さくなる。同様にＣを通過した後の位置エネルギーは，水平方向に４進むと３大きくなる。なお，位置エネルギーのグラフが４より大きくならないように注意する。

—《2022　英語　解説》

＝聞き取りテスト＝

問題A

No. 1　A○「これは野球をするときに使われる」　B×「これは写真を撮るときにいつも使われる」　C×「これは友達とおしゃべりするときによく使われる」

No. 2　A×「このスーパーマーケットは水曜日に閉まっている」　B○「このスーパーマーケットは土曜日は９時30分に開店する」　C×「クリスマスケーキは３週間購入可能だ」

No. 3　A×「中央駅は北駅から２つ目の駅だ」　B○「南駅から北駅へ行くのに，電車を乗り換える必要はない」　C○「東駅にいる場合，南駅に行くためには中央駅で電車を乗り換えなければならない」

問題B　【放送文の要約】参照。

No. 1　質問１「どれが正しいですか？」…A「エミリーは祖父母に会うために沖縄を訪れました」が適切。

質問２「ヒロシは北海道で何をしましたか？」…C「彼はそこでたくさんの動物の写真を撮りました」が適切。

No. 2「話者はどの線について話していますか？」

【放送文の要約】

No. 1

A：質問１Aエミリー，今年の夏，沖縄に行ったんだって？

B：質問１Aそうなの。そこに祖父母が住んでいるから会いに行ったの。ヒロシ，あなたの夏はどうだった？

A：僕は家族で北海道に行ったよ。いい旅だった。

B：そこにはどれくらい滞在したの？

A：５日間だよ。

B：そこでは何をしたの？

A：札幌大通公園のような有名な場所をいくつか回ったよ。たくさん花が咲いていてきれいだった。そしてたくさん食べたよ。札幌ラーメンがとても気に入ったよ。

B：いいわね。北海道で一番よかったのは何？

A：旭川の旭山動物園だよ。

B：あ，その動物園は知っているわ。とても有名よね。質問２C動物の写真は撮った？

A：質問２Cうん，たくさん撮ったよ。見せてあげるよ。

B：わあ，ペンギンがかわいいわね。サルも好きだわ。いつか旭山動物園に行きたいな。

No. 2

グラフを見てください。このグラフには４本の線があって，あなたは１本選ばなければなりません。この線はすべての訪日外国人の数を表しています。A日本を訪れた人の数は2012年以降増加しています。2018年には3000万人以上の人が日本に来ました。その翌年，訪日外国人の数は引き続き増加しました。

問題C　【放送文の要約】参照。

エリさんが書いた新聞記事の要約「驚いたことに，クリスは『大地』を日本語で歌うのは①簡単だった(＝easy)と言った。実際彼はそれを上手に歌っていた。彼はコンクールをとても楽しんでいるようだった。彼の学校にはこの手の行事はないらしい。これはクラスメートをよく②知る(＝know)ための行事なので，彼は母国の学校でもやりたいと思っている」

質問1　「エリの文章に最適な題名を選びなさい」…D「クリスの初めての合唱コンクール」が適切。

質問2　「もしあなたがクリスに，合唱コンクールについて別の質問をするとしたら，他に何を尋ねたいですか？質問を1つ，英語で書きなさい」…(例文)「次回の合唱コンクールではどの歌を歌いたいですか？」

【放送文の要約】

A：こんにちは，クリス。私はエリよ。学校新聞を書いているの。今，話す時間はある？

B：もちろん。

A：昨日の合唱コンクールのことについて質問したいの。あなたの国の学校に合唱コンクールはある？

B：ないよ。だから初めてだったよ。

A：そうなの？コンクールは楽しかった？

B：うん，とても。

A：あなたはどの歌を歌ったの？

B：「大地」を歌ったよ。

A：難しい歌でしょう？

B：①実は，簡単に歌えたんだ。僕の大好きな歌手の歌だから，以前に何回も歌ったことがあるんだよ。コンクールでもうまく歌えたと思うな。

A：よかったわね。あなたは自分の学校でも合唱コンクールがあったらいいと思う？

B：もちろんだよ。僕の国では，すべてのクラスメートが学校行事に参加するわけじゃないんだ。②こういったコンクールはお互いのことを知るいい機会だよ。

A：私もそう思う。今日は時間を取ってくれてどうもありがとう。学校新聞に載せるわね。

B：どういたしまして。読むのが楽しみだよ。

＝筆記テスト＝

1　〔1〕(あ)　ロバートのクラスが9月に借りた本の数だから，「23」が適切。　(い)　10 月に最も多くの本を借りたクラスだから，「A」が適切。　(う)　借りた本の3か月間の合計が最も多いクラスだから，「B」が適切。

〔2〕　【本文の要約】参照。

ア「ビクトリア×とミチコは具合が悪かったので学校に行かなかった」　イ「里穂×とミチコは，プレゼンテーションについて伝えるため，ビクトリアにメールを送った」　ウ○「各グループは英語の授業のプレゼンテーションで1つの国について話す」　エ「×里穂は中国で撮られた写真がたくさん載った本を持っている」

【本文の要約】

〈里穂が書いたメール〉「こんにちは，ビクトリア。あなたは今日病院に行ったと聞いたわ。大丈夫？ゥ今日の英語の授業で，先生がプレゼンテーションについて話したの。私たちは3～4人のグループを作り，題材として国を1つ選ばなければならないの。今日の授業でミチコと私は一緒のグループになろうと話したわ。あなたも入らない？　里穂」

〈ビクトリアが書いたメール〉「こんにちは，里穂。メールをありがとう。今朝具合が悪かったけど今はよくなったわ。もちろん！あなたたちのグループに入るわ。ミチコも電話でプレゼンテーションについて教えてくれたわ。彼女は中国を選びたいって。もし中国について話すなら，有名な場所の写真を見せるのはどうかしら？私は中国で撮られた写真がたくさん載った本を持っているの。明日は学校に行くつもりよ。そのとき詳しく話しましょう。　ビクトリア」

〔３〕(1)　ケイの１～２回目の発言より，科学博物館に行くのは，ケイの弟の 10 歳の誕生日(＝土曜日)である。由佳の２回目の発言より，由佳とケイは中学生である。科学博物館に行くのは，ケイの両親《(20ドル×2)》，弟《(10ドル)》，由佳《(10ドル)》，ケイ《(10ドル)》なので，合計金額は 70 ドルである。

(2)　ケイの最後の発言より，彼女たちは昼食後の回(14 時～)のスペシャルイベントに参加するとわかる。ポスターより，開始５分前に集合するよう書かれているので，彼女たちは 13 時 55 分までに会場に行く必要がある。

〔４〕【本文の要約】参照。

(2)①　ジョーンズ先生の４回目の発言内容を答える。　②　ジョーンズ先生の５回目の発言内容を答える。

(3)　ア×「ブータンの人々に未使用品を送った」…晴斗がやったことである。　イ○「ブータンを訪れそこの農業を変えた」　ウ×「ジョーンズ先生に農業を教えた」…本文にない内容。　エ×「ブータンから日本に米と野菜を持ち帰った」…本文にない内容。　オ×「ブータンで子どもたちと美術を楽しんだ」…ジョーンズ先生がやったことである。　カ○「ブータンの人々のために道具と水路を作った」

【本文の要約】

晴斗：ジョーンズ先生，こんにちは。お話ししてもいいですか？

ジョーンズ先生：もちろんだよ，晴斗。何についての話かな？

晴斗：先生は日本に来る前に他の国で子どもたちを教えていましたよね？

ジョーンズ先生：そうだよ。ブータンの学校で子どもたちに美術を教えていたよ。とてもいい経験だった。君は海外で教えることに興味があるのかい？

晴斗：僕は発展途上国で人々を助けることに興味があります。

ジョーンズ先生：素晴らしい！Aエどうやって人々を助けるつもりだい？

晴斗：何をすればいいのかわかりません。だから先生に助言をいただきたいと思って。

ジョーンズ先生：ふむ，(2)①最も大切なことは，彼らが抱えている問題と必要としているものを知ることだと思うよ。

晴斗：彼らが必要としているものか....。僕は未使用品を集めて発展途上国に送ったことがありますが，それは彼らが本当に必要としていたものなのでしょうか？

ジョーンズ先生：そうだといいね。(2)②でも彼らに技能を教えることを考えた方がいいだろうね。

晴斗：なぜですか？

ジョーンズ先生：もし彼らが技能を覚えれば，彼らは自分たちの力で生活を成り立たせることができ，その子どもたちに技能を教えることができるよ。

晴斗：そうすればもっとよい生活を送れるということですね！

ジョーンズ先生：その通り。ああ，いい例を思い出した。ブータンにいる時，よく西岡京治さんのことを聞いたよ。

晴斗：にしおかけいじさん？どんな方ですか？

ジョーンズ先生：西岡さんはブータンで最も有名な日本人だよ。彼は 1964 年にブータンを初めて訪れ，人々に農業を教え始めた。そこでの農業とは異なるものだったため，当初，ブータンの人たちは西岡さんの言うことを信じなかった。しかし西岡さんは農業をもっとよくしようと努力し，人々は彼の話を聞くようになったんだ。彼は 28 年間そこで教え続けたんだよ。

晴斗：そんなに長く！西岡さんは 28 年後に日本に戻ってきたのですか？

ジョーンズ先生：いいや....。1992 年にブータンで亡くなったんだ。でも，(3)イ西岡さんが農業を変えたおかげで，ブータンの人々は以前よりもお米や野菜をたくさん収穫できるようになったよ。

晴斗　　　　　：西岡さんが亡くなった後も，人々は農業を続けることができたのですか？

ジョーンズ先生：できたよ。(3)カ西岡さんは，人々が低コストで簡単に維持管理できる道具や水路を作ったんだ。

晴斗　　　　　：おお，Bイそれは大事なポイントですね。

ジョーンズ先生：私もそう思うよ。一生懸命勉強して多くのことを学んでね。発展途上国で教えるべき技能は他にもあるよ。何だって教えられるんだよ。

晴斗　　　　　：先生，ありがとうございます。やっと何をするべきかわかってきました。

ジョーンズ先生：それはよかった，晴斗。健闘を祈るよ！

2 〔1〕【本文の要約】参照。

(1) 代名詞などの指示語の指す内容は直前にあることが多い。ここでは直前に真理が言ったことを指す。

(2) ア○「アメリカにはおしぼりはないが，レストランで食事をする際に口や手をきれいにするためのテーブルナプキンがある」　イ「ジェニファーはおしぼりがとても気に入ったが，×アメリカに帰った時に使いたいとは思わなかった」　ウ「真理がくしゃみをした時，ジェニファーは彼女に『Bless you』と言い，×真理はジェニファーに『Thank you』と言った」　エ×「日本人はだれかがくしゃみをしても何も言わないと知った時，ジェニファーは日本人にはよい風習がないと思って悲しくなった」…本文にない内容。　オ○「真理は外国の人々に日本文化について知ってほしいので，獅子舞の歴史を英語で話すつもりだ」

(3) □に自分の考えを10語以上の英語で書く。マイク先生「真理は外国の人々と話すために，高校に行ったら英語の勉強をがんばりたいそうです。君にとって，英語を学ぶ最適な方法とは何ですか？」→あなた「(例文1)私にとって英語を学ぶ最適な方法は授業で英語をたくさん使うことです。／(例文2)私は英語の音楽を聴くのが最適な方法だと思います。」→マイク先生「それはいいと思います」

【本文の要約】

みなさん，こんにちは。去年ひとりのアメリカ人の女の子が私の家に3週間滞在しました。名前はジェニファーです。彼女が日本にいた時，私たちは2人ともアメリカと日本の文化の違いをたくさん知って驚きました。今日はその中の2つのことについて話します。

1つめに，私の家族と一緒に日本食のレストランに行った時，ジェニファーは温かいおしぼりをもらって驚き，こう言いました。「これはとてもいいですね！これはアメリカでは一度も見たことがありません」日本ではふつうレストランで温かいおしぼりをもらいますが，ジェニファーにとっては特別なことだったのです。彼女は言いました。(2)ア「アメリカのレストランでは，お客は手を洗うべきだと思っているから，おしぼりはないの。その代わりに食事中に口や手をきれいにするためのテーブルナプキンがあるわ」私が，おしぼりは，冬は温かく夏は冷たいのだと言うと，彼女は「すごい！(1)それ(＝おしぼりが冬は温かく，夏は冷たいこと)は日本のおもてなしの心の表れね。私はおしぼりが大好きよ。アメリカでもおしぼりを使いたいわ」と言いました。私はそれを聞いてうれしくなりました。

2つめは，ジェニファーと私が家にいた時私がくしゃみをすると，ジェニファーが「Bless you」と言ったことです。私はそれを聞いて驚いたので，彼女はそれがどんな意味なのか教えてくれました。アメリカではだれかがくしゃみをすると，人々はふつう「Bless you」と言います。その人が健康でいられることと病気にならないことを願ってそう言うのです。また，くしゃみをした本人は，「ありがとう」と言います。それはいい風習だと思いました。日本ではだれかがくしゃみをしても，特別なことは言いません。しかしアメリカ人はお互いにこのような温かい言葉をかけあうのです。

ジェニファーが日本にいたのは短い間でしたが，私は彼女と楽しい時間を過ごしました。私は彼女からたくさんのことを学びました。国が違えば風習も違います。どちらがいいとは言えませんが，文化の違いを知ることは私にとってとても興味深いことでした。私は海外に行って現地の多くの人と出会えば，文化の違いをもっと学ぶことができると思います。(2)オ私は日本の文化を海外の人に紹介し，知ってもらいたいです。私は子どものころからずっと獅子舞を練習しているので，現地の人に獅子舞を披露したいです。(2)オ英語で獅子舞の歴史も話したいと思います。ですから高校に行ったら英語の勉強に力を入れたいです。

〔2〕【本文の要約】参照。

(1) キャンプに行く人の数についてのグラフ。第2段落の下線部①以降の3文と一致するウが適切。

(2) 我々の意識の変化について，具体的に書かれている第3段落参照。First, ～／Second,～／Third, ～で始まる文のうち，2つを選んで日本語でまとめる。

(3) 1「導入」→2「日本のキャンプの歴史」→3「多くの人にキャンプがA楽しまれている(＝is enjoyed)理由」→4「Bさまざまな(＝different)キャンプの方法」→5「まとめ」の流れ。　A　camping が主語で直前に be 動詞があるから，受動態〈be 動詞＋過去分詞〉の形が適切。第3段落1行目から enjoyed を抜き出して答える。　B　第4段落1行目から different を抜き出して答える。

【本文の要約】

1 夏休みに家族と一緒にキャンプに行った時，僕は以前よりも人が多いことに気付きました。父は僕に，アウトドアの人気が高くなっているのだと教えてくれました。僕はこのことに興味を持ったので，なぜ人気が高くなったのか，解明することに決めました。

2 キャンプは日本では人気のあるアウトドアです。1980 年から 1989 年にかけて日本中に多くのキャンプ場が作られ，その数が増えました。このグラフを見てください。(1)その後キャンプに行く人の数も増え，その数は 1995 年には 1990 年に比べて 50 パーセント以上増えました。しかしながら，1995 年以降多くの人がキャンプに行くのをやめました。その 20 年後から，キャンプに行く人の数は増加中です。なぜキャンプは今日再び人気となったのでしょうか？

3 これには理由が3つあります。(2)1つめに，都会で時間を過ごすことを楽しんでいた人々が，自然の中で時間を過ごすことをより面白いと考えるようになったからです。人々は込み合った場所ではないところでアウトドアを楽しめます。(2)2つめに，海外へ旅行に行ったり高価な物を買ったりすることよりも，家族や友達と過ごすことの方が大事だと考える人が増えたことです。キャンプに行けば，家族や友達とくつろいで楽しい時間を過ごせます。(2)3つめは，インターネットのおかげで，キャンプのイメージが変わり，キャンプがおもしろくてかっこいい趣味だと思われるようになったからです。キャンプを楽しむ有名人の中には，インターネットに写真や動画を載せる人もいます。するとそれを見たファンたちがキャンプに興味を持つようになるのです。

4 今日では，キャンプの楽しみ方もさまざまです。快適なテントで過ごし，素敵な食事を楽しむ人もいます。だれもがこの種のキャンプは楽しいと思っています。キャンプは家族やグループのためのアクティビティだと信じている人が多い中，ひとりでキャンプに行く人もいます。性別や年齢に関係なく，カラオケや温泉のように，ひとりでアクティビティを楽しむことがふつうになってきました。

5 このレポートを通し，僕は現在キャンプの人気が高くなってきている理由がわかりました。僕たちの社会では，多くのことが変化しつつあり，僕たちの考え方も変わってきているということがわかりました。それが自由時間に影響を与えているなんて，考えたことがありませんでした。自分が本当にしたいことをする人が増えています。僕は，今はキャンプに行く時間がありませんが，将来，また家族と一緒にお気に入りのキャンプ場でキャンプを楽しみたいと思います。

3 〔1〕(1) 直後にBが「僕は毎週野球をするよ」と答えたので，「君は何のスポーツをするの？」という疑問文にする。

「何の○○《名詞》 ～？」＝What＋○○《名詞》 ~?

(2) 〈as＋形容詞／副詞の原級＋as ～〉「～と同じくらい…」を使った否定文にする。文意「僕はヤスオと同じくらい上手に歌えないよ」

(3) 〈help＋人＋動詞の原形〉「(人)が～するのを手伝う」を使う。文意「実は友達がそれを終わらせるのを手伝ってくれたんだ」

〔2〕 対話に挿入する作文問題は，直前や直後の内容に注目する。それぞれ３語以上で書くこと。

①「こんにちは，友子。ここで会えてうれしいわ。手伝ってくれない？モーツアルトに関する本が欲しいの」→②「もちろんよ。それがどこにあるか知ってるわ。行きましょう」→③「ありがとう」→④「わあ，モーツアルトに関する本がたくさんあるわ！(例文)どれが一番いいかしら　(＝Which one is the best)／一番人気のあるものを見せてくれる(＝Will you show me the most popular one)？」→⑤「これはどう？特典ＣＤ付きよ」→⑥「面白そうね！それを買うわ」→(翌日)⑦「こんにちは，ウエンディ。昨日買った本は楽しめた？」→⑧「(例文)ええ。モーツアルトについて，たくさん学んだわ(＝I learned a lot about Mozart)／ＣＤが素晴らしかったわ(＝The CD was great)」→⑨「あなたはモーツアルトを聴くの？」→⑩「ええ。よくクラシックのコンサートに行くの」→⑪「素敵ね。(例文)次回は一緒に行きましょう(＝Let's go together next time)／あなたと行きたいわ(＝I want to go with you)」

〔3〕 A，Bから１つ選び，その理由を書く。語数の条件を守り，スペルや文法のミスをしないこと，内容がぶれないことに注意して書く。質問「【A】と【B】は願いです。もし願いを１つ持てるとしたら，あなたはどちらを選びますか？また，なぜそれを選ぶのですか？それについて書いてください」（Aの例文）「もし太宰治に会えたら，大好きな本である『走れ，メロス！』についてたくさん質問するでしょう。それから，彼に一緒に写真を撮ってくれるよう頼みたいです」（Bの例文）「戦争のない世界が見られたらいいと思います。未来の人々がどうやって戦争を止めたかを知りたいです。そして，よりよい世界を作るために友達とそれについて話したいです」

《2022　数学　解説》

1 (1) 与式$=3+10=13$

(2) 与式$=\frac{5y\times 8x^3y}{10xy}=4x^2y$

(3) 与式$=3\sqrt{2}-\frac{4\sqrt{2}}{2}=3\sqrt{2}-2\sqrt{2}=\sqrt{2}$

(4) 与式$=10a-2b-9a+6b=a+4b$

(5) $x+3y=1$…①，$y=2x-9$…②とする。

①に②を代入すると，$x+3(2x-9)=1$　　$x+6x-27=1$　　$7x=28$　　$x=4$

②に$x=4$を代入すると，$y=2\times 4-9$　　$y=-1$

(6) 与式より，$(x-9)(x+2)=0$　　$x=9,\ -2$

(7) りんご２個で$a\times 2=2a$(円)，オレンジ３個で$b\times 3=3b$(円)で代金の合計が1000円以下なのだから，$2a+3b\leqq 1000$となる。

(8) **【解き方】１－(３枚とも裏が出る確率)で求める。**

３枚の硬貨を同時に投げるとき，表裏の出方は全部で，$2\times 2\times 2=8$(通り)ある。

そのうち，３枚とも裏が出るのは１通りだから，求める確率は，$1-\frac{1}{8}=\frac{7}{8}$

(9) 右のように記号をおく。対頂角は等しいから，$\angle a=126°$

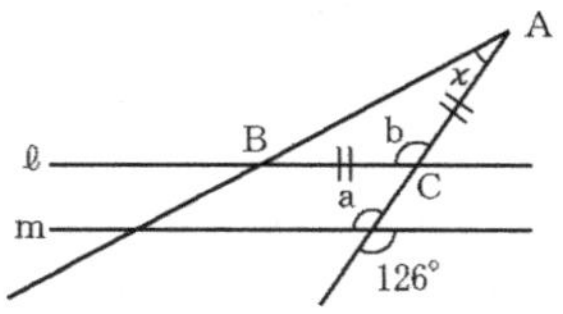

平行線の同位角は等しいから，$\angle b=\angle a=126°$

△ＡＢＣはＡＣ＝ＢＣの二等辺三角形だから，$\angle x=(180°-126°)\div 2=27°$

(10) 次のように作図する。Aを中心とする円の一部をかき，直線ℓとの２つの交点をとる。次にその２つの交点をそれぞれ中心とする同じ半径の円の一部をかき，交点をとる。その交点とAとを結ぶ直線をひく。

2 (1) 放物線$y=ax^2$のグラフは，aが負の数のときは下に開いた放物線となり，aの絶対値が大きいほど，開き方は狭くなる。$2>1>\frac{1}{2}$だから，$y=-2x^2$のグラフはイ，$y=-x^2$のグラフはウ，$y=-\frac{1}{2}x^2$のグラフはエである。

(2) **【解き方】直線ACの式を$y=mx+n$として，２点A，Cの座標を代入することで，連立方程式をたてる。**

A，Cはともに放物線$y=x^2$上の点であり，x座標がそれぞれ$x=-1$，$x=3$だから，Aのy座標は$y=(-1)^2=1$，Cのy座標は$y=3^2=9$

直線$y=mx+n$はA$(-1,\ 1)$を通るので，$1=-m+n$，C$(3,\ 9)$を通るので，$9=3m+n$が成り立つ。これらを連立方程式として解くと，$m=2$，$n=3$となるので，直線ACの式は，$y=2x+3$である。

(3) **【解き方】Bを通り直線ACに平行な線とy軸との交点をPとすると，AC//PBより，△ABC＝△APCとなる。右の「座標平面上の三角形の面積の求め方」を利用する。**

座標平面上の三角形の面積の求め方

下図において，△OST＝△OSU＋△OTU＝△OMU＋△ONU＝△MNUだから，

△OSTの面積は以下の式で求められる。

$$\triangle OST=\frac{1}{2}\times OU\times(\text{SとTの}x\text{座標の差})$$

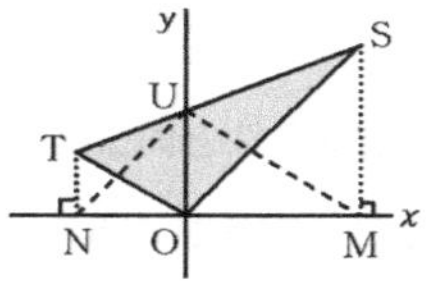

$y=x^2$に$x=2$を代入すると$y=2^2=4$となるから，

B$(2,\ 4)$　直線BPの傾きは直線ACの傾きに等しく２である。よって，直線BP上では，Bからxが２減るとyが$2\times2=4$減るから，P$(0,\ 0)$となる。

つまり，OとPは一致する。

直線ACの切片をQとすると，

Q$(0,\ 3)$，$PQ=3$

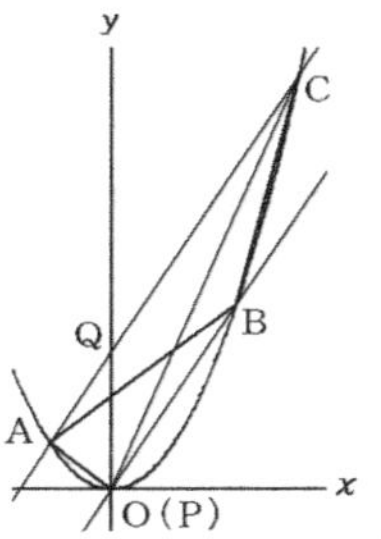

$\triangle ABC=\triangle APC=\frac{1}{2}\times PQ\times(\text{AとCの}x\text{座標の差})=\frac{1}{2}\times3\times\{3-(-1)\}=6$

3 (1) **【解き方】箱ひげ図からは，右図のようなことがわかる。**

(四分位範囲)＝(第３四分位数)－(第１四分位数)である。

１組の四分位範囲は，85－32＝53(分)

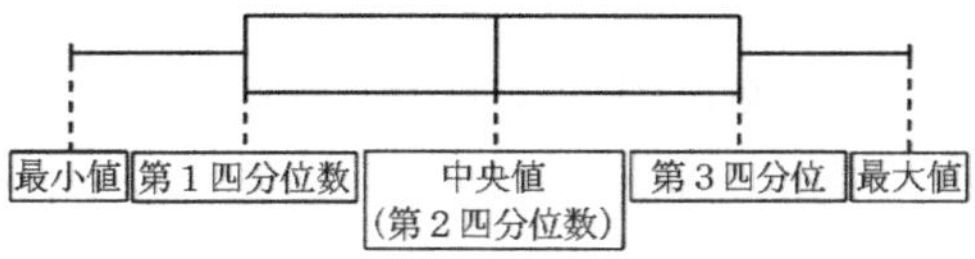

(2) **【解き方】35÷２＝17余り１より，データを大きさ順で17個，１個，17個に分けたとき，下位の17個のデータの中央値が第１四分位数，上位の17個のデータの中央値が第３四分位数となる。17÷２＝８余り１より，17個のデータは８個，１個，８個に分けられるから，第３四分位数は大きい順で８＋１＝９(番目)のデータである。**

図２より，２組の大きい順で９番目のデータは55分だから，２組の第３四分位数は55分である。

(3) ア．(2)の解説より，２組の第１四分位数は小さい順で９番目のデータの16分だから，２組の四分位範囲は55－16＝39(分)である。よって，四分位範囲は１組の方が大きいから，正しくない。なお，四分位範囲は箱ひげ図の箱の長さで表されるから，それを比べて１組の方が大きいと判断してもよい。

イ．(範囲)＝(最大値)－(最小値)である。図１より，１組の範囲は115－15＝100(分)，図２より，２組の範囲は105－５＝100(分)である。よって，１組と２組のデータの範囲は等しいから，正しい。

ウ．図２から，２組に利用時間が55分の生徒がいることはわかるが，図１の箱ひげ図からは１組に利用時間が55分の生徒がいることはわからないので，正しいとはいえない。

エ．(2)の解説と図１より，１組の第１四分位数が32分なので，小さい順で９番目のデータが32分となる。よって，利用時間が33分以下の生徒は９人以上いるから，正しい。

オ．箱ひげ図からは平均値を求めることができないので，正しいとはいえない。

4　(1)　正三角すいＡＢＤＥは，△ＡＢＤ＝$\frac{1}{2}$×ＡＢ×ＡＤ＝$\frac{1}{2}$×４×４＝８(㎠)を底面とすると，高さがＡＥ＝４㎝だから，体積は，$\frac{1}{3}$×８×４＝$\frac{32}{3}$(㎤)

(2)　**【解き方】△ＡＢＤ，△ＡＤＥ，△ＡＥＢは合同な直角二等辺三角形だから，△ＢＤＥは１辺の長さがＢＤ＝ＤＥ＝ＥＢ＝$\sqrt{2}$ＡＢ＝４$\sqrt{2}$(㎝)の正三角形である。**

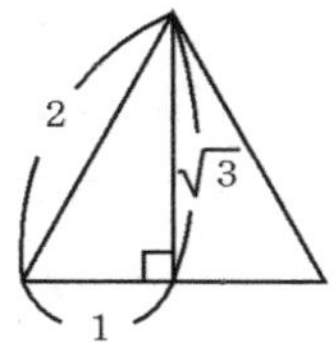

右図のように，正三角形の１辺の長さと高さの比は２：$\sqrt{3}$だから，△ＢＤＥの高さは，

$4\sqrt{2}\times\frac{\sqrt{3}}{2}=2\sqrt{6}$(㎝)　　よって，△ＢＤＥ＝$\frac{1}{2}\times4\sqrt{2}\times2\sqrt{6}=8\sqrt{3}$(㎠)

(3)　**【解き方】求める距離をａとすると，正三角すいＡＢＤＥの体積は，$\frac{1}{3}$×△ＢＤＥ×ａで求められる。**

正三角すいＡＢＤＥの体積について，$\frac{1}{3}\times8\sqrt{3}\times a=\frac{32}{3}$　　$a=\frac{32}{3}\times\frac{3}{8\sqrt{3}}=\frac{4\sqrt{3}}{3}$

よって，求める距離は，$\frac{4\sqrt{3}}{3}$㎝である。

5　(1)　**【解き方】１辺が２㎝の正方形を右図ｉのように１辺が１㎝の正方形４個のまとまりと考え，左上の小さい正方形(色つきの正方形)が，５番目の図形でどの位置に入るかを考える。**

図 i

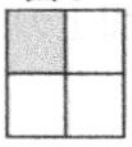

図 ii

A	D	I	P	
B	C	H	O	
E	F	G	N	
J	K	L	M	

５番目の図形の中で，色つきの正方形は図ⅱのＡ～Ｐの16個の位置に入れることができるから，１辺が２㎝の正方形は16個ふくまれている。

(2)　**【解き方】(1)と同様に，１辺が２㎝以上の大きい正方形の内部の左上に１辺が１㎝の正方形があるものと考え，この左上の正方形が入ることができる位置を考える。**

１辺が１㎝の正方形は5^2＝25(個)，１辺が２㎝の正方形は16個ふくまれている。

１辺が３㎝の正方形の内部の左上の正方形はＡ～Ｉの９個の位置に，１辺が４㎝の正方形の内部の左上の正方形はＡ～Ｄの４個の位置に入ることができる。１辺が５㎝の正方形は１個ふくまれている。

よって，正方形は全部で，25＋16＋９＋４＋１＝55(個)ふくまれている。

(3)　**【解き方】(2)よりｎ番目の図形について，１辺が１㎝の正方形はn^2個，１辺が２㎝の正方形は$(n-1)^2$個，１辺が３㎝の正方形は$(n-2)^2$個，…だけふくまれているので，１辺が８㎝の正方形は$(n-7)^2$個ふくまれているとわかる。**

求める図形がｎ番目の図形だとすると，１辺が２㎝の正方形は169個ふくまれているので，$(n-1)^2=169$

$(n-1)^2=13^2$　　$n-1=\pm13$　　$n=1\pm13$　　$n=1+13=14$，$n=1-13=-12$　　$n>0$より，$n=14$

よって，求める図形は14番目であり，１辺が８㎝の正方形は，$(14-7)^2=49$(個)ふくまれている。

6　(1)　**【解き方】x＝１のときは右図のようになり，ＦＣ＝１㎝である。**

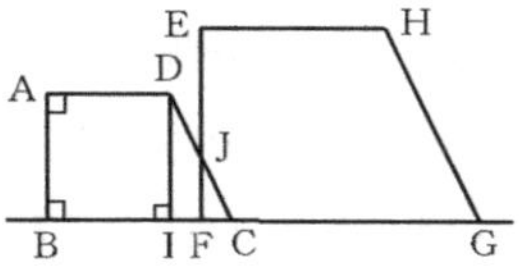

ＩＣ＝６－４＝２(㎝)である。△ＤＩＣ∽△ＪＦＣであり，ＩＣ：ＩＤ＝２：４＝１：２だから，ＦＣ：ＦＪ＝１：２である。よって，ＦＪ＝２ＦＣ＝２(㎝)

したがって，$y=\frac{1}{2}\times1\times2=1$

(2)　**【解き方】xの変域で場合分けをして，yをxの式で表す。**

$0\leqq x\leqq2$のときは(1)の図のように，重なっている図形は△ＪＦＣとなる。

ＦＣ＝x㎝，ＦＪ＝２ＦＣ＝$2x$(㎝)だから，$y=\frac{1}{2}\times x\times2x$より，$y=x^2$

図 i

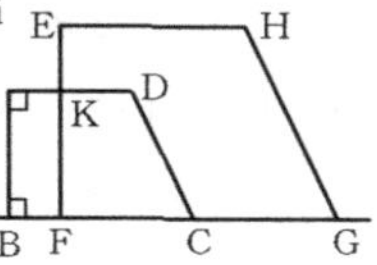

$2\leqq x\leqq6$のときは図ｉのように，重なっている図形は台形ＫＦＣＤとなる。

ＦＣ＝x㎝，ＫＤ＝$x-2$(㎝)，ＫＦ＝４㎝だから，

$y=\frac{1}{2}\times(x-2+x)\times4$より，$y=4x-4$

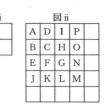

$6 \leqq x \leqq 9$ のときは図iiのように，重なっている図形は台形ＡＢＣＤとなるので，

$y=\frac{1}{2}\times(4+6)\times 4$ より，$y=20$

図ii
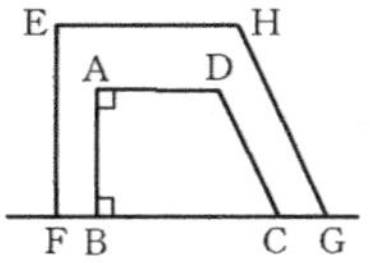

Ａが辺ＨＧ上にくるのは図iiiのときであり，ＢＧ＝２㎝より，

ＦＣ＝$9+6-2=13$(㎝)だから，これは$x=13$のときだとわかる。

したがって，求めるxの変域は，$0 \leqq x \leqq 13$

図iii
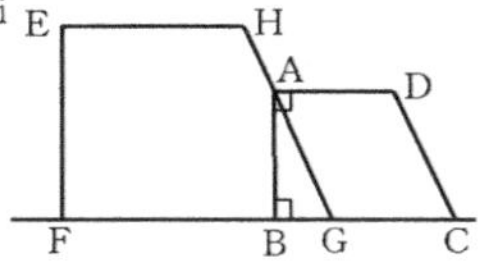

よって，$9 \leqq x \leqq 13$ のときは図ivのように，重なっている図形は台形ＡＢＧＬ

となり，その面積は，(台形ＡＢＣＤの面積)－(平行四辺形ＬＧＣＤの面積)で

求められる。ＧＣ＝ＦＣ－ＦＧ＝$x-9$(㎝)だから，

図iv
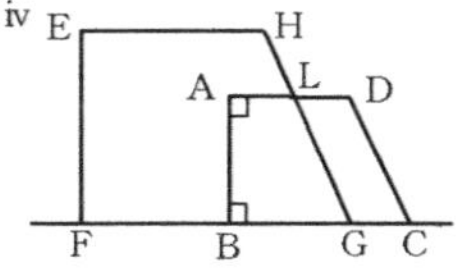

y＝(台形ＡＢＣＤの面積)－(平行四辺形ＬＧＣＤの面積)＝20－ＡＢ×ＧＣ＝

$20-4(x-9)=-4x+56$

$y=x^2$について，$x=1$のとき$y=1$，$x=2$のとき$y=4$

$y=4x-4$について，$x=2$のとき$y=4$，$x=6$のとき$y=20$

$y=-4x+56$について，$x=9$のとき$y=20$，$x=13$のとき$y=4$

以上より，３点(0，0)(1，1)(2，4)を通る放物線をかき，４点(2，4)(6，20)(9，20)(13，4)を順に直線で結べばよい。

⑶　**【解き方】⑵のグラフから，条件に合うxの変域をまず考える。**

台形ＡＢＣＤの面積は20㎠だから，$y=20\div 2=10$ となるxの値を考える。

グラフから，$y=10$ となるxの値は，$2 \leqq x \leqq 6$ と $9 \leqq x \leqq 13$ に１つずつあるとわかる。

⑵の解説より，$2 \leqq x \leqq 6$ について，$y=10$ のとき，$10=4x-4$ より，$x=\frac{7}{2}$

$9 \leqq x \leqq 13$ について，$y=10$ のとき，$10=-4x+56$ より，$x=\frac{23}{2}$

7　⑴　まず，問題文の仮定を図にかきこんで，証明のために必要な条件を探そう。条件が足りない場合は，問題の内容に応じて，図形の性質，平行線の同位角・錯角，円周角の定理などからわかることもかきこんでみよう。

⑵①　**【解き方】直角二等辺三角形や３辺の長さの比が１：２：$\sqrt{3}$の直角三角形に注目して，ＡＣ→ＣＦ，の順で長さを求める。**

ＡＢは円Ｏの直径なので，∠ＡＣＢ＝90°であり，∠ＣＡＢ＝45°だから，△ＡＢＣはＣＡ＝ＣＢの直角二等辺三角形である。よって，ＡＣ＝$\frac{1}{\sqrt{2}}$ＡＢ＝$\frac{1}{\sqrt{2}}\times 12=6\sqrt{2}$(㎝)

同じ大きさの弧に対する円周角の大きさは等しいので，∠ＣＡＤ＝∠ＤＡＥ＝∠ＥＡＢであり，∠ＣＡＢ＝45°だから，∠ＣＡＥ＝$45°\times\frac{2}{3}=30°$　　よって，△ＡＣＦは３辺の長さの比が１：２：$\sqrt{3}$の直角三角形だから，

ＣＦ＝$\frac{1}{\sqrt{3}}$ＡＣ＝$\frac{1}{\sqrt{3}}\times 6\sqrt{2}=2\sqrt{6}$(㎝)

②　**【解き方１】右のように作図し，△ＣＡＤ＝$\frac{1}{2}$×ＡＤ×ＣＨで求める。**

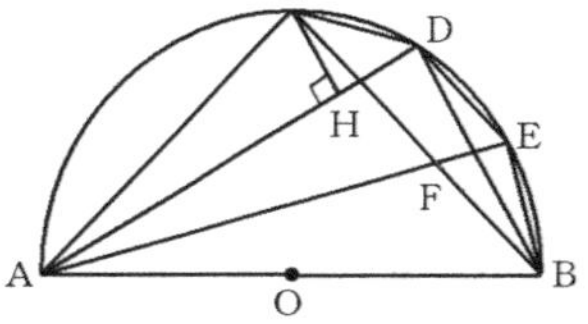

∠ＤＡＢ＝$45°\times\frac{2}{3}=30°$，∠ＡＤＢ＝90°より，△ＡＢＤは３辺の長さの比が１：２：$\sqrt{3}$の直角三角形だから，ＡＤ＝$\frac{\sqrt{3}}{2}$ＡＢ＝$\frac{\sqrt{3}}{2}\times 12=6\sqrt{3}$(㎝)

ＦＢ＝ＣＢ－ＣＦ＝$6\sqrt{2}-2\sqrt{6}$(㎝)

△ＣＡＤ∽△ＦＡＢより，ＣＤ：ＦＢ＝ＡＤ：ＡＢ＝$6\sqrt{3}:12=\sqrt{3}:2$だから，

ＣＤ＝$\frac{\sqrt{3}}{2}$ＦＢ＝$\frac{\sqrt{3}}{2}(6\sqrt{2}-2\sqrt{6})=3\sqrt{6}-3\sqrt{2}$(㎝)

∠ＣＤＨ＝∠ＣＢＡ＝45°より，△ＣＤＨはＣＨ＝ＤＨの直角二等辺三角形だから，ＣＨ＝$\frac{1}{\sqrt{2}}$ＣＤ＝

$\frac{1}{\sqrt{2}}(3\sqrt{6}-3\sqrt{2})=3\sqrt{3}-3$ (cm)

よって，$\triangle CAD=\frac{1}{2}\times AD\times CH=\frac{1}{2}\times 6\sqrt{3}(3\sqrt{3}-3)=27-9\sqrt{3}$ (cm²)

【解き方2】右図のように，Dから直線ACに垂線DIをひき，
$\triangle CAD=\frac{1}{2}\times AC\times DI$ で求める。

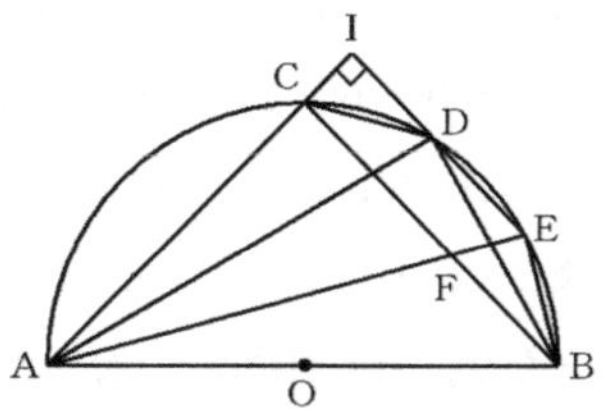

同じ弧に対する円周角だから，$\angle DCB=\angle DAB=45^\circ\times\frac{2}{3}=30^\circ$ なので，

$\angle ICD=180^\circ-90^\circ-30^\circ=60^\circ$

これより，△DCIは3辺の比が $1:2:\sqrt{3}$ の直角三角形だから，

CDの長さからDIの長さを求められる。$\overset{\frown}{CD}=\overset{\frown}{EB}$ より，CD＝EBだから，EBの長さについて考える。

同じ弧に対する円周角だから，$\angle CBE=\angle CAE=30^\circ$ で，$\angle AEB=90^\circ$ なので，△BFEは3辺の長さの比が $1:2:\sqrt{3}$ の直角三角形である。したがって，$EB=\frac{\sqrt{3}}{2}FB=\frac{\sqrt{3}}{2}(CB-CF)=\frac{\sqrt{3}}{2}(6\sqrt{2}-2\sqrt{6})$ (cm)

$DI=\frac{\sqrt{3}}{2}CD=\frac{\sqrt{3}}{2}EB=\frac{\sqrt{3}}{2}\times\frac{\sqrt{3}}{2}(6\sqrt{2}-2\sqrt{6})=\frac{3}{4}(6\sqrt{2}-2\sqrt{6})$ (cm)

よって，$\triangle CAD=\frac{1}{2}\times AC\times DI=\frac{1}{2}\times 6\sqrt{2}\times\frac{3}{4}(6\sqrt{2}-2\sqrt{6})=27-9\sqrt{3}$ (cm²)

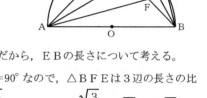

■ ご使用にあたってのお願い・ご注意

（1）問題文等の非掲載

著作権上の都合により，問題文や図表などの一部を掲載できない場合があります。

誠に申し訳ございませんが，ご了承くださいますようお願いいたします。

（2）過去問における時事性

過去問題集は，学習指導要領の改訂や社会状況の変化，新たな発見などにより，現在とは異なる表記や解説になっている場合があります。過去問の特性上，出題当時のままで出版していますので，あらかじめご了承ください。

（3）配点

学校等から配点が公表されている場合は，記載しています。公表されていない場合は，記載していません。

独自の予想配点は，出題者の意図と異なる場合があり，お客様が学習するうえで誤った判断をしてしまう恐れがあるため記載していません。

（4）無断複製等の禁止

購入された個人のお客様が，ご家庭でご自身またはご家族の学習のためにコピーをすることは可能ですが，それ以外の目的でコピー，スキャン，転載（ブログ，ＳＮＳなどでの公開を含みます）などをすることは法律により禁止されています。学校や学習塾などで，児童生徒のためにコピーをして使用することも法律により禁止されています。

ご不明な点や，違法な疑いのある行為を確認された場合は，弊社までご連絡ください。

（5）けがに注意

この問題集は針を外して使用します。針を外すときは，けがをしないように注意してください。また，表紙カバーや問題用紙の端で手指を傷つけないように十分注意してください。

（6）正誤

制作には万全を期しておりますが，万が一誤りなどがございましたら，弊社までご連絡ください。

なお，誤りが判明した場合は，弊社ウェブサイトの「ご購入者様のページ」に掲載しておりますので，そちらもご確認ください。

■ お問い合わせ

解答例，解説，印刷，製本など，問題集発行におけるすべての責任は弊社にあります。

ご不明な点がございましたら，弊社ウェブサイトの「お問い合わせ」フォームよりご連絡ください。迅速に対応いたしますが，営業日の都合で回答に数日を要する場合があります。

ご入力いただいたメールアドレス宛に自動返信メールをお送りしています。自動返信メールが届かない場合は，「よくある質問」の「メールの問い合わせに対し返信がありません。」の項目をご確認ください。

また弊社営業日（平日）は，午前９時から午後５時まで，電話でのお問い合わせも受け付けています。

2025 春

株式会社教英出版

〒422-8054　静岡県静岡市駿河区南安倍３丁目 12-28

TEL　054-288-2131　　FAX　054-288-2133

URL　https://kyoei-syuppan.net/

MAIL siteform@kyoei-syuppan.net

学校別問題集

北海道
①札幌北斗高等学校
②北星学園大学附属高等学校
③東海大学付属札幌高等学校
④立命館慶祥高等学校
⑤北海高等学校
⑥北見藤高等学校
⑦札幌光星高等学校
⑧函館ラ・サール高等学校
⑨札幌大谷高等学校
⑩北海道科学大学高等学校
⑪遺愛女子高等学校
⑫札幌龍谷学園高等学校
⑬札幌日本大学高等学校
⑭札幌第一高等学校
⑮旭川実業高等学校
⑯北海学園札幌高等学校

青森県
①八戸工業大学第二高等学校

宮城県
①聖和学園高等学校(A日程)
②聖和学園高等学校(B日程)
③東北学院高等学校(A日程)
④東北学院高等学校(B日程)
⑤仙台大学附属明成高等学校
⑥仙台城南高等学校
⑦東北学院榴ケ岡高等学校
⑧古川学園高等学校
⑨仙台育英学園高等学校(A日程)
⑩仙台育英学園高等学校(B日程)
⑪聖ウルスラ学院英智高等学校
⑫宮城学院高等学校
⑬東北生活文化大学高等学校
⑭東北高等学校
⑮常盤木学園高等学校
⑯仙台白百合学園高等学校
⑰尚絅学院高等学校(A日程)
⑱尚絅学院高等学校(B日程)

山形県
①日本大学山形高等学校
②惺山高等学校
③東北文教大学山形城北高等学校
④東海大学山形高等学校
⑤山形学院高等学校

福島県
①日本大学東北高等学校

新潟県
①中越高等学校
②新潟第一高等学校
③東京学館新潟高等学校
④日本文理高等学校
⑤新潟青陵高等学校
⑥帝京長岡高等学校
⑦北越高等学校
⑧新潟明訓高等学校

富山県
①高岡第一高等学校
②富山第一高等学校

石川県
①金沢高等学校
②金沢学院大学附属高等学校
③遊学館高等学校
④星稜高等学校
⑤鵬学園高等学校

山梨県
①駿台甲府高等学校
②山梨学院高等学校(特進)
③山梨学院高等学校(進学)
④山梨英和高等学校

岐阜県
①鶯谷高等学校
②富田高等学校
③岐阜東高等学校
④岐阜聖徳学園高等学校
⑤大垣日本大学高等学校
⑥美濃加茂高等学校
⑦済美高等学校

静岡県
①御殿場西高等学校
②知徳高等学校
③日本大学三島高等学校
④沼津中央高等学校
⑤飛龍高等学校
⑥桐陽高等学校
⑦加藤学園高等学校
⑧加藤学園暁秀高等学校
⑨誠恵高等学校
⑩星陵高等学校
⑪静岡県富士見高等学校
⑫清水国際高等学校
⑬静岡サレジオ高等学校
⑭東海大学付属静岡翔洋高等学校
⑮静岡大成高等学校
⑯静岡英和女学院高等学校
⑰城南静岡高等学校
⑱静岡女子高等学校
⑲常葉大学附属常葉高等学校
常葉大学附属橘高等学校
常葉大学附属菊川高等学校
⑳静岡北高等学校
㉑静岡学園高等学校
㉒焼津高等学校
㉓藤枝明誠高等学校
㉔静清高等学校
㉕磐田東高等学校
㉖浜松学院高等学校
㉗浜松修学舎高等学校
㉘浜松開誠館高等学校
㉙浜松学芸高等学校
㉚浜松聖星高等学校
㉛浜松日体高等学校
㉜聖隷クリストファー高等学校
㉝浜松啓陽高等学校
㉞オイスカ浜松国際高等学校

愛知県
①[国立]愛知教育大学附属高等学校
②愛知高等学校
③名古屋経済大学市邨高等学校
④名古屋経済大学高蔵高等学校
⑤名古屋大谷高等学校
⑥享栄高等学校
⑦椙山女学園高等学校
⑧大同大学大同高等学校
⑨日本福祉大学付属高等学校
⑩中京大学附属中京高等学校
⑪至学館高等学校
⑫東海高等学校
⑬名古屋たちばな高等学校
⑭東邦高等学校
⑮名古屋高等学校
⑯名古屋工業高等学校
⑰名古屋葵大学高等学校
(名古屋女子大学高等学校)
⑱中部大学第一高等学校
⑲桜花学園高等学校
⑳愛知工業大学名電高等学校
㉑愛知みずほ大学瑞穂高等学校
㉒名城大学附属高等学校
㉓修文学院高等学校
㉔愛知啓成高等学校
㉕聖カピタニオ女子高等学校
㉖滝高等学校
㉗中部大学春日丘高等学校
㉘清林館高等学校
㉙愛知黎明高等学校
㉚岡崎城西高等学校
㉛人間環境大学附属岡崎高等学校
㉜桜丘高等学校

㉝光ヶ丘女子高等学校

㉞藤ノ花女子高等学校

㉟栄徳高等学校

㊱同朋高等学校

㊲星城高等学校

㊳安城学園高等学校

㊴愛知産業大学三河高等学校

㊵大成高等学校

㊶豊田大谷高等学校

㊷東海学園高等学校

㊸名古屋国際高等学校

㊹啓明学館高等学校

㊺聖霊高等学校

㊻誠信高等学校

㊼誉高等学校

㊽杜若高等学校

㊾菊華高等学校

㊿豊川高等学校

三重県

①暁高等学校(3年制)

②暁高等学校(6年制)

③海星高等学校

④四日市メリノール学院高等学校

⑤鈴鹿高等学校

⑥高田高等学校

⑦三重高等学校

⑧皇學館高等学校

⑨伊勢学園高等学校

⑩津田学園高等学校

滋賀県

①近江高等学校

大阪府

①上宮高等学校

②大阪高等学校

③興國高等学校

④清風高等学校

⑤早稲田大阪高等学校
(早稲田摂陵高等学校)

⑥大商学園高等学校

⑦浪速高等学校

⑧大阪夕陽丘学園高等学校

⑨大阪成蹊女子高等学校

⑩四天王寺高等学校

⑪梅花高等学校

⑫追手門学院高等学校

⑬大阪学院大学高等学校

⑭大阪学芸高等学校

⑮常翔学園高等学校

⑯大阪桐蔭高等学校

⑰関西大倉高等学校

⑱近畿大学附属高等学校

⑲金光大阪高等学校

⑳星翔高等学校

㉑阪南大学高等学校

㉒箕面自由学園高等学校

㉓桃山学院高等学校

㉔関西大学北陽高等学校

兵庫県

①雲雀丘学園高等学校

②園田学園高等学校

③関西学院高等部

④灘高等学校

⑤神戸龍谷高等学校

⑥神戸第一高等学校

⑦神港学園高等学校

⑧神戸学院大学附属高等学校

⑨神戸弘陵学園高等学校

⑩彩星工科高等学校

⑪神戸野田高等学校

⑫滝川高等学校

⑬須磨学園高等学校

⑭神戸星城高等学校

⑮啓明学院高等学校

⑯神戸国際大学附属高等学校

⑰滝川第二高等学校

⑱三田松聖高等学校

⑲姫路女学院高等学校

⑳東洋大学附属姫路高等学校

㉑日ノ本学園高等学校

㉒市川高等学校

㉓近畿大学附属豊岡高等学校

㉔夙川高等学校

㉕仁川学院高等学校

㉖育英高等学校

奈良県

①西大和学園高等学校

岡山県

①[県立]岡山朝日高等学校

②清心女子高等学校

③就実高等学校
(特別進学コース〈ハイグレード・アドバンス〉)

④就実高等学校
(特別進学チャレンジコース・総合進学コース)

⑤岡山白陵高等学校

⑥山陽学園高等学校

⑦関西高等学校

⑧おかやま山陽高等学校

⑨岡山商科大学附属高等学校

⑩倉敷高等学校

⑪岡山学芸館高等学校(1期1日目)

⑫岡山学芸館高等学校(1期2日目)

⑬倉敷翠松高等学校

⑭岡山理科大学附属高等学校

⑮創志学園高等学校

⑯明誠学院高等学校

⑰岡山龍谷高等学校

広島県

①[国立]広島大学附属高等学校

②[国立]広島大学附属福山高等学校

③修道高等学校

④崇徳高等学校

⑤広島修道大学ひろしま協創高等学校

⑥比治山女子高等学校

⑦呉港高等学校

⑧清水ヶ丘高等学校

⑨盈進高等学校

⑩尾道高等学校

⑪如水館高等学校

⑫広島新庄高等学校

⑬広島文教大学附属高等学校

⑭銀河学院高等学校

⑮安田女子高等学校

⑯山陽高等学校

⑰広島工業大学高等学校

⑱広陵高等学校

⑲近畿大学附属広島高等学校福山校

⑳武田高等学校

㉑広島県瀬戸内高等学校(特別進学)

㉒広島県瀬戸内高等学校(一般)

㉓広島国際学院高等学校

㉔近畿大学附属広島高等学校東広島校

㉕広島桜が丘高等学校

山口県

①高水高等学校

②野田学園高等学校

③宇部フロンティア大学付属香川高等学校
(普通科〈特進・進学コース〉)

④宇部フロンティア大学付属香川高等学校
(生活デザイン・食物調理・保育科)

⑤宇部鴻城高等学校

徳島県

①徳島文理高等学校

香川県

①香川誠陵高等学校

②大手前高松高等学校

愛媛県

①愛光高等学校

②済美高等学校

③FC今治高等学校

④新田高等学校

⑤聖カタリナ学園高等学校

福岡県

①福岡大学附属若葉高等学校
②精華女子高等学校（専願試験）
③精華女子高等学校（前期試験）
④西南学院高等学校
⑤筑紫女学園高等学校
⑥中村学園女子高等学校（専願入試）
⑦中村学園女子高等学校（前期入試）
⑧博多女子高等学校
⑨博多高等学校
⑩東福岡高等学校
⑪福岡大学附属大濠高等学校
⑫自由ケ丘高等学校
⑬常磐高等学校
⑭東筑紫学園高等学校
⑮敬愛高等学校
⑯久留米大学附設高等学校
⑰久留米信愛高等学校
⑱福岡海星女子学院高等学校
⑲誠修高等学校
⑳筑陽学園高等学校（専願入試）
㉑筑陽学園高等学校（前期入試）
㉒真颯館高等学校
㉓筑紫台高等学校
㉔純真高等学校
㉕福岡舞鶴高等学校
㉖折尾愛真高等学校
㉗九州国際大学付属高等学校
㉘祐誠高等学校
㉙西日本短期大学附属高等学校
㉚東海大学付属福岡高等学校
㉛慶成高等学校
㉜高稜高等学校
㉝中村学園三陽高等学校
㉞柳川高等学校
㉟沖学園高等学校
㊱福岡常葉高等学校
㊲九州産業大学付属九州高等学校
㊳近畿大学附属福岡高等学校
㊴大牟田高等学校
㊵久留米学園高等学校
㊶福岡工業大学附属城東高等学校
（専願入試）
㊷福岡工業大学附属城東高等学校
（前期入試）
㊸八女学院高等学校
㊹星琳高等学校
㊺九州産業大学付属九州産業高等学校
㊻福岡雙葉高等学校

佐賀県

①龍谷高等学校
②佐賀学園高等学校
③佐賀女子短期大学付属佐賀女子高等学校
④弘学館高等学校
⑤東明館高等学校
⑥佐賀清和高等学校
⑦早稲田佐賀高等学校

長崎県

①海星高等学校（奨学生試験）
②海星高等学校（一般入試）
③活水高等学校
④純心女子高等学校
⑤長崎南山高等学校
⑥長崎日本大学高等学校（特別入試）
⑦長崎日本大学高等学校（一次入試）
⑧青雲高等学校
⑨向陽高等学校
⑩創成館高等学校
⑪鎮西学院高等学校

熊本県

①真和高等学校
②九州学院高等学校
（奨学生・専願生）
③九州学院高等学校
（一般生）
④ルーテル学院高等学校
（専願入試・奨学入試）
⑤ルーテル学院高等学校
（一般入試）
⑥熊本信愛女学院高等学校
⑦熊本学園大学付属高等学校
（奨学生試験・専願生試験）
⑧熊本学園大学付属高等学校
（一般生試験）
⑨熊本中央高等学校
⑩尚絅高等学校
⑪文徳高等学校
⑫熊本マリスト学園高等学校
⑬慶誠高等学校

大分県

①大分高等学校

宮崎県

①鵬翔高等学校
②宮崎日本大学高等学校
③宮崎学園高等学校
④日向学院高等学校
⑤宮崎第一高等学校
（文理科）
⑥宮崎第一高等学校
（普通科・国際マルチメディア科・電気科）

鹿児島県

①鹿児島高等学校
②鹿児島実業高等学校
③樟南高等学校
④れいめい高等学校
⑤ラ・サール高等学校

新刊
もっと過去問シリーズ

愛知県

愛知高等学校
7年分（数学・英語）
中京大学附属中京高等学校
7年分（数学・英語）
東海高等学校
7年分（数学・英語）
名古屋高等学校
7年分（数学・英語）
愛知工業大学名電高等学校
7年分（数学・英語）
名城大学附属高等学校
7年分（数学・英語）
滝高等学校
7年分（数学・英語）

※もっと過去問シリーズは入学試験の実施教科に関わらず、数学と英語のみの収録となります。

教英出版
〒422-8054
静岡県静岡市駿河区南安倍3丁目12－28
TEL 054-288-2131
FAX 054-288-2133
詳しくは教英出版で検索
教英出版　検索
URL https://kyoei-syuppan.net/

表紙面

令和4年度

県立高等学校入学者選抜学力検査問題

(令和4年3月実施)

検査4　英　　語　(聞き取りテスト)

9：30　～　9：45の間の約10分間

注　　意

1　監督の先生の指示があるまで，裏返してはいけません。

2 # 問題と解答欄は，この用紙の裏面にあります。

3　放送のチャイムが鳴ったら，裏返し，放送の指示に従いなさい。

4　放送を聞きながら，メモをとってもかまいません。

5　その他，監督の先生の指示に従いなさい。

編集の都合上、問題と解答欄はこの右側にあります。

2022(R4) 富山県公立高
教英出版
◇M4(651―22)

検査４　英語　（ 聞き取りテスト ）

（令和４年３月 実施）

問題Ａ　放送文（３つの英文を聞いて，それぞれがイラスト等の内容に合っているかどうかを答える問題）

No.1
A　This is used when we play baseball.
B　This is always used when we take pictures.
C　This is often used when we talk with friends.

No.2
A　This supermarket is closed on Wednesdays.
B　This supermarket opens at 9:30 on Saturdays.
C　People can buy Christmas cakes for three weeks.

No.3
A　Chuo Station is the second station from Kita Station.
B　You don't need to change trains to go from Minami Station to Kita Station.
C　If you are at Higashi Station, you have to change trains at Chuo Station to go to Minami Station.

問題Ｂ　放送文（対話と説明をそれぞれ聞いて，質問に対する答えを選ぶ問題）

No.1
A:　Hi, Emily.　I heard you went to Okinawa this summer.
B:　Yes.　My grandfather and grandmother live there, so I went there to see them.　How about your summer, Hiroshi?
A:　I went to Hokkaido with my family.　It was a great trip.
B:　How long did you stay there?
A:　Five days.
B:　What did you do there?
A:　I visited some famous places like Sapporo Odori Park.　It was beautiful with a lot of flowers.　I also ate so much food.　I really liked *Sapporo ramen*.
B:　That sounds great.　What did you like best in Hokkaido?
A:　I really liked Asahiyama Zoo in Asahikawa.
B:　Oh, I know that zoo.　It's very famous.　Did you take pictures of the animals?
A:　Yes.　I took a lot of pictures.　I'll show you.
B:　Wow, the penguins are cute.　I like the monkeys too.　I want to visit Asahiyama Zoo someday.

〔2〕 達也さんは，夏休みに家族とキャンプに出かけた時，キャンプ場(campsite)が以前よりにぎわっていることに気づき，最近のアウトドア(outdoor activity)人気に興味をもちました。達也さんが調べて作ったグラフ(graph)を用いて書いた次の英文レポートを読んで，あとの問いに答えなさい。

[1] When I went camping with my family during summer vacation, I found that more people were there than before. My father told me that outdoor activities are getting more popular. I became interested in this and decided to find out why it has become so popular.

[2] *Camping is a popular outdoor activity in Japan. From 1980 to 1989 many campsites were built around Japan and the number of campsites increased. Please look at ① this graph. The number of people who went camping also increased after that and in 1995 the number increased more than 50% from 1990. However, many people stopped going camping after 1995. 20 years later, the number of people who went camping kept increasing. Why did camping become popular again today?

[3] There are three reasons for this. First, people who enjoyed spending time in cities thought spending time in *nature was more interesting. People can enjoy outdoor activities without being in *crowded places. Second, more people now think spending time with their families or their friends is more important than going abroad or buying expensive things. When you go camping, you can *relax with family or friends and have a good time with them. Third, because of the internet, the image of camping has changed and camping is thought as an exciting and cool activity. Some famous people who enjoy camping put their pictures or videos on the internet. Then their fans who watch them become interested in camping.

[4] There are different ways of camping that people enjoy today. Some people enjoy staying in *comfortable tents and having good food. Everyone thinks this kind of camping is exciting. A lot of people believe that camping is an activity for families or groups of people, but some people go camping *alone. It is becoming *common for people to enjoy activities alone, like going to *karaoke* or *onsen*, *regardless of gender or age.

[5] Through this report, I found out why camping is becoming more popular now. I learned that a lot of things are changing in our *society, and ② our ways of thinking are also changing. I never thought that they *had an influence on our free time. More people are doing things they really want to do. I don't have time to go camping now, but I would like to enjoy camping with my family again at my favorite campsite in the future.

注） *camping キャンプ　*nature 自然　*crowded 込み合った
*relax くつろぐ　*comfortable 快適な　*alone ひとりで
*common ふつうの　*regardless of gender or age 性別や年齢に関係なく
*society 社会　*have an influence on～ ～に影響を与える

(1) 下線部①について，達也さんが示したグラフとして最も適切なものを，次のア～エから1つ選んで記号で答えなさい。

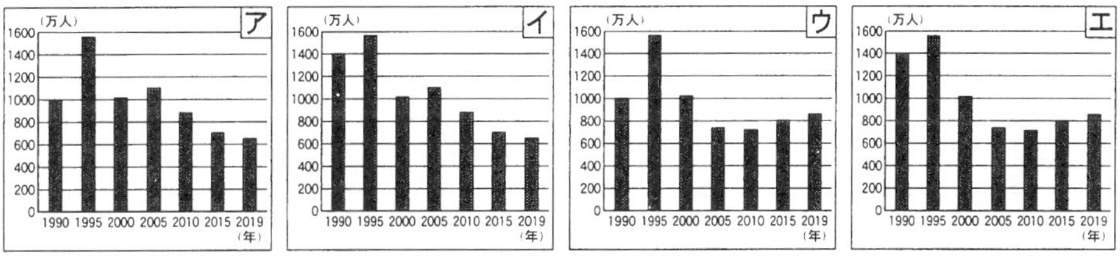

(2) 下線部②で述べられていることについて，達也さんは段落[3]で具体例を3つ述べています。そのうちから2つ選んで，日本語で書きなさい。

(3) 右のメモは達也さんがこのレポートの構成を考える際に，各段落の概要を書き出したものです。(A)，(B)に入る最も適切な1語を同じ段落からそれぞれ抜き出し，解答欄に書きなさい。

段落	メモ
[1]	Introduction [導入]
[2]	The history of camping in Japan
[3]	The reasons that camping is (A) by many people
[4]	The (B) ways of camping
[5]	Conclusion [まとめ]

3 次の〔1〕~〔3〕の問いに答えなさい。

〔1〕 次の(1)~(3)の対話が成り立つように，それぞれ(　　　)の中の単語や語句を並べ替えて英文を完成させなさい。また，文のはじめは大文字で書きなさい。

(1) A：I really like watching tennis games.
　　B：Oh, do you? Do you like playing tennis too?
　　A：No, I just like watching it. (do / play / sport / what / you)?
　　B：I play baseball every week.

(2) A：Yasuo sings very well, right?
　　B：Yes, but I think you can sing better.
　　A：Really? (as / as / cannot / I / sing / well) Yasuo.
　　B：You can do it! I heard that you practiced singing after school.

(3) A：How did you like my presentation?
　　B：It was great.
　　A：Thank you. Actually (finish / helped / it / me / my friend).
　　B：Oh, I see. It's nice to study with a friend.

〔2〕 友子(Tomoko)さんは，留学生のウェンディ(Wendy)さんと話をしています。それぞれの場面に合う対話になるように(　　　)内に**3語以上**の英語を書きなさい。なお，対話は①から⑪の順に行われています。

1.
① Hi, Tomoko, I'm glad to see you here. Can you help me? I want a book about *Mozart.
② Of course. I know where it is. Let's go.
③ Thank you.

*Mozart　モーツァルト

2.
④ Wow, there are so many books about Mozart. (　　　　　)?
⑤ How about this one? It also has a *bonus CD.
⑥ Sounds interesting! I'll buy this one.
Piano
Mozart
Mozart
Mozart
Mozart

*bonus CD　特典 CD

3.
The next day
⑦ Hi, Wendy. Did you enjoy the book you bought yesterday?
⑧ Yes, I did. (　　　　　).

4.
⑨ Do you listen to Mozart?
⑩ Yes, and I often go to *classical concerts.
⑪ That's great. (　　　　　).

*classical concert　クラシックのコンサート

〔3〕 ALT のマイケル(Michael)先生が，英語の授業で次のような質問をしました。質問に対するあなたの考えを，下の［　　　］の指示に従って書きなさい。

【A】and【B】are two *wishes. If you could have one wish, which would you choose? And why would you choose it? Please write about it.

注） *wish　願い

マイケル先生

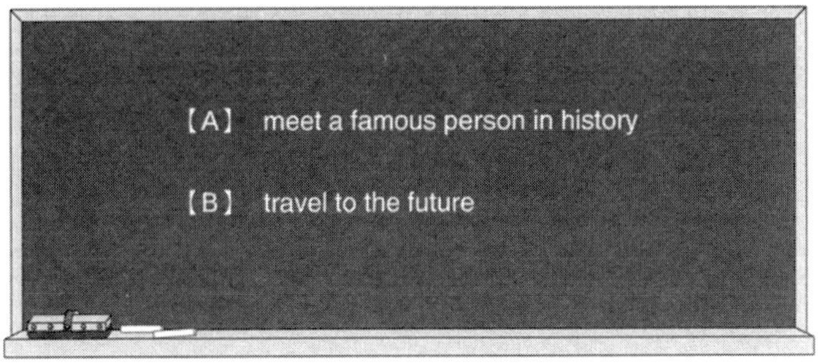

指示

- ＿＿＿＿には，あなたが選んだ記号 A，B のいずれかを書く。
- あなたの考えを理由とともに **25 語以上**の英語で書く。ただし，I would choose で始まる 1 文は語数には含めない。
- 英文の数は問わないが，前後つながりのある内容の文章にする。
- 短縮形(I'm / don't など)は 1 語として数える。
- 符号(, / . / ? / ! など)は下線部と下線部の間に書き，語数には含めない。

I would choose ＿＿＿＿ . ＿＿＿ ＿＿＿ ＿＿＿ ＿＿＿

25 語

令和４年度

県立高等学校入学者選抜学力検査問題

（令和４年３月実施）

検査１　社　　会

９：30　～　10：20

注　　意

1　監督の先生の指示があるまで，開いてはいけません。

2　問題は，６ページあります。

3　「開始」の合図があったら，はじめなさい。

4　答えは，すべて，解答用紙に記入しなさい。

5　「終了」の合図で，すぐ筆記用具をおき，解答用紙を裏返しにしなさい。

6　その他，監督の先生の指示に従いなさい。

富山県公立高等学校

1 次の資料，地図をみて，あとの問いに答えなさい。

(1) 資料1は，それぞれの項目について，日本を7地方区分に分けたときの各地方が占める割合を示したものである。近畿地方にあたるものを，**ア**～**カ**から1つ選び，記号を書きなさい。

資料1　各地方が占める割合(2018年，重要文化財数は2020年)

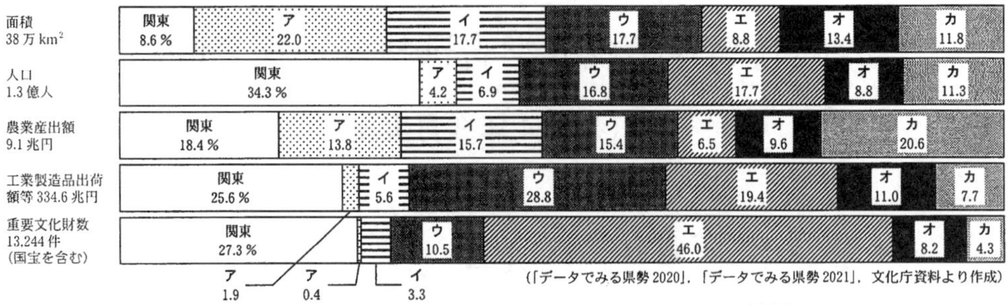

(「データでみる県勢2020」，「データでみる県勢2021」，文化庁資料より作成)

(2) 地図中の**A**～**C**の府県のうちで，府県名と府県庁所在地名が異なるものを1つ選び，記号を書きなさい。また，その府県庁所在地の都市名を**漢字**で書きなさい。

地図

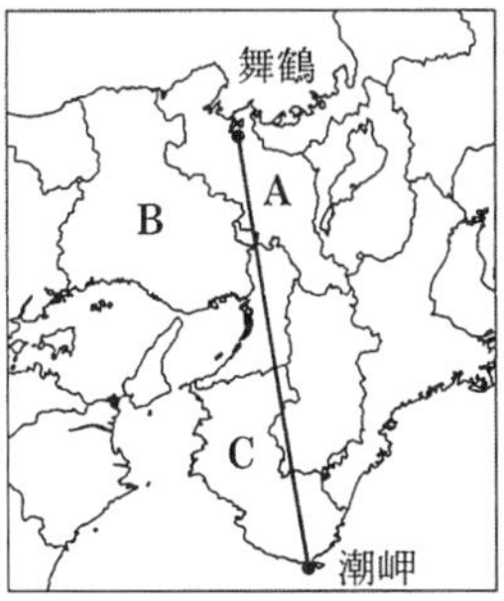

(3) 地図中の**A**の府県でみられる伝統的工芸品を，次の**ア**～**エ**から1つ選び，記号を書きなさい。

ア　西陣織　　**イ**　輪島塗　　**ウ**　小千谷ちぢみ　　**エ**　南部鉄器

(4) 地図中の舞鶴と潮岬を結ぶ直線が通る地点の断面を示した模式図として，最も適切なものを次の**ア**～**エ**から1つ選び，記号を書きなさい。

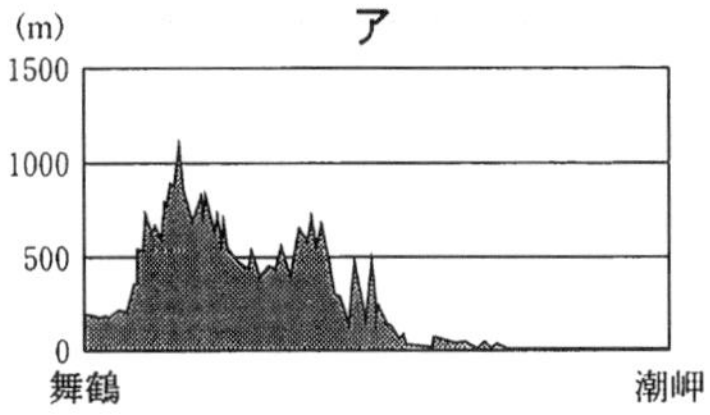

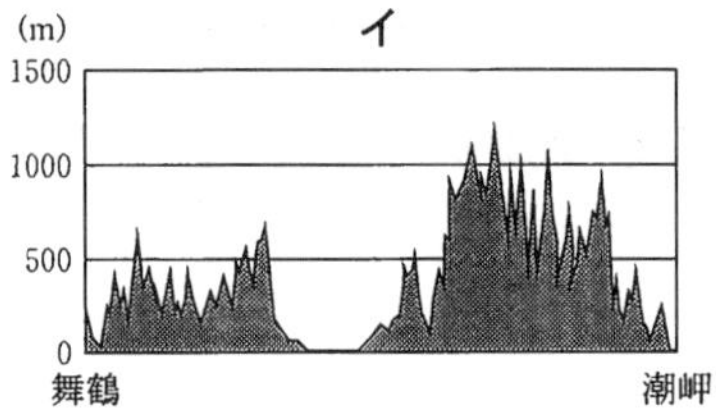

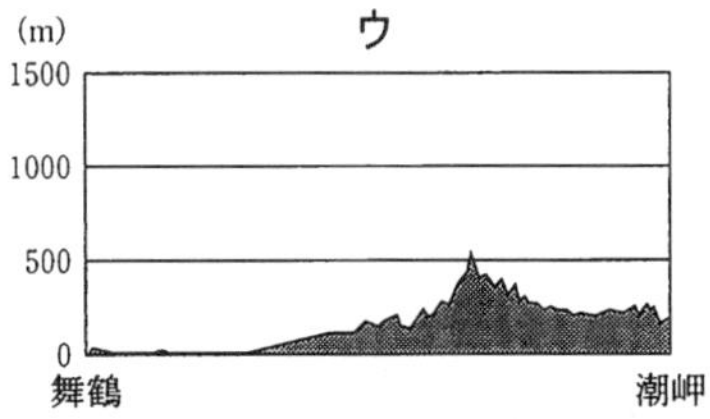

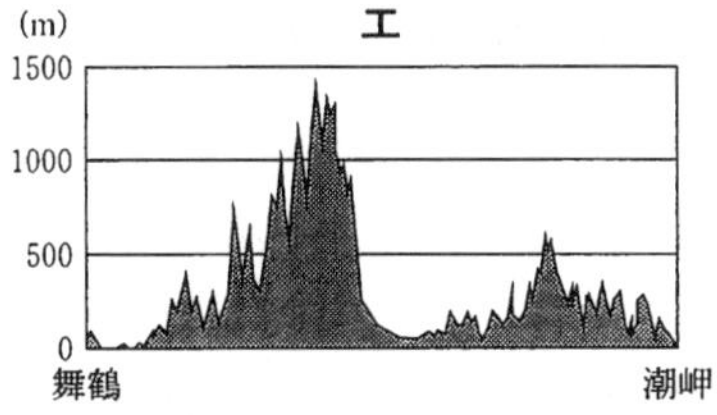

(5) 資料2の**a**，**b**は，地図中の舞鶴と潮岬のいずれかである。潮岬を示しているものを**a**，**b**から1つ選び，記号を書きなさい。また，潮岬の冬の気温と夏の降水量の特徴を，**次の語をすべて使って**書きなさい。

［ **黒潮**　　**季節風** ］

資料2　2地点の平均気温(℃)と降水量(mm)(1991年～2020年の平均)

		1月	2月	3月	4月	5月	6月	7月	8月	9月	10月	11月	12月	年
a	平均気温	3.7	4.1	7.4	12.7	17.8	21.6	25.9	27.1	22.9	17.0	11.3	6.2	14.8
	降水量	183	146	140	116	142	154	192	149	238	179	132	163	1941
b	平均気温	8.3	8.8	11.6	15.6	19.3	22.1	25.7	26.9	24.6	20.3	15.5	10.6	17.5
	降水量	97	118	185	212	236	364	298	260	339	286	152	102	2654

(気象庁資料より作成)

2 次の2枚の地図は，いずれも横浜市内の同じ範囲を表したものである。これをみて，あとの問いに答えなさい。

地図1　標高10m未満の地域を着色した地形図

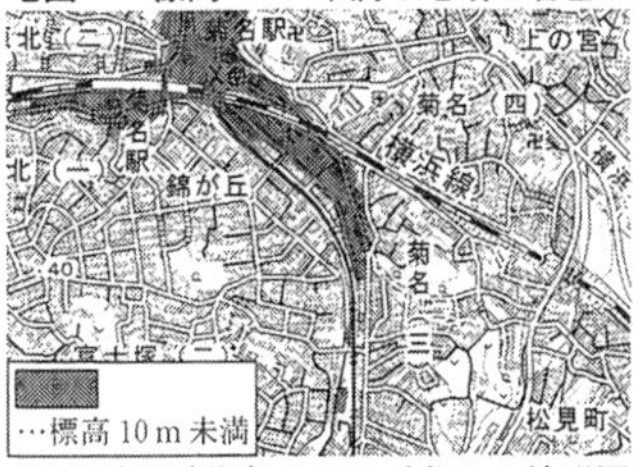

(国土地理院発行2万5千分の1地形図より作成)

地図2　浸水が想定される地域

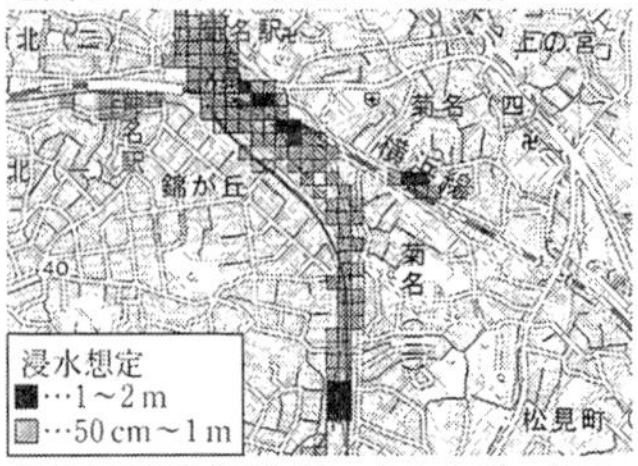

(横浜市発行「港北区・内水ハザードマップ」より作成)

(1) 次の文中の**P**，**Q**について，(　　　)の**ア**，**イ**から適切なものをそれぞれ1つずつ選び，記号を書きなさい。

> 5万分の1の地形図と2万5千分の1の地形図を比較した場合，地図1と同じ紙面に表すことができる範囲は5万分の1の地形図の方が**P**(**ア**　広く　**イ**　せまく)なり，表現内容は5万分の1の地形図の方が**Q**(**ア**　くわしく　**イ**　省略が多く)なる。

(2) 地図2の　や　の場所では，50cm～2mの浸水が想定され，水害の危険性が周囲より高くなることを示している。これらの場所で水害の危険性が高くなる理由を，地図1を参考に説明しなさい。

3 資料1の**A**～**E**は，**中国**，**ドイツ**，**アメリカ合衆国**，**ブラジル**，**オーストラリア**のいずれかである。これをみて，あとの問いに答えなさい。

資料1

国	首都の緯度	首都の経度	首都の1月の平均気温(℃)	首都の7月の平均気温(℃)	**X**社の店舗数	石炭の自給率(%)	輸出相手国1位(2018年)
A	北緯52°	東経　13°	0.9	19.8	1,480	7	**E**
B	南緯35°	東経149°	20.8	5.8	973	1,376	**C**
C	北緯39°	東経116°	－3.1	26.7	2,631	92	**E**
D	南緯15°	西経　47°	21.8	19.3	929	19	**C**
E	北緯38°	西経　77°	2.3	26.6	14,036	125	
日本	北緯35°	東経139°	5.2	25.0	2,894	1	**C**

(「理科年表2021」，「世界国勢図会2020/21」，**X**社資料(2017年)より作成)

(1) 首都が熱帯に属する国を，資料1の**A**～**E**から1つ選び，記号を書きなさい。

(2) **X**社は，多くの国に販売や生産の拠点をもち，国境をこえて活動している企業である。このような企業を何というか，書きなさい。

(3) 次の文は，資料1の**A**～**E**のどの国の様子を説明したものか，記号と国名を書きなさい。

> 1990年代から急速な経済成長が始まり，製造された工業製品は世界中で広く使われるようになり，「世界の工場」とよばれるまでになった。

(4) 石炭の自給率を求める方法について説明した文中の[**P**]，[**Q**]にあてはまる項目を，**ア**～**エ**からそれぞれ1つずつ選び，記号を書きなさい。

求める方法

> 各国の石炭の自給率は，[**P**]に占める[**Q**]の割合を計算して求める。

ア　国内産出量　　**イ**　輸入量
ウ　輸出量　　**エ**　国内消費量

(5) 資料1の　　　にあてはまる国を，次の**ア**～**エ**から1つ選び，記号を書きなさい。

ア　韓国　　**イ**　ロシア　　**ウ**　カナダ　　**エ**　オランダ

(6) 資料2の**ア**～**オ**は，資料1の**A**～**E**のいずれかを示している。**E**の国にあてはまるものを1つ選び，記号を書きなさい。

資料2　(2017年)

国	**ア**	**イ**	**ウ**	**エ**	**オ**	日本
発電量(億kWh)	2,580	66,349	42,864	6,537	5,894	10,073
1人あたり二酸化炭素排出量(t)	15.6	6.7	14.6	8.7	2.0	8.9

(「世界国勢図会2020/21」より作成)

4 太郎さんは，歴史の教科書をもとに，古代から近世までの間で「～の乱」と書いてあるできごとをカード**A**～**D**にまとめた。これをみて，あとの問いに答えなさい。

A 応仁の乱	**B** 壬申の乱	**C** 大塩の乱	**D** 承久の乱
将軍足利義政のあとつぎ問題や，幕府の実力者の勢力争いなどが結びついて起きた。戦いは11年にわたって続いた。	天智天皇のあとつぎをめぐって起きた。この戦いに勝った［ X ］天皇が即位して，都を飛鳥に戻した。	元役人の大塩平八郎が，ききんで苦しむ人々を見かねて起こした。大商人をおそおうとしたが，１日でしずめられた。	後鳥羽上皇が，幕府を倒そうと兵を挙げて起こした。後鳥羽上皇は幕府軍に敗れて隠岐に流された。

(1) カード**A**の乱が起きた時代に作成されたものを，次の**ア**～**エ**から１つ選び，記号を書きなさい。

ア

イ

ウ

エ

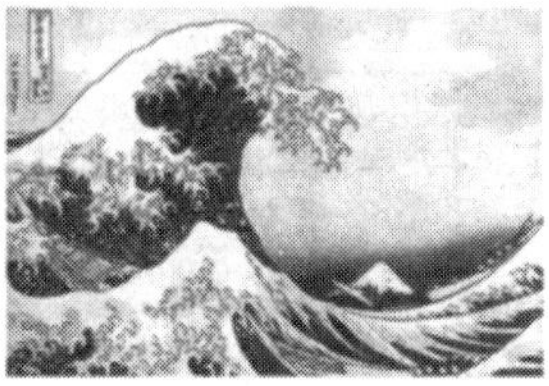

(2) カード**B**の［ X ］に入る天皇の名前を書きなさい。

(3) カード**C**のききんについて，このききんの後に各地で続発したできごとを説明した次の表の［ Y ］，［ Z ］に入る適切な語句を，［ Y ］は5字，［ Z ］は**漢字4字**でそれぞれ書きなさい。

表

都市	米の買いしめをした商人に対して［ Y ］が続発した。
農村	年貢の軽減などを求めて［ Z ］が続発した。

(4) カード**D**の乱の後，幕府は新たに六波羅探題を京都に設置した。六波羅探題を設置した目的を説明しなさい。

(5) カード**A**～**D**を，**年代の古い順**に並べなさい。

(6) 次のできごと**I**，**II**と同じ世紀に起きた乱を，カード**A**～**D**からそれぞれ１つずつ選び，記号を書きなさい。

I 唐が中国を統一する。
II アメリカで南北戦争が起こる。

(7) 太郎さんは，カード**A**～**D**をもとに次のように考察した。あとの問いに答えなさい。

〈 考 察 〉「～の乱」について調べてみて

乱の影響について調べてみると，乱の後に政治や社会が安定したものもあれば，不安定になったものもあった。このことから，乱は，当時の政治や社会に大きな影響を与えていたと考えられる。

① 右の資料は，カード**A**～**D**のいずれかの乱の直後に書かれたものである。資料の記述は，考察に示した安定したものと不安定になったもののどちらにあてはまるか，解答欄の適切なものを○で囲みなさい。

② 資料は，どの乱の直後に書かれたものか，カード**A**～**D**から最も適切なものを１つ選び，記号を書きなさい。

資料

…(前略)近国においては，近江，美濃，尾張，遠江，三河，飛驒，能登，加賀，越前，大和，河内，これらはことごとく皆将軍の命令に応じず，年貢などいっこうに納めない国々である。(中略)守護自体は，一面では将軍の命令をかしこまって聞き，執行しようとするけれども，守護代など国にいる者はなかなか受け入れようとしない。よって日本国はことごとく将軍の命令に応じなくなった。

(「大乗院寺社雑事記」より作成)

5 物質の種類を見分ける実験を行った。あとの問いに答えなさい。

〔Ⅰ〕 表1に示したいずれかの金属でできている円柱A～Fを用意し，それぞれの質量と体積を調べる実験を行った。表2は実験の結果をまとめたものである。なお，円柱A～Fには同じ金属でできているものがある。

＜実験＞

㋐ 円柱Aの質量を，電子てんびんを使って測定した。

㋑ 50.0 cm^3 の水を入れたメスシリンダーに円柱Aを静かに沈め，水面の目盛りを読みとった。

㋒ 円柱B～Fについても㋐，㋑と同様の操作を行った。

表1

金属	密度〔g/cm^3〕
マグネシウム	1.74
アルミニウム	2.70
亜鉛	7.13
鉄	7.87
銅	8.96

図1

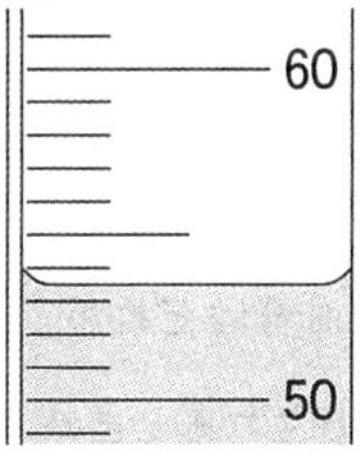

目盛りの単位は cm^3

表2

円柱	質量〔g〕	水面の目盛り〔cm^3〕
A	25.0	図1より読みとる
B	14.2	52.0
C	22.4	52.5
D	16.2	56.0
E	28.5	54.0
F	8.1	53.0

(1) ㋑において，水面の目盛りは図1のようになった。円柱Aはどの金属でできているか，**化学式**で書きなさい。

(2) 円柱A～Fには全部で何種類の金属があるか，答えなさい。なお，必要に応じて右下のグラフを使って考えてもよい。

(3) 円柱A～Fの金属について，同じ質量で比較した場合，最も体積が大きくなる金属は何か。**化学式**で書きなさい。

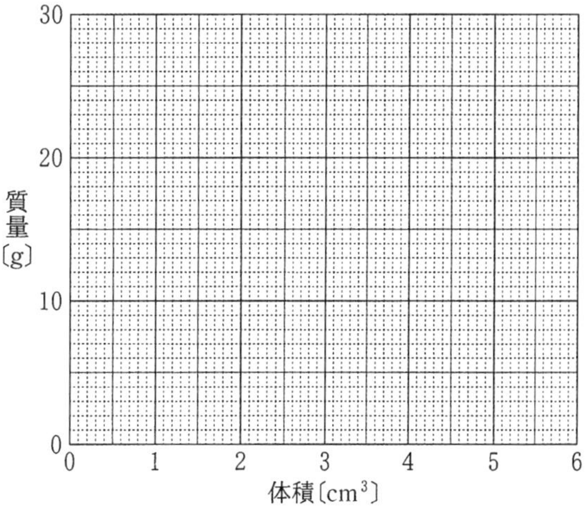

〔Ⅱ〕 食塩，砂糖，デンプンのいずれかである粉末G～Iの性質を調べる実験を行った。表3は実験の結果をまとめたものである。

＜実験＞

㋓ 粉末G～Iをそれぞれ別のビーカーに入れ，同量の水を加えてガラス棒でよくかき混ぜた。

㋔ 図2のように，粉末G～Iをそれぞれ別の燃焼さじに少量とり，ガスバーナーで熱した。

㋕ ㋔の後，さらに強く熱して粉末に火がついたもののみ，図3のように集気びんに入れた。

㋖ ㋕の後，火が消えてから燃焼さじを取り出し，図4のように集気びんに石灰水を入れてふたをし，よくふった。

図2

図3

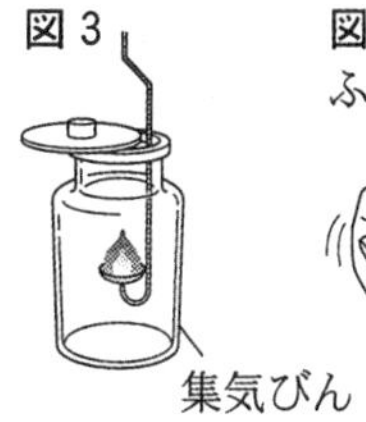

図4

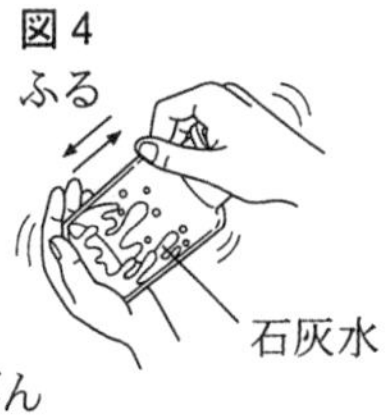

表3

粉末	㋓の結果	㋔の結果	㋕の結果	㋖の結果
G	水が白くにごった	粉末はこげた	集気びんの内側が水滴でくもった	石灰水が白くにごった
H	粉末が水にとけた	変わらなかった		
I	粉末が水にとけた	粉末はとけてこげた	集気びんの内側が水滴でくもった	石灰水が白くにごった

(4) 粉末Iは何か，名称を書きなさい。

(5) ㋕，㋖の結果をふまえると，粉末G，Iに含まれている元素は何か。元素の名前を**酸素以外**に**2つ**書きなさい。

6 ヒトの呼吸と血液のはたらきについて，あとの問いに答えなさい。

⑴ 肺に空気が出入りするしくみを確かめるため，図１のような肺のモデル装置を作った。次の文は，呼吸のしくみについて説明したものである。文中の①～③の(　　　)の中から適切なものをそれぞれ選び，記号で答えなさい。

> ゴム膜を図１の矢印の方向へ引っ張ったところ，風船がふくらんだ。これは，風船の外側から加わる圧力が①(**ア**　大きくなる　**イ**　小さくなる)ことで，空気がガラス管を通って②(**ウ**　外から風船に入る　**エ**　風船から外へ出る)からである。これは，③(**オ**　息を吸う　**カ**　息をはく)状態を表している。

図１

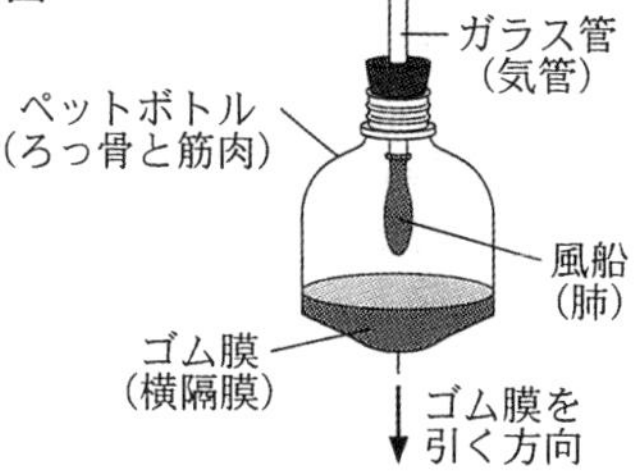

⑵ 図２は，心臓のつくりと血液の循環のようすを模式的に表したものである。心臓は４つの部屋に分かれており，◯で表したＸとＹの部分には，静脈にも見られる血液の逆流を防ぐための弁がある。

① 動脈血が流れている血管はどれか。A～Dから**すべて**選び，記号で答えなさい。

② 血液が心臓から押し出されるときのＸとＹの弁の状態を説明したものとして正しいものはどれか。次の**ア**～**エ**から１つ選び，記号で答えなさい。

ア ＸとＹは開いている。**イ** Ｘは開いていて，Ｙは閉じている。
ウ ＸとＹは閉じている。**エ** Ｘは閉じていて，Ｙは開いている。

図２

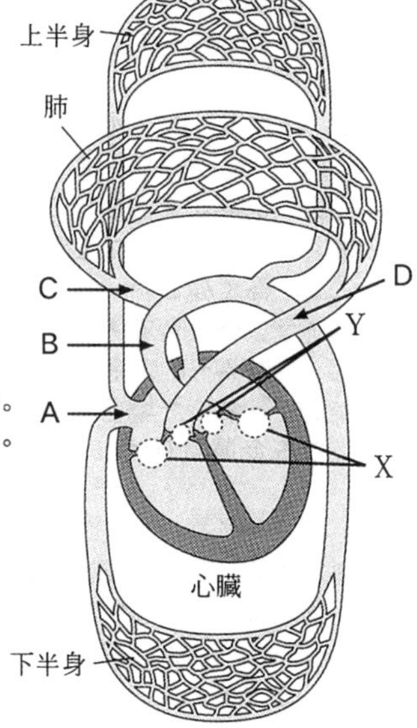

⑶ 血液が，肺から全身の細胞に酸素を運ぶことができるのは，赤血球に含まれるヘモグロビンの性質によるものである。ヘモグロビンの性質について，「酸素が多いところでは」，「酸素が少ないところでは」に続けて，それぞれ簡単に書きなさい。

⑷ 激しい運動をすると呼吸数と心拍数が増加する。次の文は，このときの細胞の活動について説明したものである。文中の空欄(　Ｐ　)～(　Ｒ　)にあてはまる適切なことばを，下の**ア**～**オ**から１つずつ選び，記号で答えなさい。

> 激しい運動をすると多くのエネルギーが必要になる。呼吸数と心拍数が増えることで，細胞にはより多くの(　Ｐ　)が届けられる。細胞では，届いた(　Ｐ　)を使い，養分からエネルギーがとり出される。また，その過程で(　Ｑ　)と(　Ｒ　)ができる。

ア 酸素　**イ** 二酸化炭素　**ウ** 窒素　**エ** 水　**オ** タンパク質

7 天体の動きについて調べるために，観測と実験を行った。あとの問いに答えなさい。

＜観測＞

日本のある場所で12月１日と３か月後の３月１日に，カシオペヤ座の動きを観測した。図１の**ア**～**シ**の●印は，北極星を中心とし，カシオペヤ座の真ん中にあるガンマ星が通る円の周を12等分する位置を示している。12月１日19時のガンマ星は**ア**の位置に見えた。

図１

⑴ カシオペヤ座をつくる星のように，自ら光を出している天体を何というか，書きなさい。

⑵ 次の文は，３月１日の観測結果についてまとめたものである。文中の空欄(　Ｘ　)，(　Ｙ　)にあてはまる最も適切な位置はどれか。図１の**ア**～**シ**から１つずつ選び，記号で答えなさい。

> ３月１日19時の観測では，ガンマ星は，図１の(　Ｘ　)の位置に見えた。さらに，この日の23時の観測では，図１の(　Ｙ　)の位置に見えた。

⑶ 赤道上のある場所Ｐから見える天球上に表したガンマ星の１日の動きとして，最も適切なものはどれか。次の**ア**～**エ**から１つ選び，記号で答えなさい。

ア

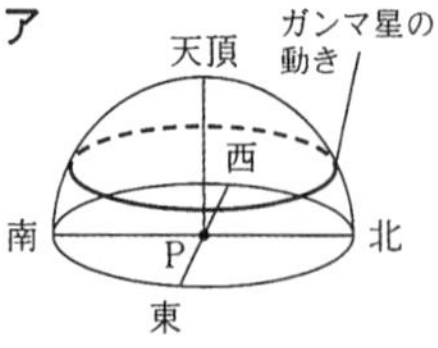

イ

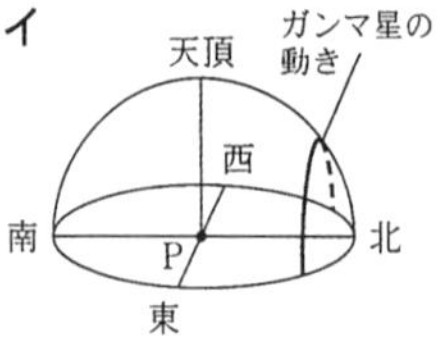

ウ

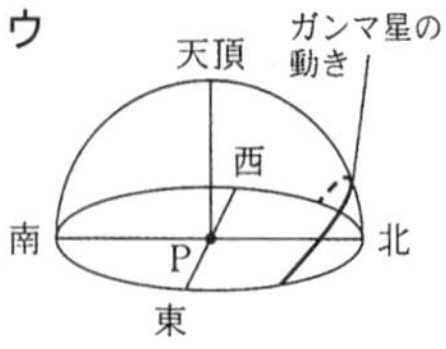

エ

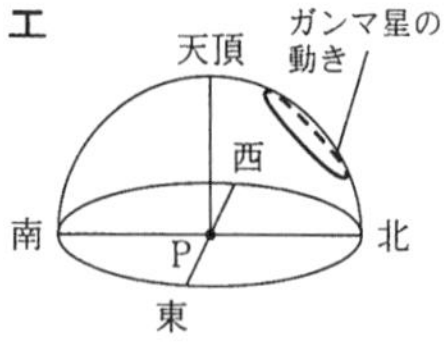

＜実験＞

図2のように，太陽に見立てた電球のまわりに，黄道付近にあるおうし座，しし座，さそり座，みずがめ座を示すカードを置いた。さらに，地球に見立てた地球儀をA～Dの位置に1つずつ置き，日本で見える星座や太陽の動きについて調べた。

図2

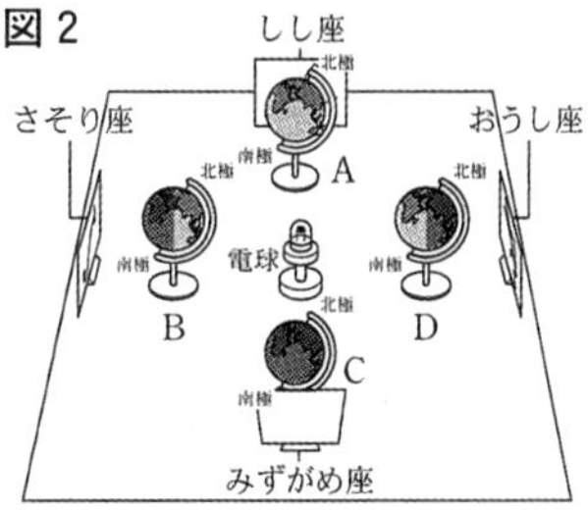

(4) A～Dの各位置において，日本で見える星座の時間帯と方角について説明した文として適切なものはどれか。次の**ア**～**エ**から**すべて**選び，記号で答えなさい。

ア　Aの位置では，しし座は明け方，西の方角に見える。
イ　Bの位置では，みずがめ座は夕方，東の方角に見える。
ウ　Cの位置では，さそり座は夕方，南の方角に見える。
エ　Dの位置では，おうし座は明け方，北の方角に見える。

(5) 昼間でも星が見えるとしたとき，太陽の動きを1年間にわたって観測すると，太陽は黄道付近の星座の間を動いているように見える。地球がBからCへ動いたとき，日本から見て太陽はどの星座からどの星座の間を動いているように見えるか。図2の中の星座で答えなさい。

8 電熱線の発熱と電力について調べるため，電熱線a(抵抗3.0Ω)，電熱線b(抵抗4.0Ω)，電熱線c(抵抗8.0Ω)を使って実験を行った。あとの問いに答えなさい。ただし，電熱線から発生した熱はすべて水の温度上昇に使われたものとする。

＜実験＞

㋐　発泡ポリスチレンのカップに一定量の水を入れて室温と同じ温度になるまで放置し，そのときの水温を測定した。
㋑　電熱線aを使って図1のような回路をつくった。
㋒　電熱線aに6.0Vの電圧を加え，回路に流れる電流の大きさを測定した。
㋓　ときどき水をかき混ぜながら，水温を1分ごとに5分間測定した。
㋔　電熱線aを電熱線bや電熱線cにかえて，㋒，㋓と同様の操作を行った。
㋕　電流を流す時間と水の上昇温度との関係を，図2のようにグラフにまとめた。

図1

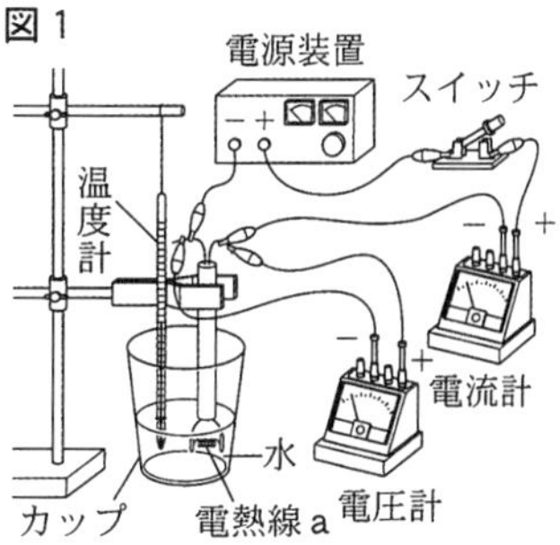

図2

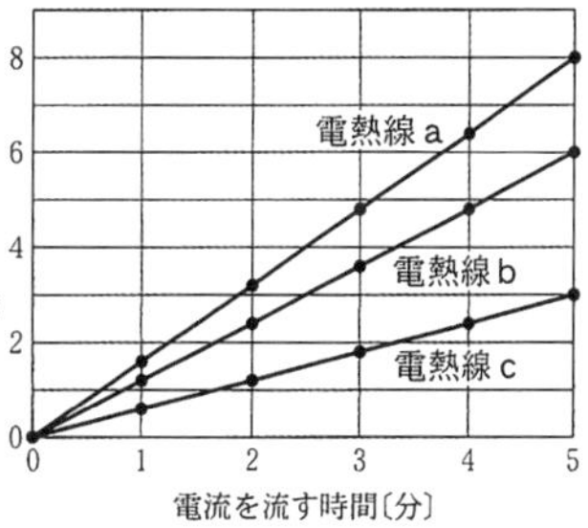

(1) ㋒において，電熱線aに流れる電流の大きさは何Aか，求めなさい。

(2) 次の文は，電熱線に一定の電圧を加えたときの水の上昇温度について，図2からわかることをまとめたものである。文中の空欄（　X　），（　Y　）に適切なことばを書きなさい。

・水の上昇温度は，電流を流す時間に（　X　）する。
・水の温度を同じだけ上昇させるとき，電流を流す時間は，抵抗の小さい電熱線の方が（　Y　）なる。

(3) 図2から，電熱線の電力の大きさと5分後の水の上昇温度との関係をグラフにかきなさい。

(4) 実験の一部をかえて，5分後の水の上昇温度を2.0℃にするための方法を説明した次の2つの文の空欄（　P　）～（　S　）に適切な数値や記号を書きなさい。ただし，空欄（　Q　），（　R　）にはa～c，空欄（　S　）には図3の**ア**，**イ**のいずれかが入る。

方法1：電熱線aを使って，加える電圧を（　P　）Vにする。

方法2：電熱線（　Q　）と電熱線（　R　）を（　S　）のようにつなぎ，電熱線全体に6.0Vの電圧を加える。

図3

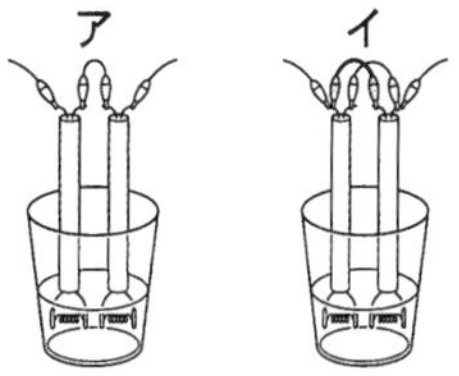

令和４年度

県立高等学校入学者選抜学力検査問題

（令和４年３月実施）

検査４　英　　　語　（筆記テスト）

10：00　～　10：40

注　　意

1　監督の先生の指示があるまで，開いてはいけません。

2　問題は，６ページあります。

3　「開始」の合図があったら，はじめなさい。

4　答えは，すべて，解答用紙に記入しなさい。

5　「終了」の合図で，すぐ筆記用具をおき，解答用紙を裏返しにしなさい。

6　その他，監督の先生の指示に従いなさい。

1 次の〔1〕～〔4〕の問いに答えなさい。

〔1〕 次の英文は，留学生のロバート(Robert)さんが下の掲示について図書館だよりに書いたコメントです。掲示の内容に合うように，(あ)に入る**数字**と(い)，(う)に入る**アルファベット**をそれぞれ解答欄に書きなさい。

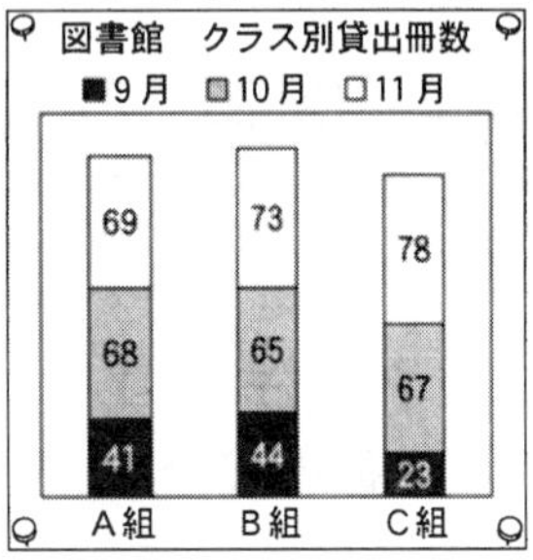

Class A and Class B borrowed more than forty books in September, but my class borrowed only (あ) books. I thought my class should use the library more, so I told them that there were a lot of interesting books in the library. My class began to borrow more books, but Class (い) borrowed the most books in October. Class (う) borrowed the most books *in total in these three months, but my class finally borrowed the most books in November. I'm happy students in my class enjoy reading more than before.

Robert

注) *in total　合計で

〔2〕 次の2つの電子メール(email)は里穂(Riho)さんと留学生のビクトリア(Victoria)さんとのやりとりです。これらの電子メールの内容から分かることを，下の**ア**～**エ**から1つ選んで記号で答えなさい。

Hi Victoria,
I heard that you went to the doctor today. Are you OK?
Today, in English class, the teacher talked about the presentation. We have to make groups of three or four people and choose a country as a topic. In today's class, Michiko and I talked about making a group together. Can you join us?
Riho

Hi Riho,
Thank you for your email. I felt sick this morning but I feel better now.
Sure! I will join you. Michiko also told me about the presentation on the phone. She wants to choose China. If we are going to talk about China, how about showing pictures of famous places? I have a book with a lot of pictures taken in China.
I will go to school tomorrow. Let's talk more about it then.
Victoria

ア Victoria and Michiko were not at school today because they felt sick.
イ Both Riho and Michiko sent an email to Victoria to tell her about the presentation.
ウ Each group will talk about a country in the presentation in English class.
エ Riho has a book that has a lot of pictures taken in China.

〔3〕 カナダでホームステイ中の由佳(Yuka)さんは同級生のケイ(Kay)さんと話をしています。次の対話文とポスターの内容について，あとの問いに答えなさい。

Kay: Next Saturday is my brother's birthday.
Yuka: Happy birthday to him. How old will he be?
Kay: He will be ten years old. He likes science, so my father and mother will take him and me to the science museum on his birthday.
Yuka: Sounds nice! I like science too. Is it the museum near our junior high school?
Kay: Yes. Will you join us?
Yuka: I want to go. I will buy a present for him at the museum's shop.
Kay: Thank you. He will be happy.
Yuka: When can we go to the museum's shop?
Kay: We are going to join the special event after we have lunch at the museum's restaurant. Let's go to the shop after the special event.

Welcome to The Science Museum

*Fees

	Monday-Friday	Weekend
*Adults (18～)	15 dollars	20 dollars
Children (6～17)	8 dollars	10 dollars

Special Event
*Virtual Space Tour
①11:00-12:00　②14:00-15:00
Please come to the Special Event Room
5 minutes before each time.

Museum Shop
10:00-16:00

Museum Restaurant
11:00-14:00

注) *fee　入場料金　　*adult　大人
*Virtual Space Tour　バーチャル宇宙旅行

(1) ケイさんの家族と由佳さんの入場料金は合計でいくらですか。その金額を書きなさい。
(2) 由佳さんたちがバーチャル宇宙旅行に参加するためには，いつまでに会場へ行く必要がありますか。その時刻を書きなさい。

〔4〕 晴斗(Haruto)さんは，ブータン(Bhutan)でのボランティア経験があるALTのジョーンズ(Jones)先生と話をしています。次の対話文を読んで，あとの問いに答えなさい。

Haruto: Hello, Mr. Jones. Can I talk to you?
Mr. Jones: Sure, Haruto. What do you want to talk about?
Haruto: You taught children in another country before you came to Japan, right?
Mr. Jones: Yes. I taught art to children at a school in Bhutan. It was a really good experience for me. Are you interested in teaching abroad?
Haruto: I am interested in helping people in *developing countries.
Mr. Jones: Great! [A]
Haruto: I don't know what to do, so I want to get some *advice from you.
Mr. Jones: Well, I think the important thing is to know the problems they have and the things they need.
Haruto: The things they need.... I have collected *unused items and sent them to developing countries, but were they things people really needed?
Mr. Jones: I hope so, but it is better to think about teaching them *skills.
Haruto: Why?
Mr. Jones: If they learn skills, they can *support themselves and teach the skills to their children.
Haruto: Then they can have a better life!
Mr. Jones: That's right. Oh, I just remembered a good example. When I stayed in Bhutan, I often heard about Mr. Keiji Nishioka.
Haruto: Mr. Keiji Nishioka? Who is he?
Mr. Jones: He is the most famous Japanese person in Bhutan. He first visited Bhutan in 1964 and started to teach *agriculture to people there. At first, they didn't believe him because agriculture there was different. However, he tried hard to make agriculture better and they began to listen to him. He kept teaching there for 28 years.
Haruto: That's a very long time! Did he come back to Japan after 28 years?
Mr. Jones: No.... He died in Bhutan in 1992, but people in Bhutan can get more rice and vegetables than before because Mr. Nishioka changed agriculture there.
Haruto: Could people there continue agriculture after Mr. Nishioka died?
Mr. Jones: Yes. He made *tools and *waterways that the people there could easily *maintain *at a low cost.
Haruto: Wow, [B]
Mr. Jones: I agree. Please study hard and learn a lot of things. There are other skills that should be taught in developing countries. You can teach anything.
Haruto: Thank you, Mr. Jones. I'm starting to understand what I should do now.
Mr. Jones: You're welcome, Haruto. Good luck to you!

注) *developing country 発展途上国 *advice 助言 *unused item 未使用品
*skill 技能 *support themselves 自分たちの力で生活を成り立たせる
*agriculture 農業 *tool 道具 *waterway 水路
*maintain 維持管理する *at a low cost 低コストで

(1) [A]，[B] に入る最も適切なものを，それぞれ次のア～エから1つ選んで記号で答えなさい。

[A] ア Do you know what I am interested in? イ Can you teach me about art?
ウ Which country did you visit to help people? エ How will you help people?

[B] ア that's too bad. イ that's an important point.
ウ I made them too. エ I don't think they could.

(2) 次のメモは，晴斗さんがジョーンズ先生の助言をノートにまとめたものです。次の(①)，(②)に入る内容をそれぞれ日本語で書きなさい。

発展途上国の人々の役に立つ人になるために…
(①)を知ることが大切。
彼らの自立のためには(②)ことを考えた方がよい。
→ 今すべきこと… 一生懸命勉強して多くのことを学ぶ！

(3) 対話の中で西岡さん(Mr. Nishioka)の活動として紹介されていることを，次のア～カから2つ選んで記号で答えなさい。

ア He sent unused items to people in Bhutan.
イ He visited Bhutan and changed agriculture there.
ウ He taught agriculture to Mr. Jones.
エ He brought rice and vegetables from Bhutan to Japan.
オ He enjoyed art with children in Bhutan.
カ He made tools and waterways for people in Bhutan.

2 次の〔1〕，〔2〕の問いに答えなさい。

〔1〕 真理(Mari)さんは，英語の授業でアメリカ出身のジェニファー(Jennifer)さんとのエピソードについて英語でスピーチをしました。その原稿を読んで，あとの問いに答えなさい。

Hello, everyone. Last year an American girl stayed with my family for three weeks. Her name was Jennifer. When she was in Japan, both of us were surprised to learn a lot of *cultural differences between the U.S. and Japan. Today, I'll talk about two of them.

First, when Jennifer went to a Japanese restaurant with my family, she was surprised to get a warm *oshibori* and said, "This is very nice! I've never seen this in the U.S." We usually get *oshibori* at a restaurant in Japan, but that was a special thing for Jennifer. She said, "American restaurants think that *customers should wash their hands so there are no *oshibori*. *Instead, there are *napkins to clean your mouth and hands when customers eat." When I told her that *oshibori* is warm in winter and cold in summer, she said, "Great! That shows Japanese *hospitality. I love *oshibori* so much. I hope to use it in the U.S." I was glad to hear that.

Second, when Jennifer and I were at home, I *sneezed. Jennifer said to me, "*Bless you." I was surprised to hear that, so she told me what it *meant. In the U.S., people usually say, "Bless you" when someone sneezes. They say it to hope you *stay healthy and don't get sick. Also, the person who sneezed says, "Thank you." I think it is good *manners. In Japan, when someone sneezes, people don't say anything special, but American people say such kind words to each other.

Her stay in Japan was short, but I had a good time with Jennifer. I learned many things from her. Different countries have different manners. I can't say which one is better, but learning cultural differences was very interesting to me. I think I can learn more about them if I go abroad and meet many people there. I want to show and tell Japanese culture to let them know about it. I have been practicing *Shishimai*, Japanese lion dance, since I was a small child, so I want to show it to people there. I also want to talk about its history in English. So I want to study English hard when I go to high school.

Thank you for listening.

注) *cultural difference　文化の違い　　*customer　客　　*instead　その代わりに
*napkin　テーブルナプキン　　*hospitality　おもてなし
*sneeze　くしゃみをする　　*bless you　お大事に　　*meant　mean の過去形
*stay healthy　健康を保つ　　*manners　風習

(1) 下線部 That について，その内容を日本語で書きなさい。

(2) このスピーチの内容に合うものを，次の**ア**～**オ**から**2つ**選んで記号で答えなさい。

ア American people don't have *oshibori* but have napkins to clean their mouth and hands when they eat at restaurants.

イ Jennifer liked *oshibori* so much but she did not want to use it when she went back to the U.S.

ウ When Mari sneezed, Jennifer said, "Bless you" to her and Mari said, "Thank you" to Jennifer.

エ When Jennifer knew Japanese people didn't say anything when someone sneezes, she thought they didn't have good manners and felt sad.

オ Mari wants the people in other countries to know about Japanese culture so she is going to talk about the history of *Shishimai* in English.

(3) このスピーチの後，ALT のマイク(Mike)先生があなた(You)に質問をしました。あなたならどう答えますか。［　　　　］に**10語以上**の英語を書き，次の会話を完成させなさい。ただし，英文の数は問わないが，複数の文になる場合はつながりのある内容にすること。

Mike: Mari wants to study English hard when she goes to high school to talk with people in other countries. What is the best way to learn English for you?
You: ［　　　　］.
Mike: I think that's nice.

質問2 What did Hiroshi do in Hokkaido?

No.2 Look at the graph. There are four lines on the graph and you have to choose one line. This line shows the number of all visitors to Japan from abroad. The number of people coming to Japan has been increasing since 2012. More than 30 million people came to Japan in 2018. A year later, the number of visitors continued to increase.

質問 Which line does the speaker talk about?

問題C　放送文（対話を聞いて話の内容を完成させ，指示に従って英語で答える問題）

A: Hi, Chris. I'm Eri. I'm writing the school's newspaper. Do you have time to talk?
B: Sure.
A: I'd like to ask you some questions about yesterday's chorus contest. Do you have a chorus contest at your school in your country?
B: No, we don't. So it was my first one.
A: Oh, really? Did you enjoy the contest?
B: Yes, very much.
A: What song did you sing?
B: We sang "*Daichi*."
A: It is a very difficult song to sing, isn't it?
B: Actually, I could sing it easily. It's my favorite singer's song, so I have sung it many times before. I think I could sing well at the contest too.
A: That's nice. Do you want to have a chorus contest at your school too?
B: Yes, of course. In my country, we don't join a school event with all classmates. This kind of contest is a chance to know each other.
A: I agree with you. Thank you very much for your time. This will be in the school's newspaper.
B: You're welcome. I'm excited to read it.

質問1 Choose the best title for Eri's writing.

質問2 If you ask another question about the chorus contest to Chris, what else do you want to ask? Write one question in English.

令和４年度

県立高等学校入学者選抜学力検査問題

（令和４年３月実施）

検査２　国　　語

10：40　～　11：30

注　　意

1　監督の先生の指示があるまで，開いてはいけません。

2　問題は，６ページあります。

3　「開始」の合図があったら，はじめなさい。

4　答えは，すべて，解答用紙に記入しなさい。

5　「終了」の合図で，すぐ筆記用具をおき，解答用紙を裏返しにしなさい。

6　その他，監督の先生の指示に従いなさい。

一　――線部ア～ウの漢字の読みをひらがなで書き、――線部エ～カのカタカナを漢字で書きなさい。

ア　室内を装飾する。
イ　朗らかに話す。
ウ　圧巻の演技だ。
エ　エイキュウの平和を願う。
オ　便りがトドく。
カ　富山湾をテンボウする。

二　次の文章を読んで、あとの問いに答えなさい。（一部表記を改めたところがある。また、1～16は各段落に付した段落番号である。）

1　ソメイヨシノ（注）では、春に葉っぱが出る前に、花が咲きます。そのためには、春に葉っぱが出るまでに、ツボミができていなければなりません。

2　ツボミは、開花する前の年の夏につくられるのです。でも、そのまま成長して秋に花が咲いたとしたら、①すぐにやってくる冬の寒さのために、タネはできず、子孫を残すことができません。そこで、［　Ⅰ　］に、硬い「越冬芽《えっとうが》」がつくられ、その中にツボミは、包み込まれて、冬の寒さをしのぎます。

3　越冬芽は、「冬芽」ともよばれ、寒さに耐えるためのものですから、寒くなる前につくられなければなりません。そのために、②ソメイヨシノは光周性を使います。光周性は、夜の長さに反応する性質であり、草花のツボミの形成を支配しましたが、越冬芽の形成にもはたらいているのです。光周性の復習になりますが、次のことを確認してください。

4　夜の長さがもっとも冬らしく長くなるのは、冬至の日で、一二月の下旬です。一方、寒さがもっともきびしいのは、二月ころです。夜の長さの変化は、寒さの訪れより、約二ヵ月先行しているので、夜の長さをはかれば、寒さの訪れを約二ヵ月先取りして知ることができるのです。

5　夜の長さを感じるのは、「葉っぱ」です。一方、越冬芽は「芽」につくられます。とすれば、葉っぱが長くなる夜を感じて「冬の訪れを予知した」という知らせは、「芽」に送られなければなりません。

6　そこで、夜の長さに応じて、葉っぱが、「アブシシン酸」という物質をつくり、［　a　］に送ります。芽にアブシシン酸の量が増えると、ツボミを包み込む［　b　］ができるのです。植物は、光周性によって、夜の長さの変化で季節の訪れを予知し、その先に備えていのちを守るという生き方を身につけているのです。

7　このようにして、冬には、ソメイヨシノをはじめ、多くの樹木の芽は、越冬芽となり、硬く身を閉ざしています。［　Ⅱ　］、一方で、越冬芽は、春になると、いっせいに芽吹き、花を咲かせます。

8　この現象を見て、「なぜ、春になると、ソメイヨシノは花咲くのか」と問いかけてみます。すると、多くの人から、即座に、「［　Ⅲ　］」という答えが返ってきます。

9　ソメイヨシノが花を咲かせるためには、暖かくならなければなりません。ですから、この答えは誤りではありません。しかし、ソメイヨシノは、暖かくなったからといって、花を咲かせるものではありません。

10　たとえば、秋にできた越冬芽をもつ枝を、冬のはじめに暖かい場所に移しても、花が咲きはじめることはありません。気温が低いという理由だけで、冬に花が咲かないのではないのです。

11　このように、暖かさに出会っても花を咲かせないソメイヨシノは、〝眠っている〟状態であり、「〝休眠〟している」と表現されます。越冬芽は、「休眠芽」ともいわれ、冬のはじめには、③〝眠り〟の状態にあります。

12　すでに紹介したように、秋に越冬芽がつくられるときに、アブシシン酸が葉っぱから芽の中に送り込まれています。アブシシン酸は、休眠を促し、花が咲くのを抑える物質です。ですから、これが越冬芽の中に多くある限り、暖かくなったからといって、花が咲くことはないのです。

13　花が咲くためには、越冬芽が〝眠り〟の状態から目覚める必要があります。そのためには、越冬芽の中のアブシシン酸がなくならなければなりません。

14 この物質は、冬の寒さに出会うと、分解されて徐々になくなります。ということは、花が咲くためには、まず寒さにさらされなければならないのです。冬の寒さの中で、アブシシン酸は分解され、越冬芽は、眠りから目覚めます。そのときは、まだ寒いので、④越冬芽は、目覚めたまま、暖かくなるのを待ちます。

15 目覚めた越冬芽には、暖かくなってくると、「ジベレリン」という物質がつくられてきます。ジベレリンは、越冬芽が花を咲かせるのを促します。そのため、暖かくなると、花が咲きはじめるのです。

16 ⑤春にソメイヨシノの花が咲くという現象の裏には、秋に光周性で越冬芽をつくり、冬の寒さを感じることで、冬が通り過ぎたことを確認し、越冬芽が目覚めるというしくみが存在するのです。春の暖かさにだけ反応して花を咲かせるように見える現象には、冬の到来を予知し、冬の通過を確認するしくみも、はたらいているのです。

【田中《たなか》修《おさむ》『植物のいのち』より】

注　ソメイヨシノ…桜の品種の一つ

1　①すぐに　と同じ品詞のものを、次の**ア**～**エ**から一つ選び、**記号**で答えなさい。

ア　そっと戸を閉める。　**イ**　静かに廊下を歩く。

ウ　新しく店を開く。　**エ**　大きな夢を抱く。

2　Ⅰ　に入る最も適切な季節を、次の**ア**～**エ**から選び、**記号**で答えなさい。

ア　春　**イ**　夏　**ウ**　秋　**エ**　冬

3　②ソメイヨシノは光周性を使います　とありますが、ソメイヨシノは光周性を使うと、どのようなことができるのですか。それを説明した次の文の（　A　）・（　B　）に入る言葉を、4段落中から**A**は**四字**、**B**は**五字**で抜き出しなさい。

（　A　）をはかることで、（　B　）を知ることができる。

4　a　・　b　に入る言葉を、それぞれ5段落中から抜き出しなさい。

5　Ⅱ　に入る言葉として最も適切なものを、次の**ア**～**エ**から選び、**記号**で答えなさい。

ア　すると　**イ**　だから　**ウ**　つまり　**エ**　しかし

6　Ⅲ　に入る言葉として最も適切なものを、次の**ア**～**エ**から選び、**記号**で答えなさい。

ア　春になって、新しい季節になるから

イ　春になって、いっせいに芽吹くから

ウ　春になって、暖かくなってきたから

エ　春になって、昼の長さを感じるから

7　③〝眠り〟の状態　とありますが、どのような状態のことですか。「アブシシン酸」、「花」という言葉を用いて答えなさい。

8　④越冬芽は、目覚めたまま、暖かくなるのを待ちます　とありますが、越冬芽ができてから花が咲くまでの現象は、どのような順序で起こりますか。本文に合うように、次の**ア**～**エ**を並べ替え、**記号**で答えなさい。

ア　春の暖かさ　**イ**　冬の寒さ

ウ　アブシシン酸の分解　**エ**　ジベレリンの生成

9　⑤春にソメイヨシノの花が咲くという現象　とありますが、この現象が起こることについて、筆者はどのようなことに注目しているのですか。「多くの人」の捉え方との違いに触れて、解答欄に合う形で説明しなさい。

三　次の文章を読んで、あとの問いに答えなさい。（一部表記を改めたところがある。）

新米教師の佑子《ゆうこ》は赴任した高校でラグビー部の顧問となる。これまで、部員は二年生の足立《あだち》くん一人だけだったが、五月にようやく、西崎《にしざき》くん、保谷《ほうや》くん、なごみら一年生五人が入部した。彼らは、広い場所で練習しようと砂浜へやってきた。練習を終え、学校へ戻ろうとした時の場面である。

お詫び

著作権上の都合により、文章は掲載しておりません。
ご不便をおかけし、誠に申し訳ございません。

教英出版

お詫び

著作権上の都合により、文章は掲載しておりません。
ご不便をおかけし、誠に申し訳ございません。

教英出版

【さとうつかさ『楕円球《だえんきゅう》 この胸に抱いて 大磯東《おおいそひがし》高校ラグビー部誌』より】

注1 もんどりうって…体を回転させて
注2 バイパス…迂回《うかい》道路
注3 訥々と…口ごもりながら話す様子

1 ①佑子も含めた六人は立ちすくんでただ彼を見つめることしかできない とありますが、なぜ見つめることしかできないのですか。その理由を解答欄に合う形で本文中から**十二字**で抜き出しなさい。

2 ②不意に とありますが、この言葉の意味として最も適切なものを、次の**ア**～**エ**から選び、**記号**で答えなさい。

ア 自然に　**イ** 唐突に　**ウ** 神妙に　**エ** 性急に

3 ③ひどく大人びて聞こえた とありますが、なぜ佑子にはそのように聞こえたのですか。それを説明した次の文の（ A ）・（ B ）に入る言葉を答えなさい。ただし、**A**は本文中から**五字**で抜き出し、**B**は自分の言葉で簡潔に答えなさい。

海に飛び込んだ西崎くんのところへ（ A ）とした佑子に対して、足立くんの対応が（ B ）から。

4 ④太い眉毛が、八の字になっている とありますが、西崎くんのどのような心情を表していますか。最も適切なものを、次の**ア**～**エ**から選び、**記号**で答えなさい。

ア 練習を途中でやめたことに対して不愉快だと思っている。
イ 大声を出して暴れた自分に対していら立ちを感じている。
ウ 感情をあらわにしたことに対して気まずさを感じている。
エ 厳しい練習を続けることに対して無意味だと思っている。

5 ⑤佑子は少しだけ歩く速さを緩めて とありますが、佑子はなぜ歩く速さを緩めたのですか。理由として最も適切なものを、次の**ア**～**エ**から選び、**記号**で答えなさい。

ア 西崎くんの感情の高ぶりを抑えるため。
イ 西崎くんに動揺する姿を見せないため。
ウ 西崎くんを自分より先に歩かせるため。
エ 西崎くんと話すきっかけをつくるため。

6 ⑥西崎くんは、今の時間を必要としている とありますが、佑子は西崎くんのどのような様子から、このように思ったのですか。西崎くんの様子が分かる一文を本文中から抜き出し、**初めの五字**を答えなさい。

7 ⑦それじゃダメなんだって とありますが、どのようなことをダメだと思ったのですか。これまでの西崎くんの考え方に触れて説明しなさい。

8 ⑧佑子はそう思いながら とありますが、どう思ったのですか。本文中の言葉を使って答えなさい。

9 a背中・b背中 とありますが、ここで「背中」が象徴しているものは何だと考えられますか。本文中から**五字**で抜き出しなさい。

四

次の古文を読んで、あとの問いに答えなさい。（一部表記を改めたところがある。本文の左には部分的に意味を記してある。）

恵心僧都《えしんそうづ》は仏道修行に熱心で、和歌をむだなものだと考えていた。

弟子の児《ちご》の中に、朝夕心を澄まして（静めて、）和歌をのみ詠《えい》ずるありけり。（よんでばかりいる者がいた。）

「児どもは、学問などするこそ、さるべき事なれ。（ふさわしい事だ。）この児、歌をのみ好みすく、（熱心な、）所詮《しよせん》なき物なり。（どうしようもない者）あれ体《てい》の者（あのような者）あれば、余《よ》の児ども（他の児たち）も見学《まな》び、不用なるに、（(学問を)怠るので、）①明日里へ遣《や》るべし（家へ返そう）」と、同宿《どうじゆく》によくよく申し合はせ（同じ寺の他の僧侶に相談なさった）られけるをも②知らずして、月冴《さ》えてもの静かなるに、夜うちふけて縁に立ち出《い》で、手水《てうづ》つかふとて、（手を洗おうとして、）詠じて③いはく、（和歌をよむには、）

手に結ぶ水に宿れる月かげの④あるかなきかの世にもすむかな

【和歌の意味】
手にくんだ水に映る月の姿がはかないように、無常ではかないこの世に暮らすことだなあ。

僧都これを聞きて、折節《をりふし》（状況のふさわしさ）といひ、歌の体《てい》、心肝《しんかん》に染《そ》みて哀れなりければ、その後《のち》、この児をもとどめて、歌を好みて、（(僧都自身も)）代々《よよ》の集（代々の和歌集）にも、その歌見え侍《はべ》るにや。（入っているのではないでしょうか。）

【新編日本古典文学全集『沙石集《しやせきしゆう》』より】

1　①明日里へ遣《や》るべし　とありますが、そのように考えたのはなぜですか。その理由を説明した次の文の（　　）に入る言葉を、本文中から抜き出しなさい。

他の児がまねをして、（　　）をしなくなると心配したから。

2　②知らずして　の主語に当たるものを、次の**ア**～**エ**から一つ選び、**記号**で答えなさい。

ア　この児　　**イ**　余の児ども　　**ウ**　同宿　　**エ**　僧都

3　③いはく　を現代の仮名遣いに改めて、**ひらがな**で答えなさい。

4　④あるかなきか　とありますが、これは何の様子を表していますか。和歌の中から**二つ**抜き出しなさい。

5　恵心僧都が和歌を好むようになったのはなぜですか。その理由として最も適切なものを、次の**ア**～**エ**から選び、**記号**で答えなさい。

ア　児の和歌を聞いて心からかわいそうだと同情したから。
イ　児の和歌のすばらしさが心にしみるほど感動したから。
ウ　児の和歌を代々の和歌集に入れて残したいと思ったから。
エ　児の和歌のすばらしさを他の児に伝えようと思ったから。

五　総合的な学習の時間で、「これからの社会」というテーマで学習しています。下の調査結果を参考にして「情報通信機器が可能にする社会」について考えることになりました。実現したら使いたいと思う情報通信機器①～⑤の中から一つ選び、後の【条件】に従って書きなさい。

【条件】

1　二段落構成とし、各段落の内容は次の2、3のとおりとする。

2　第一段落は、選んだ情報通信機器に関わる、現在の社会の状況や課題について、あなたの体験や見聞を踏まえて書く。

3　第二段落は、その情報通信機器を使用することで、どのような社会になるか、あなたの考えを書く。

4　原稿用紙の使い方に従い、**百八十字以上、二百二十字以内**で書く。

＜実現したら使いたいと思う情報通信機器（複数回答）＞

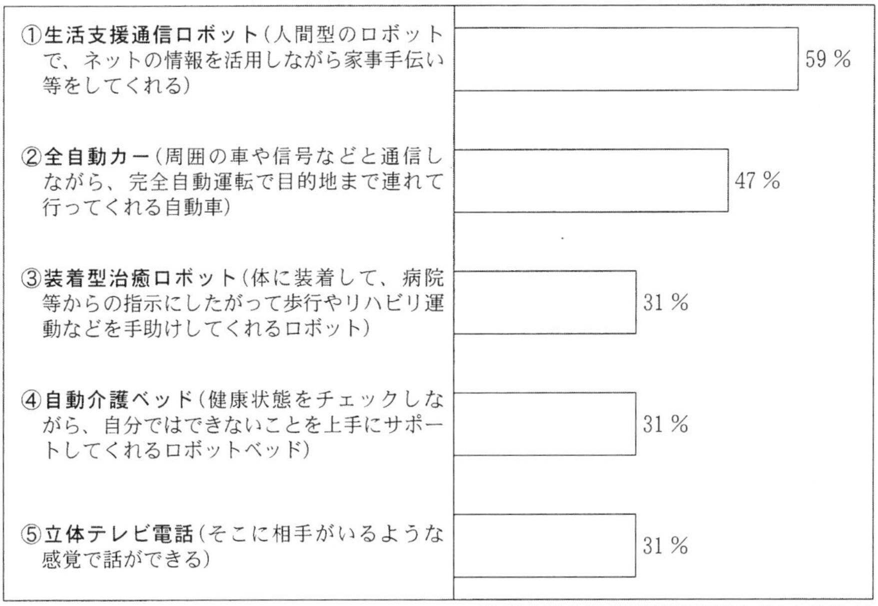

（総務省平成27年版「情報通信白書」より作成）

令和４年度

県立高等学校入学者選抜学力検査問題

（令和４年３月実施）

検査５　数　　　学

11：00　～　11：50

注　　意

1　監督の先生の指示があるまで，開いてはいけません。

2　問題は，６ページあります。

3　「開始」の合図があったら，はじめなさい。

4　答えは，すべて，解答用紙に記入しなさい。

・答えに $\sqrt{\quad}$ がふくまれるときは，$\sqrt{\quad}$ の中の数を最も小さい自然数にしなさい。

・答えの分母に $\sqrt{\quad}$ がふくまれるときは，分母を有理化しなさい。

5　「終了」の合図で，すぐ筆記用具をおき，解答用紙を裏返しにしなさい。

6　その他，監督の先生の指示に従いなさい。

◇M6(651—31)

1 次の問いに答えなさい。

(1)　$3-5\times(-2)$ を計算しなさい。

(2)　$5y\times 8x^3y\div 10xy$ を計算しなさい。

(3)　$\sqrt{18}-\dfrac{4}{\sqrt{2}}$ を計算しなさい。

(4)　$2(5a-b)-3(3a-2b)$ を計算しなさい。

(5)　連立方程式 $\begin{cases} x+3y=1 \\ y=2x-9 \end{cases}$ を解きなさい。

(6)　2次方程式 $x^2-7x-18=0$ を解きなさい。

(7)　1個 a 円のりんご2個と1個 b 円のオレンジ3個の代金の合計は，1000円以下であった。これらの数量の関係を不等式で表しなさい。
ただし，消費税については考えないものとする。

(8)　3枚の硬貨A，B，Cを同時に投げるとき，少なくとも1枚は表が出る確率を求めなさい。
ただし，どの硬貨も表，裏の出方は，同様に確からしいものとする。

(9)　右の図において，$\ell /\!/ m$，AC＝BC のとき，$\angle x$ の大きさを求めなさい。

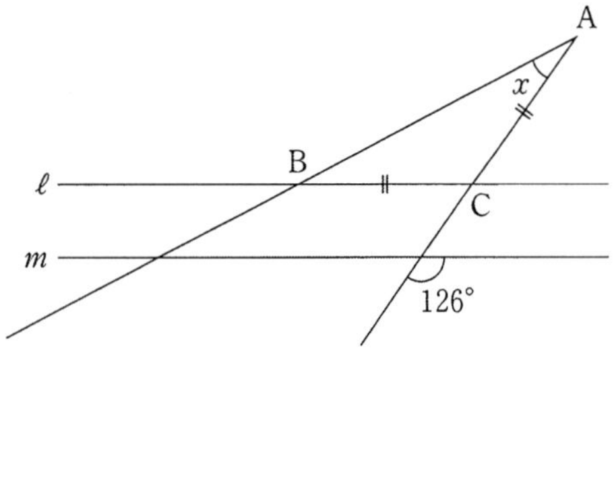

(10)　右の図のように，直線 ℓ 上に点Aがある。**点Aを通り，直線 ℓ に垂直な直線**を作図しなさい。
ただし，作図に用いた線は残しておくこと。

2　右の図の**ア**～**エ**は4つの関数 $y=x^2$，$y=-x^2$，$y=-\frac{1}{2}x^2$，$y=-2x^2$ のいずれかのグラフを表したものである。**ア**のグラフ上に3点A，B，Cがあり，それぞれの x 座標は -1，2，3である。

このとき，次の問いに答えなさい。

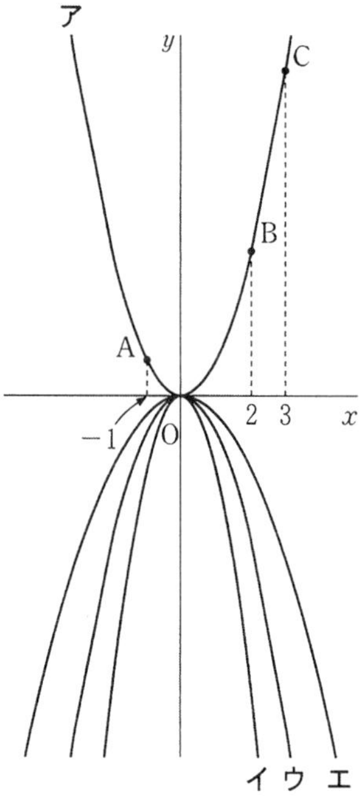

(1)　関数 $y=-\frac{1}{2}x^2$ のグラフを右の図の**ア**～**エ**から1つ選び，記号で答えなさい。

(2)　直線ACの式を求めなさい。

(3)　△ABCの面積を求めなさい。

3　ある中学校の3年1組35人と2組35人に，家庭学習にインターネットを利用する平日1日あたりの時間について，調査を行った。図1は，それぞれの組の分布のようすを箱ひげ図に表したものである。また，図2は，2組のデータを小さい順に並べたものである。

このとき，あとの問いに答えなさい。

図1

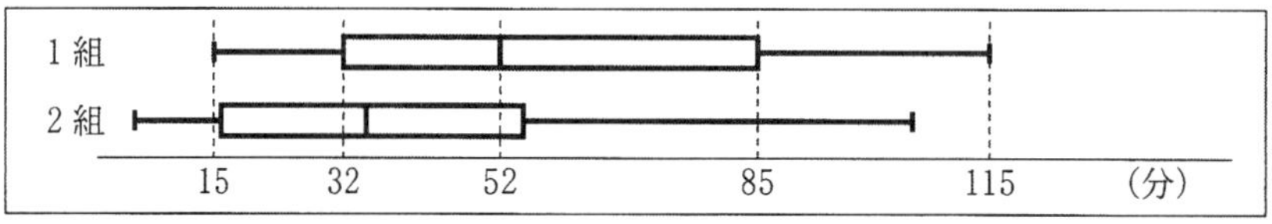

図2

5，7，8，9，12，13，14，16，16，18，19，19，21，22，23，25，30，35，38，41，42，43，45，50，51，52，55，58，62，63，65，70，85，90，105　(分)

(1)　1組の四分位範囲を求めなさい。

(2)　2組の第3四分位数を求めなさい。

(3)　上の2つの図1と図2から読みとれることとして，**必ず正しいといえる**ものを次の**ア**～**オ**からすべて選び，記号で答えなさい。

ア　1組と2組を比べると，2組のほうが，四分位範囲が大きい。

イ　1組と2組のデータの範囲は等しい。

ウ　どちらの組にも利用時間が55分の生徒がいる。

エ　1組には利用時間が33分以下の生徒が9人以上いる。

オ　1組の利用時間の平均値は52分である。

◇M6(651—33)

4 右の図のような 1 辺が 4 cm の立方体 ABCDEFGH がある。

このとき，次の問いに答えなさい。

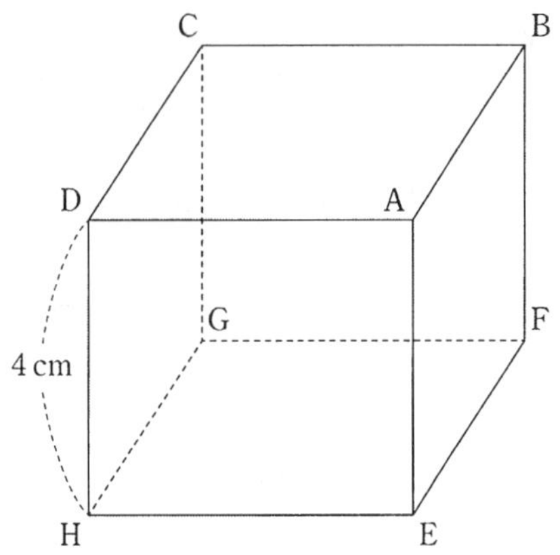

(1) 正三角すい ABDE の体積を求めなさい。

(2) △BDE の面積を求めなさい。

(3) 点 A と △BDE との距離を求めなさい。

	(4)	P		Q	
	(5)				
	(6)				
4	(1)				
	(2)				
	(3)	Y			
		Z			
	(4)				
	(5)	→ → →			
	(6)	I		Ⅱ	
	(7)	①	安定したもの　不安定になったもの		
		②			

6	(4)	区制			
		比例代表制			
	(5)	①	X		Y
		②	R		
	(6)				
7	(1)	P		Q	
	(2)	I		Ⅱ	
	(3)	①			
		②			
	(4)				
	(5)				

国語解答用紙

（令和4年3月実施）

一

ア

イ　らか

ウ

エ

オ　く

カ

二

1

2

3　A　B

4　a　b

5

6

7

三

1　から。

2

3　A　B

4

5

6

7

8　と思った。

9

受検番号

※40点満点

※（配点非公表）

3	(1)						
	(2)	→	+				
	(3)	気体の名称			性質		
	(4)	X		Y		Z	
	(5)						

4	(1)		
	(2)		
	(3)	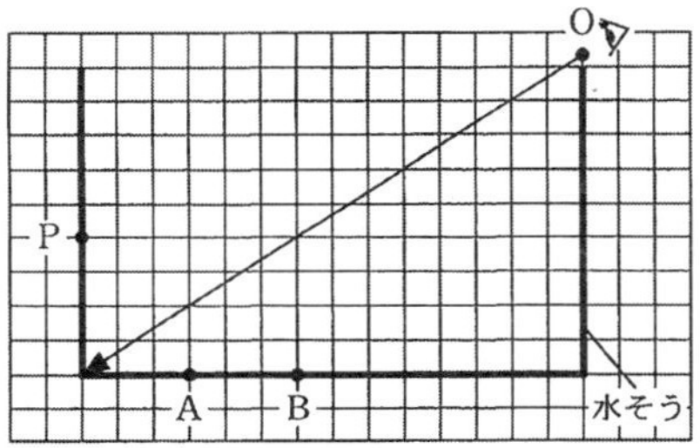	
	(4)		
	(5)	方向	マスの数　マス

7	(1)							
	(2)	g						
	(3)	①	A		B		C	
			D					
		②						

8	(1)	m/s			
	(2)				
	(3)				
	(4)	①		②	
	(5)	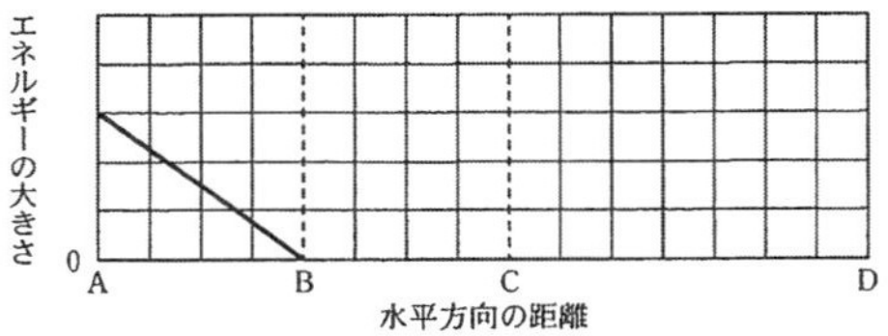			

(3)	A		B	

3

〔1〕	(1)	(　　　　　　　　　　　　　　　　)?
	(2)	(　　　　　　　　　　　　　　　　) Yasuo.
	(3)	Actually (　　　　　　　　　　　　　　　　).
〔2〕	④	Wow, there are so many books about Mozart. (　　　　　　　　)?
	⑧	Yes, I did. (　　　　　　　　　　　　　　　　).
	⑪	That's great. (　　　　　　　　　　　　　　　　).
〔3〕		I would choose ________ . ________ ________ ________ ________ (25 語)

	(10)	
2	(1)	
	(2)	$y =$
	(3)	
3	(1)	分
	(2)	分
	(3)	

		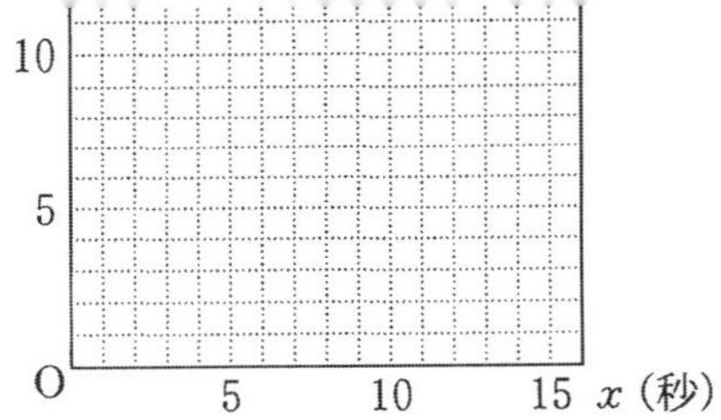	
	(3)	$x =$,　$x =$	
7	(1)	[証明]	
	(2)	①	cm
		②	cm^2

数　学　解答用紙

（令和４年３月実施）

受検番号	

※40点満点

※　（配点非公表）

1	(1)	
	(2)	
	(3)	
	(4)	
	(5)	$x =$　　　　, $y =$
	(6)	$x =$　　　　, $x =$
	(7)	
	(8)	
	(9)	度

4	(1)	cm^3	
	(2)	cm^2	
	(3)	cm	
5	(1)	個	
	(2)	個	
	(3)	番目	個
	(1)	$y =$	
		$\leqq x \leqq$	

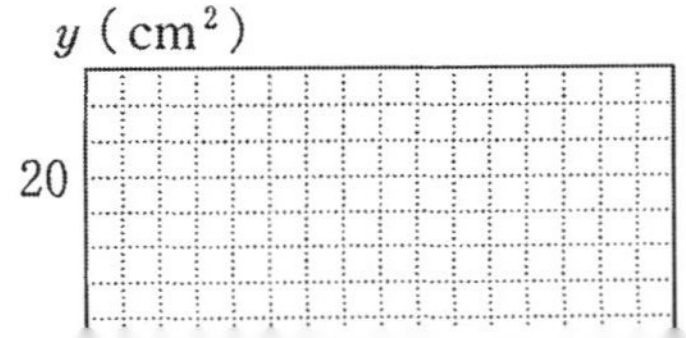

【解答用

英語（筆記テスト）解答用紙

（令和４年３月実施）

受検番号	

※リスニングと合わせて
※　40点満点（配点非公表）

1

〔１〕	(あ)		(い)		(う)
〔２〕					
〔３〕	(1)	ドル	(2)	時　分	
〔４〕	(1)	A		B	
	(2)	①	（　　）を知ることが大切。		
		②	彼らの自立のためには（　　）ことを考えた方がよい。		
	(3)				

2

〔１〕	(1)		
	(2)		
	(3)	（　　）.	
	(1)		
		．	

【解答用

理　科　解答用紙
（令和４年３月実施）

受検番号	

※　※40点満点
（配点非公表）

1	(1)			
	(2)	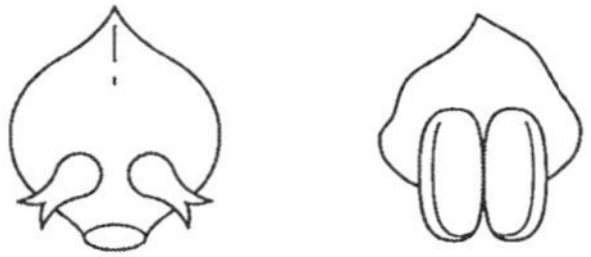		
	(3)	①	観点１	観点３
		②		
		③	ゼニゴケは	
2	(1)			
	(2)	15　時　　分　　秒		
	(3)	X		Y
	(4)	①		②

5	(1)	
	(2)	%
	(3)	g
	(4)	
	(5)	g
6	(1)	
	(2)	
	(3)	
	(4)	丸形：しわ形 ＝　　：

【解答用

8

□ → □ → □ → □

9

ソメイヨシノは、

ということ。

2

□

3

4

5

□

五

選んだ情報通信機器の番号

□

(220字)　(180字)　(20字×11行)

◇K8(651—2)

社　会　解答用紙

（令和４年３月実施）

受検番号	

※40点満点
※　（配点非公表）

1	(1)				
	(2)	記号		都市名	市
	(3)				
	(4)				
	(5)	記号			
		特徴			
2	(1)	P		Q	
	(2)				
	(1)				
	(2)				

5	(1)	X		Y		
	(2)					
	(3)	P				
		Z	法			
	(4)	①	できごと		世界の様子	
		②	乗用車		白黒テレビ	
	(5)	S		T		
	(6)	→　→　→				
	(1)					
	(2)					
	(3)	P		Q		

【解答用

5 下の図1のように，1辺が1cmの正方形を1番目の図形とする。1番目の図形を4個すきまなく並べてつくった1辺が2cmの正方形を2番目の図形，1番目の図形を9個すきまなく並べてつくった1辺が3cmの正方形を3番目の図形とする。以下，この作業を繰り返して4番目の図形，5番目の図形，…をつくっていく。

このとき，あとの問いに答えなさい。

図1

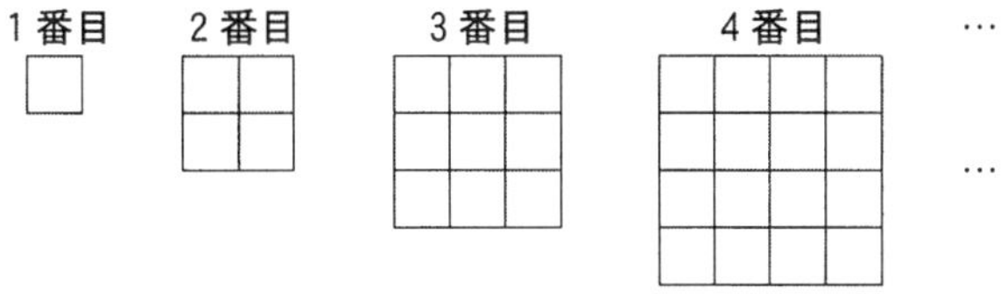

(1) 4番目の図形には，下の図2のように1辺が2cmの正方形が全部で9個ふくまれている。
5番目の図形に，1辺が2cmの正方形は何個ふくまれているか求めなさい。

図2

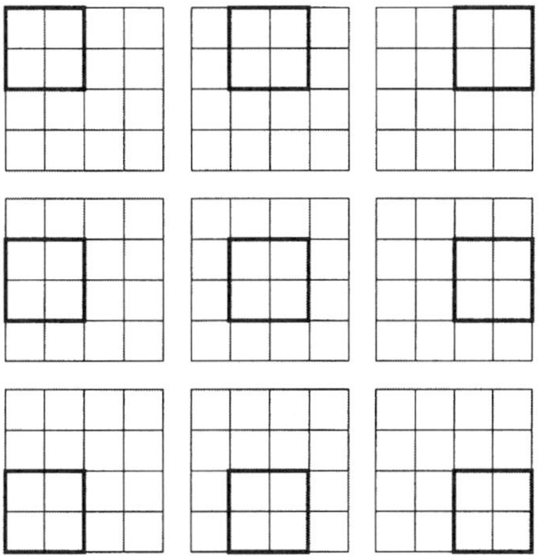

(2) 5番目の図形には，1辺が1cm，2cm，3cm，4cm，5cmの正方形がふくまれている。
この5番目の図形に，正方形は全部で何個ふくまれているか求めなさい。

(3) 1辺が2cmの正方形が全部で169個ふくまれている図形は，何番目の図形か求めなさい。
また，求めた図形に，1辺が8cmの正方形は何個ふくまれているか求めなさい。

6 下の図1のように，直線 ℓ 上に台形ABCDと台形EFGHがあり，点Cと点Fが重なっている。台形ABCD ∽ 台形EFGHで，相似比は2 ： 3である。

台形EFGHを固定し，台形ABCDを直線 ℓ にそって，矢印の向きに毎秒1cmの速さで動かし，**点Aが辺HG上にくるまで移動させる。**

図2のように，x 秒後に2つの台形が重なってできる図形の面積を y cm^2 とする。

このとき，あとの問いに答えなさい。

図1

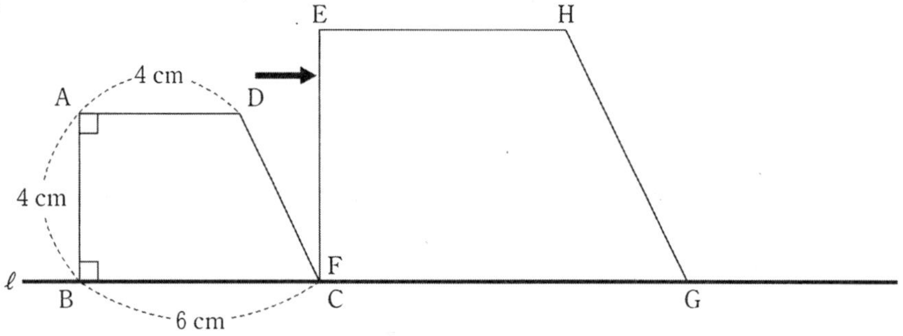

図2

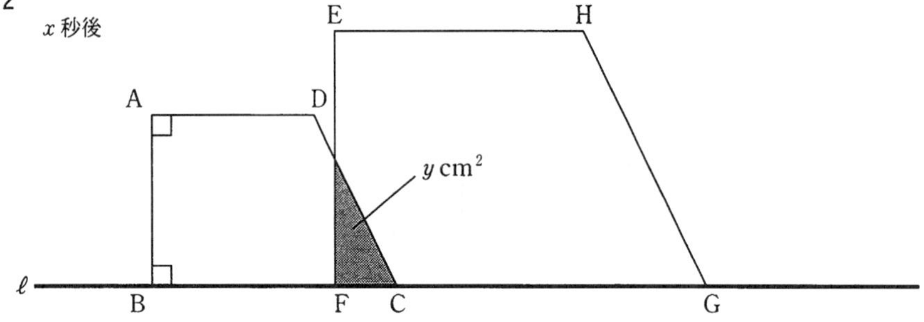

(1) $x = 1$ のとき，y の値を求めなさい。

(2) 台形ABCDを動かしはじめてから，**点Aが辺HG上にくるまで**の x の変域を求めなさい。

また，そのときの x と y の関係を表したグラフをかきなさい。

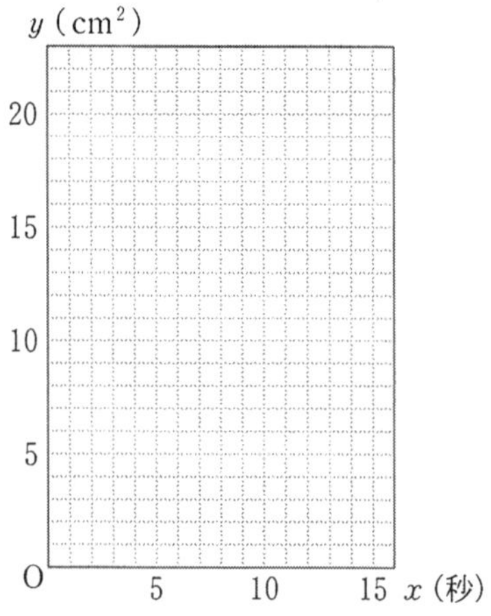

(3) 重なってできる図形の面積が台形ABCDの面積の半分となる x の値は2つある。その値をそれぞれ求めなさい。

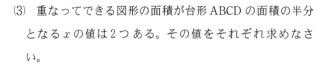

7 下の図のように，線分ABを直径とする半円があり，点Oは線分ABの中点である。

$\overset{\frown}{AB}$上に3点C，D，Eがあり，$\overset{\frown}{CD}=\overset{\frown}{DE}=\overset{\frown}{EB}$である。線分AEと線分BCとの交点をFとする。

このとき，次の問いに答えなさい。

(1) △CAD ∽ △FABを証明しなさい。

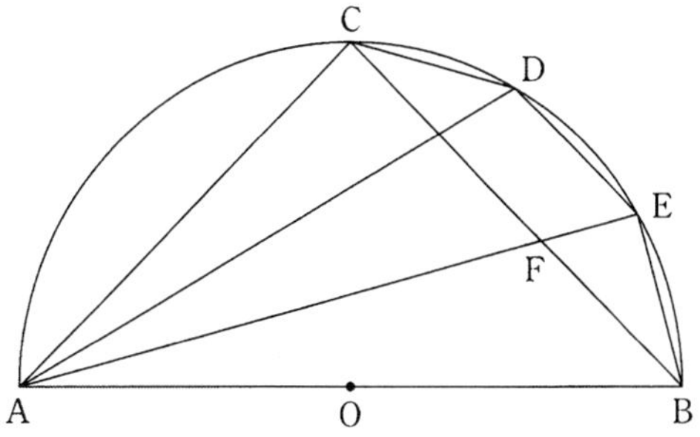

(2) AB = 12 cm，∠CAB = 45° とするとき，次の問いに答えなさい。

① 線分CFの長さを求めなさい。

② △CADの面積を求めなさい。

令和4年度

県立高等学校入学者選抜学力検査問題

(令和4年3月実施)

検査3　理　　科

11：50　～　12：40

注　　意

1　監督の先生の指示があるまで，開いてはいけません。

2　問題は，6ページあります。

3　「開始」の合図があったら，はじめなさい。

4　答えは，すべて，解答用紙に記入しなさい。

5　「終了」の合図で，すぐ筆記用具をおき，解答用紙を裏返しにしなさい。

6　その他，監督の先生の指示に従いなさい。

1　太郎さんは，アブラナ，マツ，アサガオ，ツユクサ，イヌワラビ，ゼニゴケ，タンポポの７種類の植物を観察し，分類を行った。あとの問いに答えなさい。

(1)　太郎さんは，植物を観察するために，図１のようなルーペを使った。ルーペの使い方として最も適切なものを，次の**ア**～**エ**から１つ選び，記号で答えなさい。ただし，観察する植物は動かすことができるものとする。

ア

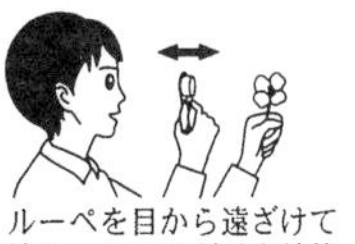

ルーペを目から遠ざけて持ち，ルーペだけを前後に動かす。

イ

ルーペを目に近づけて持ち，花だけを前後に動かす。

ウ

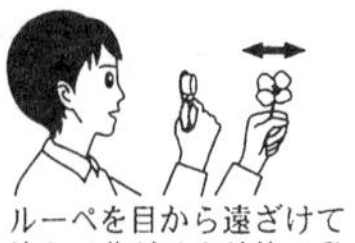

ルーペを目から遠ざけて持ち，花だけを前後に動かす。

エ

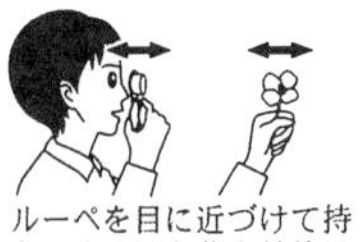

ルーペを目に近づけて持ち，ルーペと花を前後に動かす。

図１

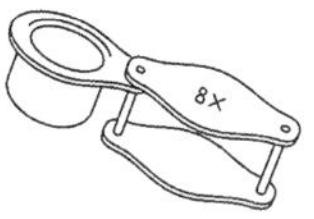

(2)　図２はアブラナの花，図３はマツの花とりん片を模式的に表したものである。アブラナの花のＰは，マツのりん片のどの部分にあたるか，黒く塗りつぶして示しなさい。

図２

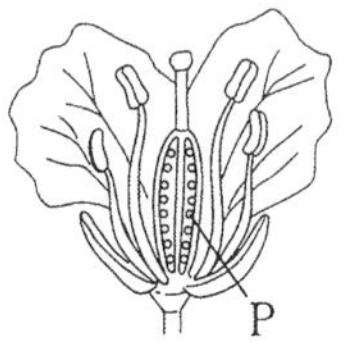

図３

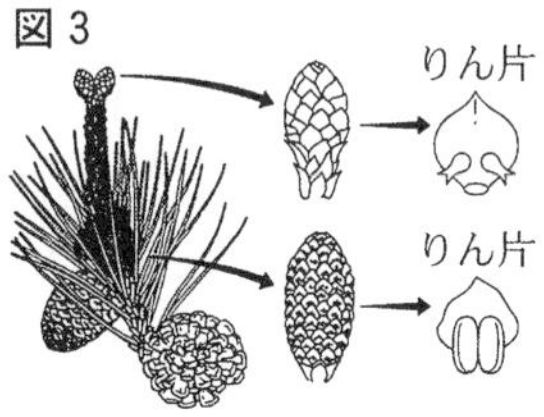

(3)　太郎さんは，観察した７種類の植物について，図４のように４つの観点で，タンポポ以外をＡ～Ｅに分類した。

①　図４の観点１～４は，次の**ア**～**カ**のどれかである。観点１，観点３にあてはまるものはどれか。**ア**～**カ**からそれぞれ１つずつ選び，記号で答えなさい。

ア　子房がある
イ　根はひげ根である
ウ　種子でふえる
エ　子葉が２枚である
オ　花弁が分かれている
カ　胞子でふえる

図４

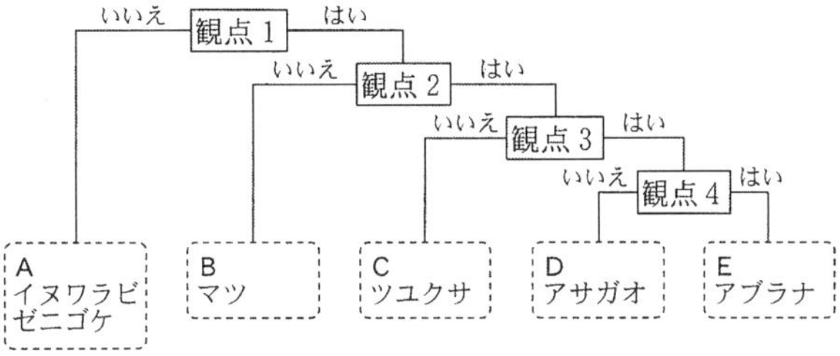

②　タンポポはＡ～Ｅのどれに分類されるか。１つ選び，記号で答えなさい。

③　Ａに分類したイヌワラビとゼニゴケでは，水分を吸収するしくみが異なる。ゼニゴケは，必要な水分をどのように吸収するか，「ゼニゴケは」に続けて簡単に書きなさい。

2　ある日の15時すぎに，ある地点の地表付近で地震が発生した。表は，３つの観測地点Ａ～Ｃにおけるそのときの記録の一部である。あとの問いに答えなさい。ただし，岩盤の性質はどこも同じで，地震のゆれが伝わる速さは，ゆれが各観測地点に到達するまで変化しないものとする。

(1)　Ｐ波によるゆれを何というか，書きなさい。

(2)　地震の発生した時刻は15時何分何秒と考えられるか，求めなさい。

(3)　表の（　Ｘ　），（　Ｙ　）にあてはまる値をそれぞれ求めなさい。

表

観測地点	震源からの距離	Ｐ波が到着した時刻	Ｓ波が到着した時刻
A	（ X ）km	15時９分（ Y ）秒	15時　９分58秒
B	160 km	15時10分10秒	15時10分30秒
C	240 km	15時10分20秒	15時10分50秒

(4)　次の文は地震について説明したものである。文中の①，②の（　　　）の中から適切なものをそれぞれ選び，記号で答えなさい。

> 震源の深さが同じ場合には，マグニチュードが大きい地震の方が，震央付近の震度が①（ **ア**　大きくなる　　**イ**　小さくなる ）。また，マグニチュードが同じ地震の場合には，震源が浅い地震の方が，強いゆれが伝わる範囲が②（ **ウ**　せまくなる　　**エ**　広くなる ）。

(5) 日本付近の海溝型地震が発生する**直前まで**の，大陸プレートと海洋プレートの動く方向を表したものとして，最も適切なものはどれか。次の**ア**～**エ**から１つ選び，記号で答えなさい。

ア

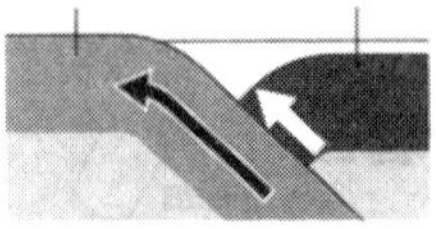

イ

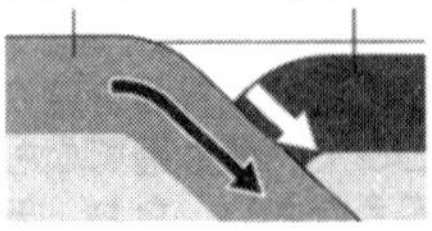

ウ

エ

3 水溶液とイオンに関する実験を行った。あとの問いに答えなさい。

図１

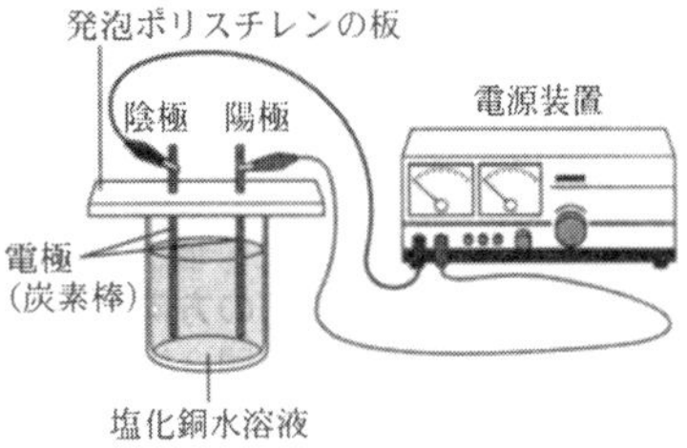

＜実験１＞

図１のような装置を使って，塩化銅水溶液に電流を流したところ，陽極から気体が発生し，陰極には赤かっ色の物質が付着した。

(1) 塩化銅のように，水に溶かしたときに電流が流れる物質を何というか，書きなさい。

(2) 水溶液中で塩化銅が電離しているようすを化学式を使って表しなさい。

(3) この実験において，陽極で生じる気体の名称を書きなさい。また，その性質として正しいものを，次の**ア**～**エ**から１つ選び，記号で答えなさい。

ア この気体に火のついた線香を入れると線香が激しく燃える。

イ この気体は空気中で燃え，水になる。

ウ この気体が溶けた水溶液を赤インクに加えるとインクの色が消える。

エ この気体は石灰水を白くにごらせる。

＜実験２＞

図２のように，表面をよく磨いたマグネシウム片を，銅イオンを含む水溶液に入れたところ，マグネシウム片の表面に赤かっ色の物質が付着した。

図２

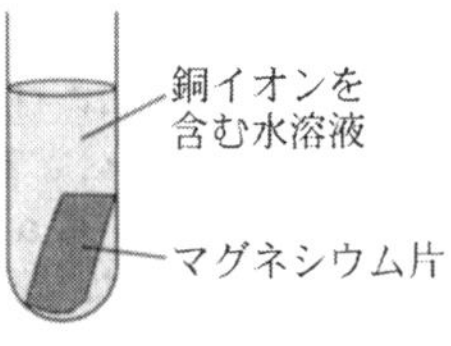

(4) 次の文は，マグネシウム片の表面で起こった変化を説明したものである。文中の空欄（　X　）には適切なことばを，空欄（　Y　），（　Z　）には変化で生じるイオンを表す化学式，または金属の単体を表す化学式を書きなさい。

> マグネシウムが（　X　）を失って（　Y　）になり，銅イオンがその（　X　）を受け取って（　Z　）になっている。

＜実験３＞

銅，亜鉛，鉄，マグネシウムのいずれかである金属片Ａを，次の表に示した４つの水溶液に入れ，金属片Ａの表面に反応が起こるかどうかを調べた。表は金属片Ａの表面に反応が起こったものを○，反応が起こらなかったものを×としてまとめたものである。

(5) 表の結果より，金属片Ａは銅，亜鉛，鉄，マグネシウムのうち，どれであると考えられるか。物質名を答えなさい。なお，これらの金属の陽イオンへのなりやすさは，マグネシウム，亜鉛，鉄，銅の順である。

表

	反応
銅イオンを含む水溶液	○
亜鉛イオンを含む水溶液	×
鉄イオンを含む水溶液	○
マグネシウムイオンを含む水溶液	×

4 光の進み方を調べる実験を行った。あとの問いに答えなさい。

＜実験１＞

図１，図２のように，光源装置から出した光を半円形ガラスと台形ガラスに当てた。

図１

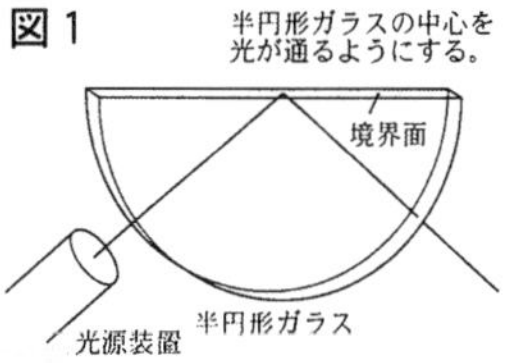

図２

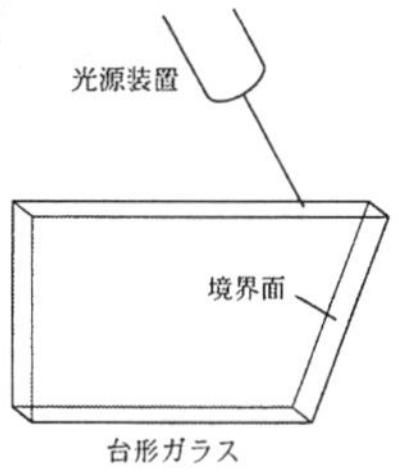

⑴　図１のように，半円形ガラスに光を当てた場合，光は境界面を通りぬけなかった。このような現象を何というか，書きなさい。

⑵　図２のように，台形ガラスに光を当てた場合，光は境界面を通りぬけた。屈折して進む光の道すじを表したものとして，最も適切なものはどれか。次の**ア**～**エ**から１つ選び，記号で答えなさい。なお，矢印は，光の道すじを表したものである。

ア　　**イ**　　**ウ**　　**エ**

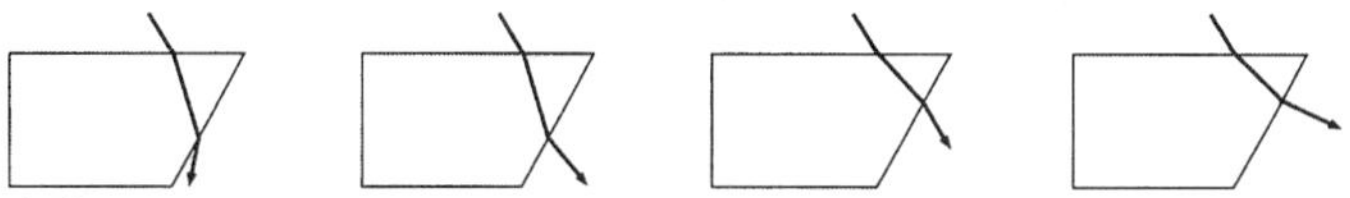

＜実験２＞

㋐　図３のように，直方体の水そうを用意し，O点の位置から**視線を矢印の方向に保ちながら**水そうに液体を入れていった。なお，図３は水そうを真横から見た様子を模式的に表したものである。

㋑　水そうに入れた液体の液面の高さがP点の位置までできたときに，水そうの底のA点が見えた。

㋒　さらに液体を入れたところ，液面がある高さになったところで，水そうの底のB点が見えた。

図３

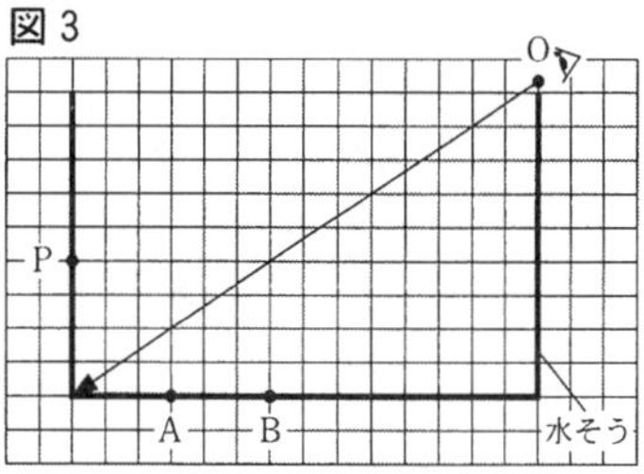

⑶　㋒において，B点が見えたときの液面の高さはどこか，作図によって求め，その液面を実線(―――)で示しなさい。ただし，液面の高さを求めるための補助線は，破線(------)として残しておくこと。

＜実験３＞

図４のように，正方形のマス目の上に鏡を置いたあと，a～dの位置に棒を立て，花子さんが立っている位置からそれぞれの棒が鏡にうつって見えるかどうか確かめた。ただし，鏡の厚さは考えないものとする。

図４

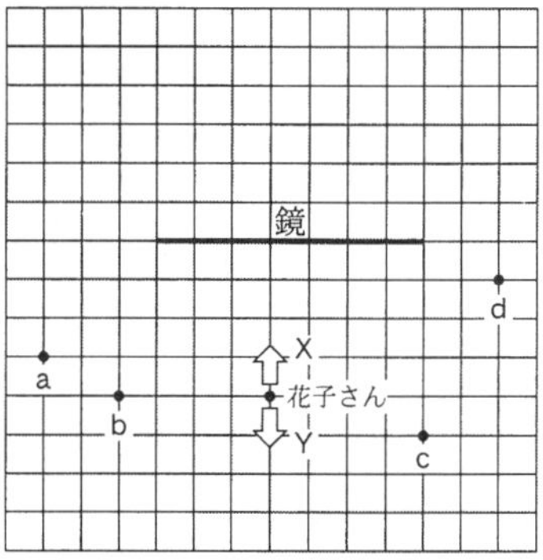

⑷　花子さんから見たとき，鏡にうつって見える棒を，図４のa～dから**すべて**選び，記号で答えなさい。

⑸　花子さんからa～dのすべての棒が鏡にうつって見えるようになるのは，花子さんがX，Yのいずれの方向に，何マス移動したあとか，答えなさい。

5 酸素がかかわる化学反応について調べるため，次の実験を行った。あとの問いに答えなさい。

図１

＜実験１＞

酸化銅を得るために，A～Eの班ごとに銅粉末をはかりとり，それぞれを図１のようなステンレス皿全体にうすく広げてガスバーナーで熱した。その後，よく冷やしてから加熱後の物質の質量を測定した。次の表は班ごとの結果をまとめたものである。

表

班	A	B	C	D	E
銅粉末の質量〔g〕	1.40	0.80	0.40	1.20	1.00
加熱後の物質の質量〔g〕	1.75	1.00	0.50	1.35	1.25

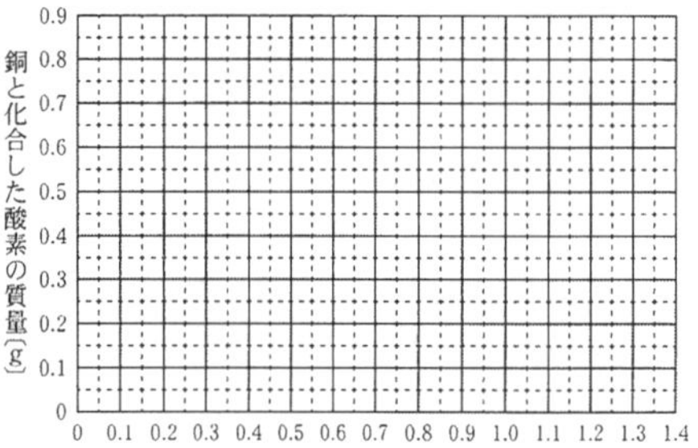

⑴　表において，銅粉末がじゅうぶんに酸化されなかった班が１つある。それはA～Eのどの班か，１つ選び，記号で答えなさい。なお，必要に応じて右のグラフを使って考えてもよい。

※教英出版注
音声は，解答集の書籍ＩＤ番号を教英出版ウェブサイトで入力して聴くことができます。

英語（聞き取りテスト）解答用紙

（令和４年３月実施）

受検番号	

※

問題A　No. 1 ～No. 3 のそれぞれについて，英文**A**，**B**，**C**が順番に読まれます。説明として正しいか，誤っているかを判断して，解答例のように〇で囲みなさい。なお，正しいものはそれぞれ１つとは限りません。

	A	B	C
解答例	㊣	㊣	正
	誤	誤	(誤)

No. 1

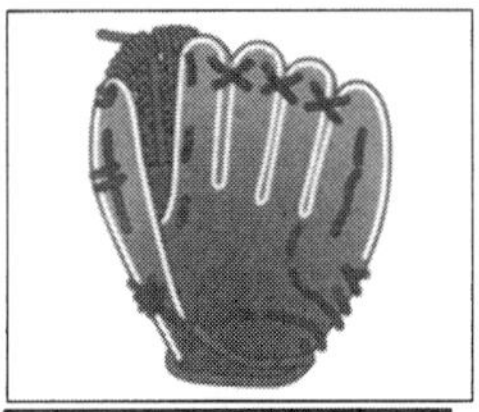

No. 2　ちらし

No. 3　路線図

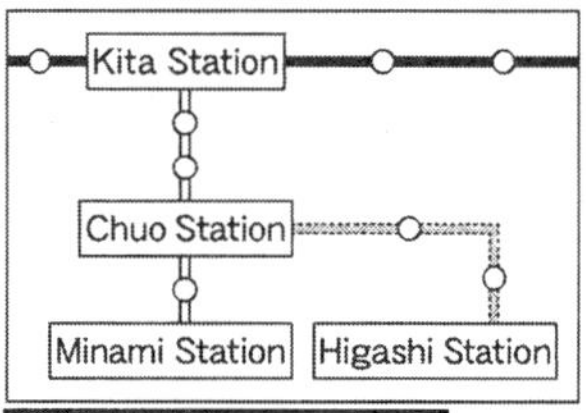

	A	B	C
No. 1	正	正	正
	誤	誤	誤

	A	B	C
No. 2	正	正	正
	誤	誤	誤

	A	B	C
No. 3	正	正	正
	誤	誤	誤

問題B　No. 1 の対話，No. 2 の説明を聞き取り，あとの英語の質問の答えとして最も適切なものを**A**，**B**，**C**，**D**の中から１つ選び記号で答えなさい。

No. 1

質問１

A　Emily visited Okinawa to see her grandfather and grandmother.

B　Emily stayed in Hokkaido for five days.

C　Hiroshi liked Sapporo Odori Park in Hokkaido the best.

D　Hiroshi said he wanted to visit Okinawa someday.

質問２

A　He saw beautiful flowers at the zoo.

B　He bought *ramen* for his friends.

C　He took many pictures of the animals there.

D　He went to the sea to see penguins.

No.2 Number of Visitors to Japan

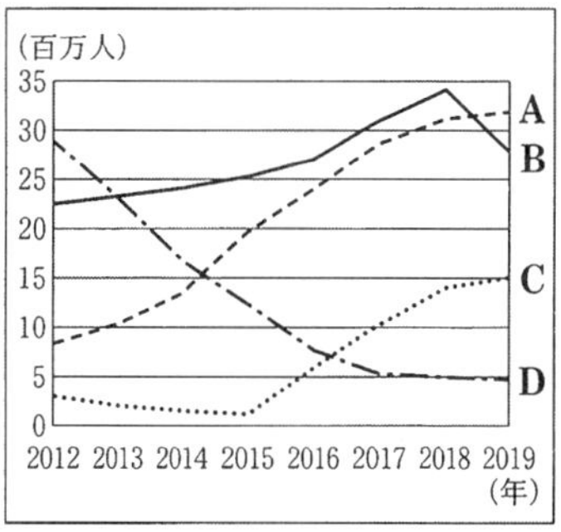

No. 1

質問１		質問２	

No. 2

問題C　エリ（Eri）さんが留学生のクリス（Chris）さんにインタビューをしています。インタビューを聞き，この後エリさんが書いた新聞記事を，下線部①，②に英語１語を入れて完成させなさい。また，このインタビューと新聞記事に関連した２つの質問を聞き，質問１は質問の答えとして最も適切なものを**A**，**B**，**C**，**D**の中から１つ選び記号で答え，質問２は英語で答えなさい。

エリさんが書いた新聞記事

Surprisingly, Chris said it was ①＿＿＿＿＿＿＿＿ for him to sing “*Daichi*” in Japanese, and he actually sang it well. He seemed to enjoy the contest very much. His school doesn’t have this kind of event. He wants to have it at his school in his country too because it is an event to ②＿＿＿＿＿＿＿＿ his classmates well.

質問１

A　Events in Chris’s Country　　**B**　Chris’s Wonderful Classmates

C　Eri’s Favorite Songs　　**D**　Chris’s First Chorus Contest

質問１

質問２

教英出版

表紙面

令和５年度

県立高等学校入学者選抜学力検査問題

（令和５年３月実施）

検査４　英　語　（聞き取りテスト）

９：30　～　９：45の間の約10分間

注　意

1　監督の先生の指示があるまで，裏返してはいけません。

2[#]問題と解答欄は，この用紙の裏面にあります。

3　放送のチャイムが鳴ったら，裏返し，放送の指示に従いなさい。

4　放送を聞きながら，メモをとってもかまいません。

5　その他，監督の先生の指示に従いなさい。

[#]編集の都合上、問題と解答欄はこの右側にあります。

※教英出版注
音声は，解答集の書籍ＩＤ番号を教英出版ウェブサイトで入力して聴くことができます。

検査４　英語　（ 聞き取りテスト ）

（令和５年３月 実施）

問題Ａ　放送文（３つの英文を聞いて，それぞれがイラスト等の内容に合っているかどうかを答える問題）

No.1
- A　You often use it to clean something.
- B　You always need it to make a T-shirt.
- C　You usually wash it and use it many times.

No.2
- A　You must go up if you want to buy flowers.
- B　There is a shop that sells books in TYM Shop Town.
- C　TYM Shop Town is closed on Wednesday once a month.

No.3
- A　The American movie was not as popular as the Japanese ones in February.
- B　You need a longer time to watch the American movie than the Korean one.
- C　It takes more than 2 hours to watch each movie.

問題Ｂ　放送文（対話と発表をそれぞれ聞いて，質問に対する答えを選ぶ問題）

No.1

A: Excuse me, I'd like to get on the bus for Kita Town. Can I catch the bus here?

B: Yes. It's 3:35 p.m. The bus should be here soon. I'm waiting for the same one, so I can help you catch it.

A: Thanks, that's very kind of you.

B: Where are you going?

A: I'm going to Bijutsu-kan Mae. My brother is waiting for me there.

B: I see. My school, Kita High School, is near the art museum.

A: Oh, my brother teaches English there. He's Mr. White.

B: Really? I'm his student, Shingo. In his last class, he told us his sister would visit this week.

〔2〕 耕平さんは，英語の授業でけん玉について調べたことをレポートにまとめました。その英文レポートを読んで，あとの問いに答えなさい。

[1] I studied with my friend at his house last Saturday. When I got tired after studying, my friend showed me his *kendama* and some *kendama* *tricks too. He was really good at it and I was very surprised. He also said that playing *kendama* is good for our health. I wanted to know more about *kendama* so I started to look for more information.

[2] A lot of people think that *kendama* was first played in Japan, but I found on the internet that it was first played in *France about 500 years ago. The shape of *kendama* in those days was different from today's *kendama*. Look at the picture. *Kendama* we play now has a handle, three cups to catch a ball, and a ball with a hole. However, *kendama* played in France had a handle, a cup to catch a ball, and a ball with a hole. In France, many people from children to the *king of France enjoyed playing *kendama*. In Japan, some *adults played *kendama* which had only a cup in the Edo *period. In the Taisho period, a company in Hiroshima changed the shape of *kendama* to today's shape.

耕平さんが示した絵

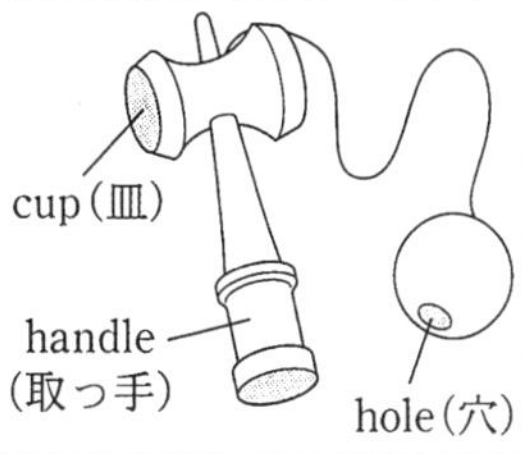

[3] Now more exciting ways of playing *kendama* are seen overseas. In 2007, a young American saw people playing *kendama* when he came to Japan and he brought it to his country. He started practicing cool tricks and put his videos on the internet. Then many people in the world watched them and thought that playing *kendama* was exciting. Now, people overseas think that *kendama* is a cool sport and the number of *kendama* players is increasing. Even *Kendama* World Cup is held in Japan every year.

[4] Some people say that there are *benefits of playing *kendama*. First, it is good for your (①) to play *kendama* because you use not only your arms but also other parts of your body when you play. Second, *kendama* is effective for developing children's *ability to *keep balance and *concentrate. Some schools in Japan use *kendama* to develop those abilities. Third, you can communicate with other people when you play *kendama*. In Japan, *kendama* has been played for a long time so you may be able to learn how to play *kendama* from the older *generation around you and enjoy it together.

[5] I learned a lot about *kendama* and found that our traditional culture is really exciting. ② We should share more of our culture with people in different countries. If we can do so, people in the world may be more interested in our culture and they will like our country more. So, in the future, I want to introduce other traditional Japanese culture to people in the world.

注） *trick 技　*France フランス　*king 国王　*adult 大人　*period 時代
*benefit 利点　*ability 能力　*keep balance バランスを保つ
*concentrate 集中する　*generation 世代

(1) 次のア，イは段落[1]～[5]のいずれかの見出しです。ア，イが見出しとなる最も適切な段落をそれぞれ１つ選んで，**数字**で答えなさい。

ア What are good points of playing *kendama*?

イ How has *kendama* become popular in the world?

(2) 耕平さんは段落[2]に述べられていることについて，次の表にまとめました。(A)～(D)に入る**数字**をそれぞれ書きなさい。

	フランス	日　本	
時　期	約500年前	江戸時代	大正時代
けん玉の皿の数	(A)	(B)	(C)→(D)

(3) (①)に入る最も適切な１**語**を段落[1]～[3]から抜き出して書きなさい。

(4) 耕平さんは下線部②のように考えていますが，それがどのようなことにつながると述べていますか。その内容を日本語で書きなさい。

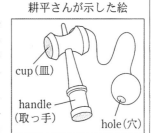

3 次の〔１〕～〔３〕の問いに答えなさい。

〔１〕 次の(1)～(3)の対話が成り立つように，それぞれ（　　　）の中の単語を並べ替えて英文を完成させなさい。また，文のはじめは大文字で書きなさい。

(1) A：You look sleepy.
B：I got up at five thirty this morning.
A：Do (early / get / so / up / usually / you)?
B：No, only today. I wanted to try studying early in the morning.

(2) A：I have a cute cat. You can come to my house and play with my cat next Sunday.
B：Thanks. Can I ask Rio to come with me? She likes cats too.
A：(can / come / don't / I / she / think). She has a club activity every Sunday.

(3) A：Do you like watching baseball on TV?
B：Yes, I especially like high school baseball.
A：Have you ever been to *Koshien* to watch the baseball games?
B：No. (Hyogo / I / I / in / lived / wish). I would go to watch the baseball games every summer.

〔２〕 達也(Tatsuya)さんは，留学生のジョージ(George)さんと話をしています。それぞれの場面に合う対話になるように（　　　）内に**３語以上**の英語を書きなさい。なお，対話は①から⑨の順に行われています。

1.
① How was your weekend?
② I went to Tokyo with my family. I had a good time there.
2.
③ (　　　　　　　　　)?
④ I went to a *space museum. I learned many things and bought a book about space there.
⑤ That's good.
3.
⑥ This is for you. It's "Space Tea."
⑦ Wow, "Space Tea." (　　　　　　　　). Thank you.
Space Tea
4.
The next day
⑧ Hi, Tatsuya! The "Space Tea" was good. I became interested in space too. (　　　　　　　　)?
⑨ Of course.

*space　宇宙

〔3〕 ALTのアーサー(Arthur)先生が，英語の授業で次のような話をしました。下の□の指示に従って英文を書きなさい。

There are many problems in children's lives in the world. One of the biggest problems is "More than 121,000,000 children can't go to school." Please write what you think about this problem.

指示

- アーサー先生の指示に従い，**25語以上**の英語で書く。
- 黒板を参考にしてもよい。
- 英文の数は問わないが，前後つながりのある内容の文章にする。
- 短縮形(I'm / don't など)は1語として数える。
- 符号(, / . / ? / ! など)は下線部と下線部の間に書き，語数には含めない。

25語

令和5年度

県立高等学校入学者選抜学力検査問題

(令和5年3月実施)

検査1　社　会

9：30　～　10：20

注　意

1 監督の先生の指示があるまで，開いてはいけません。

2 問題は，6ページあります。

3 「開始」の合図があったら，はじめなさい。

4 答えは，すべて，解答用紙に記入しなさい。

5 「終了」の合図で，すぐ筆記用具をおき，解答用紙を裏返しにしなさい。

6 その他，監督の先生の指示に従いなさい。

富山県公立高等学校

1　次の**A**～**F**の６つの地図をみて，あとの問いに答えなさい。なお，縮尺は地図ごとに異なる。

地図

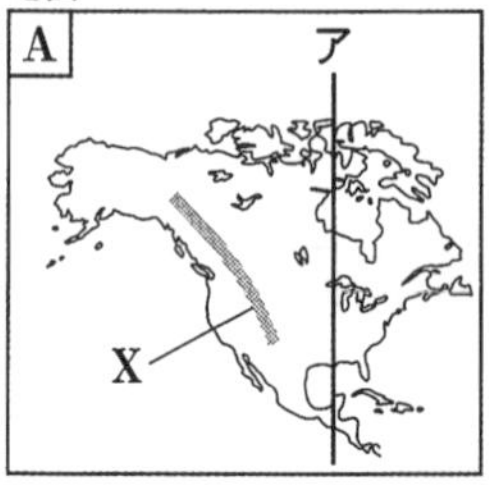

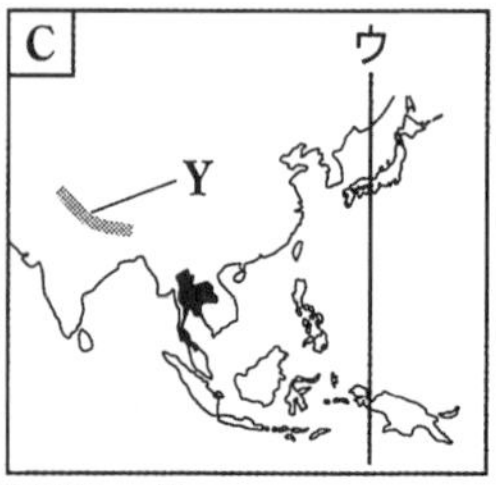

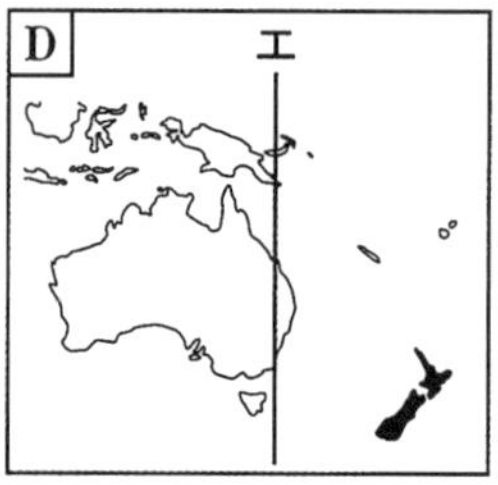

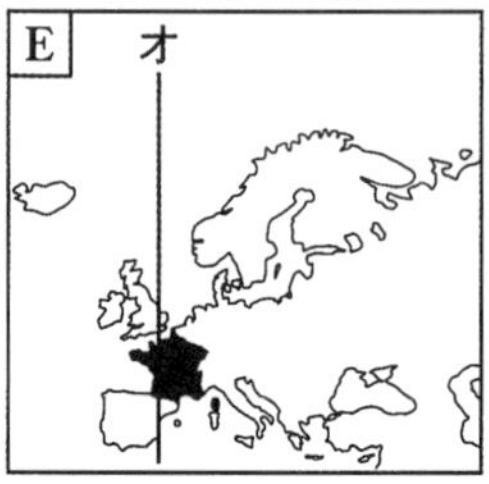

説明カード

あ　この地図中の大陸には，広大な平原と4000mをこえる高山がつらなる山脈がある。この大陸にある国の北緯37度より南の地域はサンベルトとよばれ，先端技術産業が発達している。

い　この地図中の大陸は，世界の大陸の中で２番目に面積が大きく，地中海に面している。北部には，世界最大の砂漠がある。西部の湾岸には，世界有数のカカオの産地がある。

⑴　本初子午線を地図中の**ア**～**カ**から**２**つ選び，記号を書きなさい。

⑵　地図**A**と**C**の ▒▒▒ で示した**X**山脈と**Y**山脈が含まれるそれぞれの造山帯には，地震や火山活動が活発なところが集中している。**X**と**Y**の山脈のうち，日本列島と同じ造山帯に属しているものを１つ選び，記号を書きなさい。また，この造山帯の名称を書きなさい。

⑶　右上の**あ**，**い**の説明カードが示す地図を，**A**～**F**からそれぞれ１つずつ選び，記号を書きなさい。

⑷　地図**B**中のブエノスアイレスに関連する以下の問いに答えなさい。

①　ブエノスアイレスの雨温図を，右の**P**～**R**から１つ選び，記号を書きなさい。

②　ブエノスアイレス周辺の農業の様子として最も適切なものを，次の**ア**～**エ**から１つ選び，記号を書きなさい。

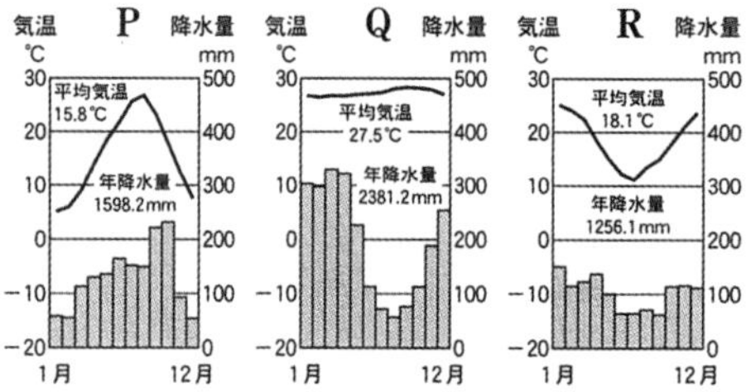

（「理科年表 2022」より作成）

ア　標高の高いところまで畑にして，とうもろこしやじゃがいもをつくっている。
イ　パンパとよばれる草原が広がり，小麦の栽培や牛の放牧が行われている。
ウ　コーヒー豆だけでなく，近年は大豆やさとうきびの生産が増えている。
エ　大規模な農園が発達し，バナナなどの輸出用作物がつくられている。

⑸　次の資料は，地図**C**，**D**，**E**，**F**中の ■ で示したいずれかの国の1980年の輸出品のグラフである。また，次の**ア**～**エ**は， ■ で示したいずれかの国の2018年の輸出品のグラフである。資料の国のものはどれか，**ア**～**エ**から１つ選び，記号を書きなさい。

資料

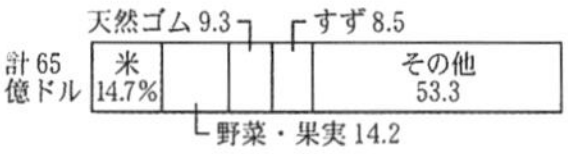

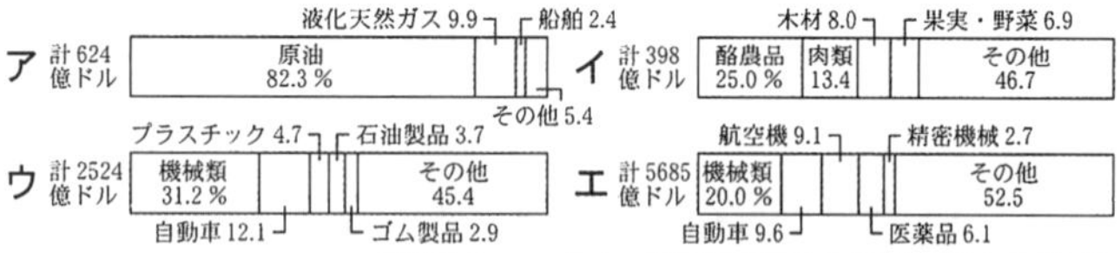

（「UN Comtrade」，「世界国勢図会 2020/21」より作成）

⑹　次の世界各地の伝統的な住居の写真である**ア**～**エ**を，**フィジー**，**モンゴル**，**サウジアラビア**，**ギリシャ**の順に並べなさい。

ア

羊の毛でつくったテント

イ

窓を小さくした白壁の家

ウ

やしの葉や木でつくった家

エ

日干しレンガでつくった家

2 さくらさんは，富山県と人口規模が近い県について調べ，資料にまとめた。**A**県～**D**県は，地図中の**あ**～**え**のいずれかの県である。これをみて，あとの問いに答えなさい。

資料　(2019 年，県庁所在地の年間降水量は 1991 年～2020 年の平均)

県	人口(万人)	面積(km^2)	県庁所在地の年間降水量(mm)	農業産出額(億円)			製造品出荷額等の総額(億円)
				米	野菜	果実	
富山県	104	4,248	2,374	452	56	24	39,411
A県	96	1,877	1,150	120	242	63	27,416
B県	108	9,323	1,207	898	460	719	28,679
C県	92	4,725	1,414	76	144	740	26,754
D県	107	7,735	2,626	172	661	123	16,523

(「データで見る県勢 2021」，「データで見る県勢 2022」，「理科年表 2022」より作成)

地図

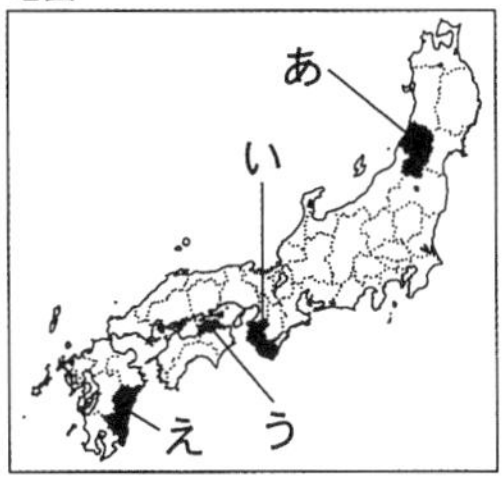

(1)　**A**県の県名を**漢字**で書きなさい。

(2)　右の 2 枚の写真は，**B**県とその隣県の，それぞれ県庁所在地の冬の様子を写したものである。なお，**B**県とその隣県は同緯度である。同時期にこのような違いがみられる理由を，**次の語をすべて使って**書きなさい。

［　**季節風**　　**奥羽山脈**　］

写真 1

写真 2

(3)　**C**県について説明した文として適切なものを，次の**ア**～**エ**から 1 つ選び，記号を書きなさい。

ア　霧島連山一帯が「霧島ジオパーク」に認定されており，自然や景観を生かした観光地がある。

イ　県中央部の盆地ではさくらんぼ栽培がさかんで，観光農園を営む農家がある。

ウ　瀬戸大橋の開通により観光客が増加し，セルフサービス形式のうどんが人気を集めている。

エ　世界文化遺産に登録された熊野古道があり，山道の保全と観光の両立が求められている。

(4)　**D**県の農業について説明した文として適切なものを，次の**ア**～**エ**から 1 つ選び，記号を書きなさい。

ア　広大な平野には水田が広がり，冷害に強い品種が県を代表する銘柄米となっている。

イ　野菜の出荷時期を早める農業が行われ，近年は，食肉のブランド化を図る動きも進んでいる。

ウ　かんがい用にため池や用水路をつくって稲作などが行われている。

エ　温暖な気候を利用したみかんや梅の栽培がさかんで，山の斜面に果樹園が広がっている。

(5)　次の表の**ア**～**オ**は，資料の 5 県の各県における製造品出荷額等の割合のうち，上位 5 品目を示したものである。下のさくらさんのメモを参考に，富山県と**C**県の製造品出荷額等の割合を表したものを，表中の**ア**～**オ**からそれぞれ 1 つずつ選び，記号を書きなさい。

表(2019 年)

県	品目と割合(%)									
ア	食料品	19.9	飲料・飼料	12.8	電子部品	10.5	化学	9.2	ゴム製品	6.8
イ	電子部品	17.5	食料品	11.5	情報通信機械	11.4	化学	9.3	生産用機械	8.6
ウ	石油・石炭製品	20.4	鉄鋼	19.3	化学	14.3	はん用機械	13.7	食料品	7.1
エ	非鉄金属	15.4	食料品	13.0	輸送用機械	11.1	金属製品	6.7	電気機械	6.5
オ	化学	19.7	生産用機械	12.8	金属製品	10.8	非鉄金属	9.7	電子部品	8.3

(「データで見る県勢 2022」より作成)

さくらさんのメモ

富山県では，古くから製薬が発展し，今でも医薬品製造がさかんである。高度経済成長期にはアルミニウム工業が急成長し，現在も，アルミサッシやファスナーなどを製造するアルミ産業が集積している。

C県北部では，戦後，タンカーなどが入港できる港が整備され，多くの鉱産資源が輸入された。現在も，産業の基礎素材を製造する重化学工業がさかんで，**C**県北部が属する工業地帯の特徴の 1 つとなっている。

(6)　日本の自然災害に関する次の文中の［ **X** ］に入る語句を，**漢字 2 字**で書きなさい。また，文中の<u>津波による被害</u>について，南海トラフの巨大地震が起きた際，津波の到達が想定される範囲に**含まれない県**を，地図中の**あ**～**え**から 1 つ選び，記号を書きなさい。

日本の沖合には，日本［ **X** ］や，南西諸島［ **X** ］など，海洋プレートが大陸プレートの下に沈み込む境目に［ **X** ］やトラフがある。近い将来に発生が予測されている南海トラフの巨大地震では，日本の広い範囲に<u>津波による被害</u>が及ぶと想定されている。

3　あおいさんは，古代から近世までの文化財に関するカード**A**～**F**を作成した。これをみて，あとの問いに答えなさい。

A	B	C	D	E	F
			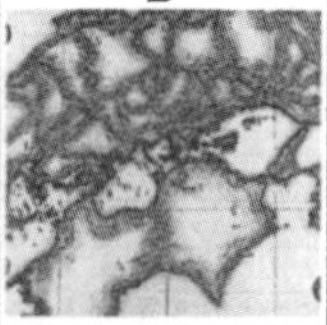		
太閤検地でつくられた検地帳	博多湾に築かれた防塁	東大寺に造立された大仏	伊能忠敬によって作成された地図	現在の福岡県で発見された金印	宇治に建立された平等院鳳凰堂

(1)　**A**について，太閤検地と刀狩により，武士と百姓の身分の区別が明確になったことを何というか，その語句を**漢字**で書きなさい。また，太閤検地により荘園制が崩れることになったが，荘園が成立する起源となった法令として最も適切なものを，次の**ア**～**エ**から１つ選び，記号を書きなさい。

ア　十七条の憲法　　**イ**　大宝律令　　**ウ**　班田収授法　　**エ**　墾田永年私財法

(2)　**B**に関連して，次の［**X**］，［**Y**］に入る語句を，それぞれ書きなさい。

御家人たちは，博多湾に防塁を築くなどして，［**X**］軍を退けた。 → 不十分な恩賞，海岸守備の継続，領地の分割相続などのため，御家人の中には生活が苦しくなる者も出てきた。 → 幕府は，［**Y**］を出し御家人を救おうとしたが，効果は一時的であり，北条氏への不満は増した。 → 幕府の滅亡

(3)　**C**と**F**について，右の表の**Ⅰ**にあてはまる人物を，次の**ア**～**エ**から１つ選び，記号を書きなさい。また，**Ⅳ**にあてはまる文を，次の**オ**～**ク**から１つ選び，記号を書きなさい。

表

文化財	造立・建立者	造立・建立目的
C	Ⅰ	Ⅲ
F	Ⅱ	Ⅳ

造立・建立者

ア　道元
イ　藤原頼通
ウ　聖武天皇
エ　足利義満

造立・建立目的

オ　貿易によってばくだいな利益を得た将軍の力を示そうとした。
カ　阿弥陀仏の住む極楽浄土をこの世に再現しようとした。
キ　仏教の力で国を守り，人々の不安を取り除こうとした。
ク　座禅によってさとりを得ようとする禅宗を広めようとした。

(4)　**D**について，このように正確な地図が作成された背景として**適切でないもの**を，次の**ア**～**エ**から１つ選び，記号を書きなさい。

ア　ロシアなどの外国船が何度も来航していた。
イ　ヨーロッパのすぐれた測量技術が導入されていた。
ウ　藩校により人材の育成がなされ，寺子屋の普及により識字率が高まっていた。
エ　外国との条約により，函館・兵庫(神戸)などの貿易港が開かれていた。

(5)　**E**について，この金印には「漢委奴国王」とほられている。このことについて説明した文として適切なものを，次の**ア**～**エ**から**２つ**選び，記号を書きなさい。

ア　「委」と呼ばれていた地域の中に，奴国があったと考えられている。
イ　「魏志」には，皇帝が奴国の王に金印を与えた，と書かれている。
ウ　奴国の王とは，卑弥呼であると考えられている。
エ　「後漢書」には，皇帝が奴国の王に金印を与えた，と書かれている。

(6)　**A**～**F**について，以下の問いに答えなさい。

①　右の図のように，**A**～**F**を**年代の古い順**に並べたとき，最初には**E**が，最後には**D**が入る。［1］～［4］のうち，［1］と［4］にあてはまるものを，それぞれ１つずつ選び，記号を書きなさい。

図

E → ［1］ → ［2］ → ［3］ → ［4］ → D
あ　　い　　う　　え　　お

②　次の資料にある**Ⅰ**，**Ⅱ**が起こった時期を，図の**あ**～**お**からそれぞれ１つずつ選び，記号を書きなさい。

資料

Ⅰ　イギリスでは，議会と対立した国王を追放し，議会を尊重する新たな国王を迎えた。「権利の章典」が定められ，立憲君主制と議会政治が始まった。
Ⅱ　中山の王となった尚氏が，北山，南山の勢力をほろぼして沖縄島を統一し，首里を都とする琉球王国を建てた。

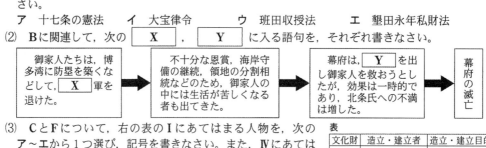

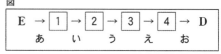

4 ゆうさんは，夏休みの宿題として，富山の偉人について調べたことをまとめた。これをみて，あとの問いに答えなさい。

A　林　忠正	B　横山　源之助	C　浅野　総一郎	D　馬場　はる	E　松村　謙三

明治時代，絵画など，(a)日本の文化のすばらしさを世界に発信した。(b)伊藤博文と親交があった。	明治時代，地方産業衰退の中での，貧しい人々の様子を調査した。(c)社会問題に光を当てた。	大正時代以降，(d)京浜工業地帯の基礎を築いた。工業発展のため，高岡駅・伏木間を結ぶ運河建設を試みた。	大正時代以降，廻船問屋を経営した。県に多額の寄付をし，(e)旧制富山高校(現富山大学)の設立に貢献した。	太平洋戦争後，日中友好がアジアの平和につながると考えた。何度も訪中し，(f)日中国交正常化に貢献した。

(1)　(a)日本の文化に関連して，明治時代の文化について説明した文として**適切でないものを**，次の**ア**～**エ**から１つ選び，記号を書きなさい。

ア　学制の公布など教育の広がりの中で，ペスト菌を発見した北里柴三郎らの科学者が現れた。
イ　フェノロサは，欧米文化が重視されたことで衰退しつつあった日本画の復興に努めた。
ウ　市民的自由が制約されている中で，与謝野晶子は「君死にたまふことなかれ」を発表した。
エ　欧米文化受容の動きの中で，夏目漱石は欧米の表現方法を取り入れ，彫刻作品を制作した。

(2)　(b)伊藤博文について説明した次の**ア**～**エ**を，**年代の古い順**に並べなさい。

ア　岩倉使節団の一員として，ドイツなどを訪れ，欧米の進んだ制度を学んだ。
イ　初代枢密院議長として，憲法草案を審議し，大日本帝国憲法の制定に力をつくした。
ウ　日露戦争後に保護国化した韓国に，初代韓国統監として赴任した。
エ　太政官制を廃止して内閣制度を作り，初代内閣総理大臣に就任した。

(3)　(c)社会問題に関連して，資料１は横山源之助の「日本之下層社会」から作成したものである。これから読み取ることができる，彼が指摘しようとした当時の労働に関する問題を**２つ**書きなさい。

資料１

> 職工，特に工女の年齢は，十五歳以上から二十歳以下が最も多いが，紡績の工程によっては，十二歳から十四，五歳，ひどいときには七，八歳の児女の姿を見ることがある。
> 労働時間は十二時間(休憩時間を除けば十一時間)が通例であるが，綿糸の需要が多い時期には，特に懸賞を設定し，時に二日間も勤続させることもある。

(4)　(d)京浜工業地帯に関連して，資料２は横浜港の総貿易額の推移を示している。これを見て，ゆうさんは次のように考察した。文中の**P**について，(　　　)の**ア**，**イ**から適切なものを１つ選び，記号を書きなさい。また，［ **X** ］に入るできごとを書きなさい。

> ＜　考察　＞
> (**あ**)の時期の急激な総貿易額の下落は，1923年の**P**(**ア**　関東大震災　**イ**　東京大空襲)で大きな被害を受けたことによると考えられる。
> (**い**)の時期の急激な下落は，［ **X** ］に対応するため各国が排他的な経済政策をとり，日本経済が国際的に孤立したことによると考えられる。

資料２　**横浜港の総貿易額の推移**

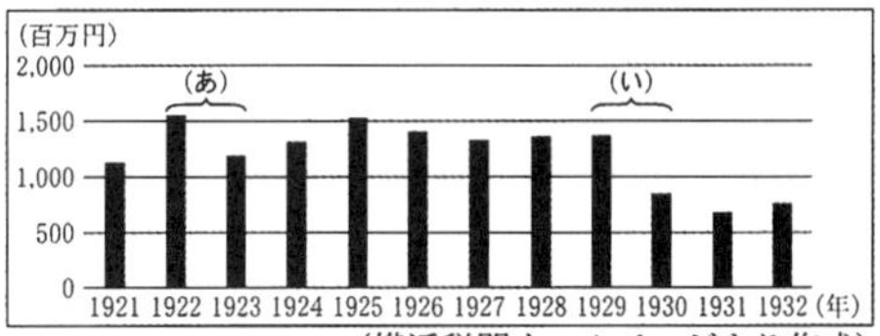

(横浜税関ホームページより作成)

(5)　次の**ア**～**エ**は，(e)旧制富山高校の時代から現在までに富山大学で実際に行われた講演会の演題である。演題に含まれる言葉から，**ポツダム宣言受け入れの前に行われたものとして適切でないものを**１つ選び，記号を書きなさい。

ア　「満州国の現状について」　　**イ**　「国際連盟の精神と帝国の使命」
ウ　「欧米模倣より東亜独創へ」　　**エ**　「ユネスコの世界観」

(6)　(f)日中国交正常化後のできごとを，次の**ア**～**エ**から１つ選び，記号を書きなさい。

ア　キューバ危機　　**イ**　日米安全保障条約の締結
ウ　マルタ会談　　**エ**　第１回アジア・アフリカ会議

(7)　ゆうさんは，**A**～**E**の人物とまとめた内容に，関係がありそうな最近のニュースの見出しを，右の表のように組み合わせた。表の**Ⅰ**と**Ⅲ**にあてはまる人物として最も適切なものを，**B**～**E**からそれぞれ１つずつ選び，**記号**を書きなさい。

表

人物	ニュースの見出し
Ⅰ	社会基盤の整備が経済を成長させる　～交通網整備による地域経済・産業の活性化～
Ⅱ	日本にとって中国は最大の貿易相手国　～日系企業の海外拠点数も第１位～
林　忠正	クールジャパン戦略　～世界からクールととらえられる日本の魅力を発信～
Ⅲ	働き方改革　～格差解消のために～
Ⅳ	科学技術立国の実現　～大学の研究基盤の強化や若手研究者への支援を推進～

5 政治に関する次の3つのテーマをみて，あとの問いに答えなさい。

テーマ	「(a)情報化とリテラシー」	「(b)投票と民主主義」	「(c)憲法の過去と現在」

(1) (a)情報化に関連する以下の問いに答えなさい。

① 資料1のA～Cは，新聞，テレビ，インターネット(動画を除く)のいずれかである。下のメモを読んで，新聞とインターネットにあたるものを，それぞれ1つずつ選び，記号を書きなさい。

メモ　10代前半と30代以上では，テレビがインターネットを上回る。新聞は40代以下では，10分未満である。

資料1　年層別 メディアの利用時間(分，平日の平均，2020年)

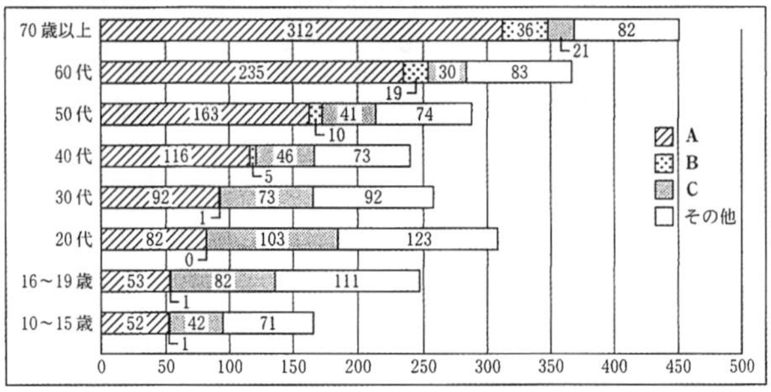

(NHK放送文化研究所資料より作成)

② ○○社と△△社は，日本企業の2020年度の女性管理職比率は12.9％で，2003年度は5.8％であったことを記事にしたが，資料2のように，見出しやグラフに違いが見られた。これに関する下の考察について，[P]～[S]には次のア～エのいずれかが入る。[P]，[S]に入るものを，それぞれ1つずつ選び，記号を書きなさい。

ア　肯定的　イ　否定的　ウ　事実　エ　表現

資料2

	○○社	△△社
見出し	女性管理職比率2割に達せず	女性管理職比率2倍以上伸びる
グラフ	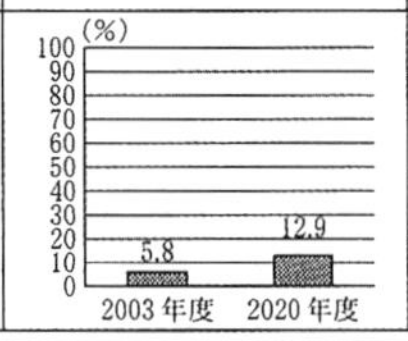	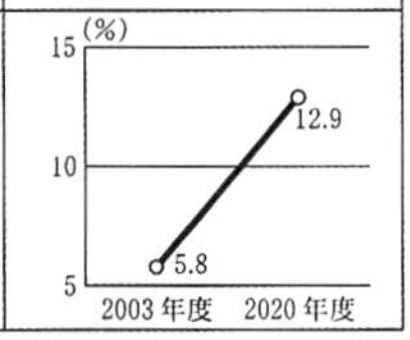

＜ 考察 ＞　○○社も△△社も，[P]を取り上げて，見出しやグラフを作っている点は同じである。しかし，[Q]に違いがある。その結果，○○社の読者は，2020年度の女性管理職比率の変化に対して[R]な印象をもち，△△社の読者は[S]な印象をもつ者が多いと思われる。こうしたことから私たちは，同じ[P]であっても，[Q]によって印象が異なることを理解したうえで，情報を得る必要があると言えそうだ。

(2) (b)投票に関連する以下の問いに答えなさい。

① 地方公共団体の首長と内閣総理大臣の選出に関する下の説明Ⅰ，Ⅱについて，その正誤の組み合わせとして適切なものを，次のア～エから1つ選び，記号を書きなさい。

ア　Ⅰ正　Ⅱ正　　イ　Ⅰ正　Ⅱ誤　　ウ　Ⅰ誤　Ⅱ正　　エ　Ⅰ誤　Ⅱ誤

Ⅰ　内閣総理大臣には25歳で選出される可能性があるが，地方公共団体の首長になるには30歳以上でなければならない。

Ⅱ　地方公共団体の首長は，住民の直接投票で選出されるが，内閣総理大臣は，まず国会議員になり，国会の指名を受け，天皇から任命されなければならない。

② 各年代の投票率および議員数の比率を算出したい。必要なデータとして**適切でないもの**を，次の**ア～エ**から1つ選び，記号を書きなさい。

ア　年齢別の有権者数　イ　年齢別の議員数　ウ　年齢別の就業者数　エ　年齢別の投票者数

③ 2022年2月の国際連合安全保障理事会において，ある決議案の賛成，反対，棄権の状況は次のとおりであり，この案は否決された。その理由を説明しなさい。

賛成	反対	棄権
アイルランド　アメリカ　アルバニア　イギリス　ガーナ　ガボン　ケニア　ノルウェー　ブラジル　フランス　メキシコ	ロシア連邦	アラブ首長国連邦　インド　中国

(3) (c)憲法に関連する以下の問いに答えなさい。

① 権力者が自分の都合によって政治を行う「人の支配」に対して，国民が人権を保障する憲法などを制定し，それに基づいて政府が権力を行使するしくみを何というか，**4字**で書きなさい。

② 資料3の[あ]，[い]は「アメリカ独立宣言の一節」と「日本国憲法第13条」のいずれかである。このうち，「日本国憲法第13条」を選び，記号を書きなさい。また，[X]，[Y]に入る適切な語句をそれぞれ書きなさい。

資料3

[あ]　我々は以下のことを自明の真理であると信じる。人間はみな平等に創られ，ゆずりわたすことのできない権利を神によってあたえられていること，その中には，生命，[X]，[Y]の追求がふくまれていること，である。

[い]　すべて国民は，個人として尊重される。生命，[X]及び[Y]追求に対する国民の権利については，公共の福祉に反しない限り，立法その他の国政の上で，最大の尊重を必要とする。

6　次の座談会の記録を読んで，あとの問いに答えなさい。

司会者：まずは，(a)会社にお勤めの経験がある学者の A さんからお話をうかがいます。(b)経済のしくみについてです。
A さん：市場では，選択の自由を前提として，モノやサービスといった商品の需要と供給のバランスが調整され，(c)価格が決定されます。つまり，市場において資源の効率的な配分が行われるということです。
B さん：だから市場は，(d)貨幣，分業とともに人類最大の発明の 1 つと言う人もいるのです。
A さん：しかし，すべての商品について市場がうまく機能するわけではありませんね。例えば，道路や公園などの個人が所有を主張できない公共財，国防や警察などのサービスがそうです。こうした商品には政府が介入して調整を図っています。
C さん：政府の介入に関連して言うと，「政府が景気のかじ取りをしなければならないこともある」という考え方に立って「小さな政府」から(e)「大きな政府」へと転換した国もありましたね。
B さん：(f)国際協力にかかわる経済活動も，市場の原理とは別に考えていく必要がありますね。

(1)　(a)会社について，A さんが勤めていたのは株式会社である。資金調達の観点から，株式会社を設立する利点について，**次の語を使って**説明しなさい。

［　**株式**　］

(2)　(b)経済について，次の文中の P について，(　　　)のア，イから適切なものを 1 つ選び，記号を書きなさい。また，［ X ］に入る語句を，**漢字 3 字**で書きなさい。

人間の欲求が無限であるのに対し，資源は有限であるため，資源は P(ア　充足　イ　不足)した状態にあるといえる。このことを［ X ］という。［ X ］の中で，資源をどう使ったら人々の生活が豊かになるのかを，経済では課題としている。

(3)　(c)価格について，2022 年には日本において諸物価が上昇した。このうち，小麦を原料とするパンなどの価格が引き上げられた流れについて，A さんは右の図を示した。Q(　　　)，R(　　　)に入る語句の組み合わせとして適切なものを，次の**ア**～**エ**から 1 つ選び，記号を書きなさい。

ア　Q 増加　R 高い　**イ**　Q 増加　R 低い
ウ　Q 減少　R 高い　**エ**　Q 減少　R 低い

図

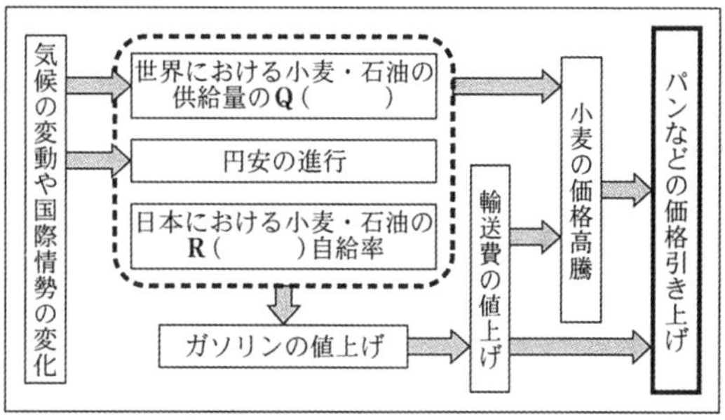

(4)　(d)貨幣の役割を述べた右の Y，Z について，その正誤の組み合わせとして適切なものを，次の**ア**～**エ**から 1 つ選び，記号を書きなさい。

ア　Y 正　Z 正　　**イ**　Y 正　Z 誤
ウ　Y 誤　Z 正　　**エ**　Y 誤　Z 誤

Y：貨幣によって物々交換が促されるので，貨幣には交換手段としての役割がある。
Z：貨幣によってモノやサービスの価値を比較することができるので，貨幣には価値尺度としての役割がある。

(5)　(e)「大きな政府」の一般的な特徴や考え方について説明した文として適切なものを，次の**ア**～**エ**から **2 つ**選び，記号を書きなさい。

ア　税の負担を軽くする一方で，政府の役割を最小限にとどめることを目指している。
イ　税の負担を重くする一方で，充実した社会保障や公共サービスを提供しようとしている。
ウ　できるだけ市場での自由競争に任せ，民間企業の活力をいかすことがよい，という考え方に立っている。
エ　市場での自由競争だけでは，国民が十分に受けられないモノやサービスがある，という考え方に立っている。

(6)　(f)国際協力に関連して，資料から読み取ることができるものとして適切なものを，次の**ア**～**エ**から 1 つ選び，記号を書きなさい。

ア　「1 人あたり GDP」が低いほど「無償での支援」が大きい。
イ　ASEAN 諸国に対する「無償での支援」の総額は，日本の世界各国に対する「無償での支援」の総額の約 4 割を占める。
ウ　「1 人あたり GDP」が 4000 ドル未満の国々では，「技術協力」が 3000 万ドルを超える。
エ　「返済の必要な貸し付け」が大きいほど，「無償での支援」は小さい。

資料　**日本の ASEAN 諸国への ODA**(2016 年)

ODA の形態 / 国名	無償での支援(百万ドル)	技術協力(百万ドル)	返済の必要な貸し付け(百万ドル)	1 人あたり GDP(ドル，名目)
シンガポール	—	—	—	52,814
ブルネイ	—	—	—	26,939
マレーシア	0.1	12.1	35.3	9,508
タイ	11.1	24.8	378.2	5,911
インドネシア	7.7	59.8	332.5	3,570
フィリピン	20.6	61.7	219.2	2,951
ラオス	16.6	30.4	16.8	2,339
ベトナム	9.3	95.5	1478.7	2,171
カンボジア	76.0	33.2	31.6	1,270
ミャンマー	209.6	98.0	199.3	1,242

(「ODA 白書 2017 版」ほかより作成)

令和５年度

県立高等学校入学者選抜学力検査問題

（令和５年３月実施）

検査４　英　　　語　（筆記テスト）

10：00　～　10：40

注　　　意

1　監督の先生の指示があるまで，開いてはいけません。

2　問題は，６ページあります。

3　「開始」の合図があったら，はじめなさい。

4　答えは，すべて，解答用紙に記入しなさい。

5　「終了」の合図で，すぐ筆記用具をおき，解答用紙を裏返しにしなさい。

6　その他，監督の先生の指示に従いなさい。

1 次の〔1〕～〔3〕の問いに答えなさい。

〔1〕 次の表は，あるクラスの生徒の通学方法と通学時間別の人数を示したものです。このクラスの陽太(Yota)さんとALTのジャック(Jack)先生が，この表について話をしています。下の対話が完成するように，（ あ ），（ い ）に入る**数字**をそれぞれ書きなさい。

How long / How	～9 minutes	10～19 minutes	20～29 minutes	30 minutes～
Walk	8	9	4	0
Bike	2	7	3	1
Bus	0	3	1	2

Jack: More than ten students come to school by bike but only（ あ ）students come by bus.
Yota: I walk to school. It takes fifteen minutes.
Jack: I see. It takes longer than fifteen minutes to come to school for some students.
Yota: In this class, it takes twenty minutes or more to come to school for（ い ）students, and for three of them, it takes thirty minutes or more.

〔2〕 沙也(Saya)さん，メキシコからの留学生のモニカ(Monica)さん，ロンドン(London)出身のALTのベイカー(Baker)先生が話をしています。次の会話文を読んで，あとの問いに答えなさい。

Monica: I was surprised because it was very hot in Toyama when I first came here from *Mexico City in summer.
Saya: Do you mean it is hotter in Toyama than Mexico City in summer?
Monica: Yes.
Saya: How about winter? [　　　　　]
Monica: No, the *temperature in Mexico City changes a lot in a day, but doesn't change much in a year. Winter is not so cold. In Toyama, it is very hot in summer and very cold in winter.
Baker: I agree. I have been to *Singapore before. Toyama is as hot as Singapore in summer.
Saya: Mr. Baker, London is always colder than Toyama, right?
Baker: It's not as hot as Toyama in summer, but Toyama is colder in winter.
Monica: So, the temperature in Toyama changes more in a year than the other three cities.
Baker: Because the temperature changes a lot, we can enjoy different seasons in Toyama more.
Monica: That's true.
Saya: I'm happy to hear that. Oh, spring is coming soon. Please enjoy seeing the flowers in Toyama.

注) *Mexico City　メキシコシティ(メキシコの首都)　　*temperature　気温
*Singapore　シンガポール

(1) [　　　　　] に入る最も適切なものを，次のア～エから**1つ**選んで記号で答えなさい。
ア Does the temperature in Mexico City change a lot in a day?
イ Have you ever been to Mexico City in winter?
ウ Do you think the temperature in Toyama changes a lot in a year?
エ Is it colder in Mexico City than in Toyama?

(2) 右のグラフは会話に登場した4つの都市の月平均気温の推移を示したものです。会話の内容から判断して，次の①，②の都市に当てはまるものを，グラフ中のA～Dからそれぞれ**1つ**選んで，記号で答えなさい。
① メキシコシティ
② ロンドン

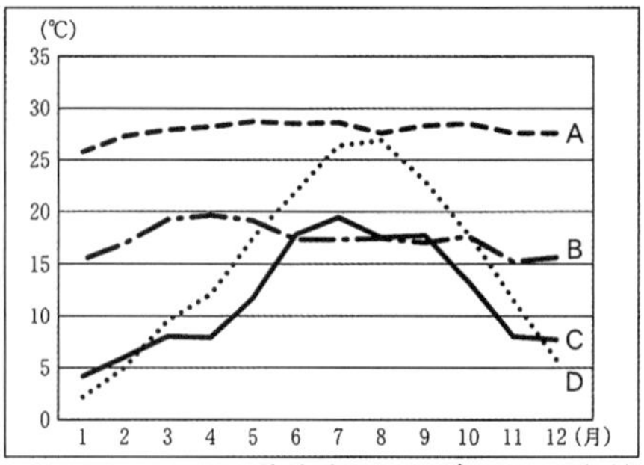

(気象庁 2021 年データより作成)

〔3〕 由梨(Yuri)さんは，留学生のルーシー(Lucy)さんと話をしています。次の対話文を読んで，あとの問いに答えなさい。

Yuri: Hello, Lucy. I found an English word which was not in the dictionary.
Lucy: Hello, Yuri. What is it?
Yuri: "Plogging." Do you know this word?
Lucy: Oh, plogging! It is a very popular activity in the world these days.
Yuri: What kind of activity is it?
Lucy: People who are running *pick up garbage. Plogging is a new word that is a *combination of *plocka upp* and *jogging. *Plocka upp* means "pick up" in *Swedish.
Yuri: Now I understand why I couldn't find it in the English dictionary.
Lucy: A Swedish man started this activity in 2016. It became popular in other countries through the internet around 2018.
Yuri: Why did it become popular?
Lucy: Because people can keep their town clean and make their bodies stronger.
Yuri: It's *isseki nicho*!
Lucy: Right. We say "killing two birds with one stone" in English.
Yuri: The same *expression both in English and Japanese! That's interesting.
Lucy: That's true. There are many plogging events in Japan too. Let's check the websites.
Yuri: Wow, there are so many events. Look! There are some events in our city too.
Lucy: Do you want to join one of them together?
Yuri: Yes. We can make new friends who want to make our environment better. It will be "killing 'three' birds with one stone" if we join an event.
Lucy: I agree. How about this Mirai City Plogging? They have an event next Saturday morning.
Yuri: Sounds nice.
Lucy: I will *apply for it for us on this website.
Yuri: Thank you. Should we bring garbage bags?
Lucy: No. According to the website, they will be given to us.
Yuri: Good. Does anyone want to join us?
Lucy: I will ask my friends too. It will be fun.

注） *pick up 拾い上げる
*combination 組み合わせ
*jogging ジョギング
*Swedish スウェーデン語，スウェーデン人の
*expression 言い回し *apply 申し込む

ルーシーさんが見つけたウェブサイト

Japanese/English

Mirai City Plogging

Saturday, March 18 9:00 - 11:00

*Route: Mirai Park → Post Office → Library → XXX Store → Mirai Chuo Station → Mirai Park

We will give you *work gloves and garbage bags.

How to apply: *Click Here

Please apply on this website by March 16.

注） *route ルート
*work gloves 軍手
*click クリックする

(1) 対話の内容に合うものを，次のア～エから１つ選んで記号で答えなさい。
ア Yuri found the word plogging in her English dictionary.
イ Plogging was started by a Swedish man in 2018 and then became popular in the world.
ウ Lucy and Yuri are talking about joining an event Lucy found on the internet.
エ When Lucy and Yuri join the Mirai City Plogging, they should buy garbage bags.

(2) 由梨さんは下線部で「一石二鳥」をアレンジして「一石『三』鳥」と言いました。このことについて，次の①，②をそれぞれ日本語で書きなさい。
① plogging の本来の２つの利点　② 由梨さんが考えたもう１つの利点

(3) 次の英文は，ルーシーさんがこの対話の後，友人たちに送った電子メールです。ルーシーさんが見つけたウェブサイトの内容に合うように，（　　）に入る最も適切なものを，下のア～エから１つ選んで記号で答えなさい。

Hello. I talked about "plogging" with Yuri today. We are going to join the plogging event in our city next Saturday. Can you join us? We need to apply for it on the website by (　　). Please answer me before then. For more information, look at the Mirai City Plogging website.

ア Thursday　イ Friday　ウ Saturday　エ Sunday

(4) あなたは，ルーシーさんから(3)の電子メールを受け取りました。次の（　　）に10語以上の英語を書いて，返信の電子メールを完成させなさい。ただし，英文の数は問わないが，複数の文で書く場合はつながりのある内容にすること。

Hello. (　　　　　　　　　　). See you.

2 次の〔1〕，〔2〕の問いに答えなさい。

〔1〕 麻紀(Maki)さんは，英語の授業で週末の出来事についてスピーチをしました。その原稿を読んで，あとの問いに答えなさい。

Today, many people send *emails or *text messages instead of writing letters or *postcards. I only write emails to people or just call them, but one day “a postcard” changed me.

It was from my grandmother. On the postcard, she wrote, “I *grew a lot of vegetables. You should come to try them,” in Japanese. A picture of vegetables was *drawn on the postcard. They looked *delicious. So I called her soon and said, “Thank you for your beautiful postcard. I didn't know you were good at drawing pictures.” Then my grandmother said, “I started learning *etegami* and I made a lot of friends in my *etegami* class.” *Etegami* is a postcard with a picture and a short message on it. She told me, “People draw pictures and write their messages with *brushes. Even in the first *etegami* class, a student can finish an *etegami*.” When I heard that, I became interested in *etegami* and asked her to take me to her *etegami* class.

So, last Saturday, I visited the *community center near my grandmother's house. There were many classes such as a dancing and a *flower arrangement class. About twenty people were in the *etegami* class and they were almost as old as my grandmother. Some of them were drawing pictures and others were talking with each other about their postcards. I thought it was good for old people to learn and enjoy something together because my grandmother looked happy in the class and looked younger than before.

The people in the class were very kind and taught me how to use brushes. At first, they were difficult to use, but finally I finished my first *etegami*. It was for my grandmother, and I wrote, “Please live long” in Japanese and drew a picture of her favorite flower. She was so glad to see my *etegami*.

I think *etegami* is a good way to tell our feelings to other people and it makes their hearts warm. Also, both young and old people can enjoy it. I want to keep sending *etegami* to my grandmother and other people.

How about trying it?

Thank you for listening.

注） *email 電子メール *text message 携帯電話で送るメッセージ
*postcard はがき *grew grow(育てる)の過去形
*drawn draw の過去分詞形 *delicious とてもおいしい *brush 筆
*community center 地域の公共施設 *flower arrangement 生け花

(1) このスピーチの中で述べられている次の①，②の絵手紙を，下のア～エからそれぞれ1つ選んで，記号で答えなさい。

① 祖母から麻紀さんへの絵手紙 ② 麻紀さんから祖母への絵手紙

ア

イ

ウ

エ

(2) このスピーチの内容に合うものを，次のア～オから2つ選んで記号で答えなさい。

ア Today, many people don't send messages on the internet, but they write short letters often.

イ Maki visited her grandmother to give vegetables Maki got from her neighbor.

ウ Maki didn't know her grandmother was learning *etegami* when she got a postcard from her.

エ Maki's grandmother enjoyed the *etegami* class with other people who were younger than her.

オ Though using brushes was hard, Maki learned how to use them and finished an *etegami*.

(3) このスピーチを通して麻紀さんが伝えたいこととして最も適切なものを，次のア～エから1つ選んで記号で答えなさい。

ア If messages are written with brushes, people will know who wrote them.

イ Maki found that it was effective to tell people our feelings by sending *etegami*.

ウ Maki met an old woman who was famous for her *etegami* and taught it in the class.

エ The number of classes for old people in the community center is increasing every year.

質問1 Which is true?

質問2 What will Shingo do next?

No.2 Hello everyone, I'd like to show you a graph. It shows how long junior high school students in Toyama read books from Monday through Friday. 13 percent of the students read for an hour or more. How about the others? Actually, there are many students who read books, but about 45 percent of all students don't. I was surprised to know that. I know junior high school students have a lot of things to do in school and after school. However, I think reading books is important for junior high school students. Reading can help you learn about many things and make your life richer.

質問1 Look at the graph. Which shows the students who don't read books?

質問2 What does the speaker want to tell you the most?

問題C 放送文（メッセージを聞いて，電子メールを完成させる問題）

Good morning, Yumi. This is Mark. I'm still in Taiwan. It's 8 a.m. here, and I'll be in Toyama this afternoon. Anyway, I've got some unique food here. *Taiyan-pin* is one of them. Have you ever heard of it? It's my favorite. I will bring back a lot of food with me. I want you to try all of them. Let's share them together. Also, I took a lot of pictures during my trip. They'll show you how much I like Taiwan. I'm free tomorrow. How about you? Can you come to my house? Your friends can come with you too. Send me an email later. See you soon.

令和５年度

県立高等学校入学者選抜学力検査問題

（令和５年３月実施）

検査２　国　　語

10：40　～　11：30

注　　意

1　監督の先生の指示があるまで，開いてはいけません。

2　問題は，６ページあります。

3　「開始」の合図があったら，はじめなさい。

4　答えは，すべて，解答用紙に記入しなさい。

5　「終了」の合図で，すぐ筆記用具をおき，解答用紙を裏返しにしなさい。

6　その他，監督の先生の指示に従いなさい。

一　――線部ア～ウの漢字の読みを**ひらがな**で書き、――線部エ～カのカタカナを**漢字**で書きなさい。

ア　歓喜の声を上げる。　　イ　新しいことに挑む。　　ウ　抑揚をつけて読む。

エ　コンザツを避ける。　　オ　農業をイトナむ。　　カ　限りあるシゲンを活用する。

二　次の文章を読んで、あとの問いに答えなさい。（一部表記を改めたところ、一部省略したところがある。）

アメリカの言語学者ノーム・チョムスキー（一九二八～）は、言語[注]は恣意的だという考え方そのものに根本的な批判を①加えました。彼は、言語は人間が生まれつき持っている本能だと主張したのです。もちろん、私たちが実際に言語を話せるようになるためには、経験が必要です。しかし、経験だけでは言語を学ぶことはできないとチョムスキーは言います。彼は、一九五七年に最初の著作『統辞構造論』を出版して以来、一貫して②言語生得説を唱えてきました。

チョムスキー自身は、経験だけでは文法構造を学ぶことができないと主張したのですが、ここでは物の名前を学ぶことを例に挙げて考えてみましょう。

私たちは、子どもに言葉を教えるときに、物を見せてその名前を呼んだりします。たとえば、リンゴを見せて「これはリンゴだよ」と教えます。そのとき子どもは、何がリンゴという名前で呼ばれているのかを自分で理解しなくてはなりません。子どもには、リンゴだけでなく、それを持っている手やお父さんの顔など、さまざまなものが見えています。そのなかのどれが「リンゴ」なのか、どうやったらわかるでしょうか？

指で差してやったらわかるでしょうか。しかし、指の先には、リンゴだけでなく、赤い色も見えます。赤い色が「リンゴ」なのかもしれません。あるいは、何かが手にのっている状態が「リンゴ」なのかもしれません。ひょっとすると指が「リンゴ」なのかもしれません。「リンゴ」という言葉が何を指しているのかには、無数の可能性があります。何かを見せてその名前を呼んだだけで、その名前が見えているものの中のどれを指しているのかを決定することは、論理的に考えると極めて困難なのです。

もしも子どもたちが③この困難を経験のみによって克服するなら、もっとたくさんの経験が必要なはずです。たとえば、「リンゴ」という言葉一つを学ぶために、リンゴは赤い色でない、手にのっている状態でもない、指でも笑っているお父さんでもない……などと、無数の可能性をすべて検証する必要があります。［ I ］実際には、たった一回、リンゴを示して「リンゴだよ」と言っただけで、子どもは何がリンゴなのかを適切に理解してしまいます。

しかも子どもは、「リンゴ」という名前が、眼前に示された物体の固有名ではなく、他のリンゴも「リンゴ」と呼ばれるのだということも理解します。これは、子どもが「名前で呼ばれるべきもの」がどんなものなのかをあらかじめ知っていると考えるほかないでしょう。

そもそも子どもは「物には名前がある」ということも自分で理解しなくてはなりません。たとえば、チンパンジーのような人間に極めて近いと考えられている動物で④さえ、物を見せてその名前を呼ぶような教え方では決して言葉を学びません。チンパンジーには、物には名前があるということが、わからないのです。しかし、物には名前があるということを、どのようにしたら教えることができるでしょうか。これは、名前を教えること自体の前提ですから、単に名前を教えることによって⑤教えることはできないのです。

このように考えると、言語を学ぶためには、言語とは何なのかについての知識があらかじめ子どもの側に備わっていなくてはならないはずです。「物には名前がある」とか「名前は種類を示す」とか、さらには「個体識別することが重要なものについては固有名詞がある」「行為や動作を示す言葉（動詞）もある」「⑥文章は語順によって意味がまったく変わってしまうことがある」といったことを、子どもの側があらかじめ知っているからこそ、⑦子どもは短い期間で言語を獲得することができるのです。

このように、言語を学ぶためには経験だけでなく、前提となる知識が必要だというチョムスキーの主張はもっともなので、現在の言語学では定説の一つとなっています。

もちろん、その前提となる知識が具体的にどのような知識で、どのような形で遺伝子に書き込まれているのかといった点については論争があります。たとえば、「子どもはリンゴが何かをあらかじめ知っている」というのは、あきらかに無理のある主張です。この世界にある、名前で呼ばれるべきものがすべて人間の遺伝子に書き込まれているわけがありません。他方、もう少し一般的な能力、たとえば⑧物体を識別し、その類似性を判断する能力なら、遺伝的だといってよいかもしれません。

いずれにせよ、言語は単に［Ⅱ］のみによって学ばれるのではなく、人間の生得的な要素が関わっていることは、まず間違いないでしょう。

【山口裕之《やまぐちひろゆき》『「みんな違ってみんないい」のか？　相対主義と普遍主義の問題』ちくまプリマー新書より】

注　言語は恣意的だという考え方…言葉の意味は、その言葉を使用する集団の必要性によって決まるとする考え方

1　①加えました　とありますが、この文節は、いくつの単語に分けられますか。**漢数字**で答えなさい。

2　②言語生得説　とありますが、どのような主張のことですか。同じ段落から**十九字**で抜き出し、**初めと終わりの三字**を答えなさい。

3　③この困難　とありますが、どのようなことが困難なのですか。「リンゴ」という言葉を使って、具体的に説明しなさい。

4　［Ⅰ］に入る言葉として最も適切なものを、次の**ア**～**エ**から選び、**記号**で答えなさい。

ア　つまり　**イ**　しかし　**ウ**　そして　**エ**　また

5　④さえ　と同じ意味・用法で使われているものを、次の**ア**～**エ**から一つ選び、**記号**で答えなさい。

ア　近くでさえ旅行は楽しい。　**イ**　星はもちろん月さえ見えない。

ウ　読書さえできれば幸せだ。　**エ**　寒い上に風さえ吹きはじめた。

6　⑤教えることはできないのです　とありますが、何を教えることができないのですか。解答欄に合う形で本文中から**八字**で抜き出しなさい。

7　⑥文章は語順によって意味がまったく変わってしまうことがある　とありますが、次の文は二通りの解釈が考えられます。あとの条件に従って、「弟だけが発表会に出る」と解釈できるように書き直しなさい。

私は妹と弟の発表会に行く。

条件1　文節の順序を入れ替える。

条件2　新しい語句を加えず、使われている語句のみを使う。

8　⑦子どもは短い期間で言語を獲得することができる　とありますが、なぜですか。その理由として最も適切なものを、次の**ア**～**エ**から選び、**記号**で答えなさい。

ア　生まれた時から経験を多く積み重ねることで言語を学ぶから。

イ　名前で呼ばれるものはすべて遺伝子に書き込まれているから。

ウ　繰り返し教えられることで次第に物の名前を覚えていくから。

エ　言語を学ぶために必要な知識があらかじめ備わっているから。

9　⑧物体を識別し、その類似性を判断する　とありますが、「類似性を判断する」とはどうすることだと筆者は考えていますか。本文全体を踏まえて、「名前」、「物体」という言葉を使って説明しなさい。

10　［Ⅱ］に入る最も適切な言葉を、本文中から抜き出し、この文章における筆者の主張を完成させなさい。

三　次の文章を読んで、あとの問いに答えなさい。（一部表記を改めたところがある。）

大学生の梨木《なしき》は、同級生の香山《かやま》と二人で、二度目のマラソン大会に参加した。完走後、梨木が気になっていたことを香山に尋ねると、香山は自分の中学生時代のことを語る。次は梨木の話が聞きたいと香山に促され、梨木は自分のことを語る。

「そっか。それで、梨木、体育館で俺に声かけてくれたんだ。速く走れるよりよっぽどすごい」

香山は①真顔で感心してくれた。

「ただの偶然。それを一人で特別な力だって信じこもうと必死で」

「そうなの？」

「そう。ぼくは、本当にごく普通の平均ど真ん中のやつでさ。ほら、今日も二十五位だっただろう」

「何でもそつなくこなせるって、いいじゃん」

そう言う香山に、ぼくは首を横に振った。

「長所もないんだよ。運動も勉強もなにもかも、とにかく普通でさ。特徴ゼロ。②そんな自分をずっとどうにかしたかったんだ」

「できないんじゃなくて、それなりにできるんだろう。それってそんなに悩まないといけないことか？」

③香山は腑《ふ》に落ちない顔をする。

「そう言われたらそうかもしれないけど、でも、ぼくの家は親も姉もみんな何かができて、そのせいか、平凡なことがものすごくつまらなく感じて。だから、人の心が読めるって言われた時、ようやく何か特別なものを与えられたようで、それに飛びついてた」

中学や高校の時のぼくは、走るのを辞めた時の香山と同じように無知で、自分の能力を信じこめる力があった。

「だけど、多少は他人のことがわかるんだろう？　俺に声かけてくれた時も、あたってたよ」

「誰だって人の心ぐらい読めることあるよ。もちろん、当たりはずれもあるだろうけどさ。その程度のものに、自分の個性だってしがみついて、特別な力だと自分自身に言い聞かせてた。ぼくは人の心がわかる。人とは違う部分があるって」

④「人の心が読める」そんなの、共に時間を重ねれば、誰でもできることだ。完全に正しく他人をわかることは不可能だ。けれど、一緒にいれば相手が何を考えているのか、どんな気持ちでいるのか、気づけることだってある。そんなごく当たり前のことを、自分の力だと信じないと進めないくらいに、ぼくは何も持っていなかった。

「普通って何がだめなの？」

香山は⑤眉をひそめた。

そう言えるのは、香山が自分だけのものを持っているからだ。人より速い走力も、それを放棄した後悔も、真剣さを捨てられない今の自分も、香山だけのものだ。

「もしさ、普通がありきたりでつまらないって意味なら、⑥梨木は普通じゃないから」

「そうかな」

「そう。普通とか平凡とかよくわかんないけど、少なくとも俺にとっては普通じゃない。だってさ、突然体育館で俺のこと励ましだしたかと思ったら、二回も一緒にマラソン大会出てるんだぜ。これのどこが普通？」

香山はそう笑った。香山の他意が含まれない笑顔は、見ているだけで胸のつかえを取ってくれる。

「しかも、お互い勝手にエントリーされてるしな」

ぼくも笑った。

川原はテントや机などが片付けられ、ランナーたちも少なくなってきた。「そろそろ行こうか」とぼくたちも立ち上がって、歩きだした。走り終え、汗が引いた体がひんやりと冷たい。

「次は、どこを走ろうか」

香山の誘いに、

「走るなら春がいいな。暖かい中、緩やかで平坦《へいたん》な道を走りたい。五キロ以内で」

とぼくは答えた。ゴール近くで無理したせいで、ふくらはぎが痛い。

「次はハーフ[注]行こうぜ、ハーフ」
「本気?」
「もちろん。それで、四年生になったらさ、ホノルルマラソン出ようよ。卒業旅行とかねて」
　香山の声は弾んでいる。
「くれぐれも言っておくけど、ぼくは走るのが好きなわけじゃないからな」
「はいはい。今日って俺が無理やりエントリーされたから、⑦次は逆な。俺がいい大会見つけて申し込んでおくから楽しみにしといて」
　放っておいたら、とんでもない大会に出ることになりかねない。十キロが限界だ。それ以上走ったら、速攻倒れるから。と念を押したけど、
「知らないレースを走るって、ドラマチックだろう。普通じゃ考えられない」
　と香山はけらけら笑った。
「⑧もう普通でいいや。うん。普通って一番だよな」
「またまた。俺が特別なレース探しとくわ」
「本当やめてくれ。もう今日だってへとへとなのに」
「俺が梨木の心を読んでみるに、うん、走りたいって言ってる」
「少しも言ってないから」
　二人でそんなことを言い合いながら、駅へと向かう。打ち明け話にどうでもいい話。こんなことを繰り返しながら、ぼくたちは少しずつ確かなものを手に入れていくんだ。そんな当たり前のことを知ったような気がした。

【瀬尾《せお》まいこ『掬《すく》えば手には』より】

注　ハーフ…四二・一九五キロメートルを走るフルマラソンの半分を走るマラソンのこと

1　①真顔で　とありますが、どのような意味ですか。最も適切なものを、次の**ア**～**エ**から選び、**記号**で答えなさい。

ア　興奮した様子で　　**イ**　冷たい様子で
ウ　真面目な様子で　　**エ**　厳格な様子で

2　②そんな自分　とありますが、どのような自分ですか。それを説明した次の文の（　A　）・（　B　）に入る**漢字二字**を、それぞれ答えなさい。ただし、Bは本文中から抜き出し、AはBの対義語を入れなさい。

（　A　）もないが、（　B　）もない、特徴のない自分。

3　③香山は腑《ふ》に落ちない顔をする　とありますが、

(1)　「腑に落ちない顔」とは、ここでは香山のどのような気持ちを表していますか。簡潔に答えなさい。

(2)　香山はどのようなことに対して「腑に落ちない顔」をするのですか。簡潔に答えなさい。

4　④「人の心が読める」そんなの、共に時間を重ねれば、誰でもできることだ　とありますが、「人の心が読める」とはどのようなことだと梨木は考えていますか。それを説明した次の文の（　A　）・（　B　）に入る言葉を、本文中の言葉を使って簡潔に答えなさい。

他人のことを（　A　）はできないが、一緒にいれば（　B　）ができるということ。

5　⑤眉をひそめた　とありますが、どのような動作のことですか。解答欄に合う形で答えなさい。

6　⑥梨木は普通じゃない　とありますが、これは、香山が梨木の今までの行動をどのように捉えていることによる発言ですか。梨木の行動に触れて簡潔に説明しなさい。

7　⑦次は逆な　とありますが、誰が申し込みをするということですか。本文中の人物名を答えなさい。

8　⑧もう普通でいいや。うん。普通って一番だよな　とありますが、この言葉から分かる梨木の気持ちの変化を、本文全体を踏まえて説明しなさい。

四 次は、北宋の時代の詩人である蘇軾《そしょく》の漢詩（下段は書き下し文）と漢詩を訳した詩である。これらを読んで、あとの問いに答えなさい。（一部表記を改めたところがある。）

春夜　蘇軾

春宵一刻①値[A]金
花ニ有二リ清香一月ニ②有レリ陰
歌管楼台③声細細
鞦韆院落夜沈沈

春宵《しゅんせう》一刻値[A]金
花に清香有り月に〔　　　〕
注1歌管楼台声細細
注2鞦韆《しうせん》注3院落夜沈沈

注1…歌管　歌と楽器
注2…鞦韆　ぶらんこ
注3…院落　屋敷の中庭

〈右の漢詩を訳した詩〉

はるのよの　ひとときは　かけねなき　ゆめごこち
きよらかに　かおるはな　ほんのりと　かげるつき
うたげなす　たかどのの　ほそぼそと　ねはとどき
なかにわの　ぶらんこに　[B]　よはふける

【小津夜景《おづやけい》『漢詩の手帖《てちょう》　いつかたこぶねになる日』より】

1　①値[A]金　とありますが、詩を参考に[A]に入る漢数字として最も適切なものを、次の**ア**～**エ**から選び、**記号**で答えなさい。
ア　一　**イ**　十　**ウ**　百　**エ**　千

2　②有リレ陰　を、**すべてひらがな**の書き下し文に直しなさい。ただし、「陰」は「かげ」と読む。

3　③声　とは、何を表していますか。漢詩の中から抜き出しなさい。

4　[B]に入る言葉として最も適切なものを、次の**ア**～**エ**から選び、**記号**で答えなさい。
ア　りんりんと　**イ**　ぎいぎいと
ウ　しんしんと　**エ**　きらきらと

5　この漢詩の説明として最も適切なものを、次の**ア**～**エ**から選び、**記号**で答えなさい。
ア　第一句では、春の夜の心地よい眠りを楽しむ様を表現している。
イ　第二句では、感覚的に捉えた春の夜の風物の美を表現している。
ウ　第三句では、高い建物の中で不安に思う気持ちを表現している。
エ　第四句では、ぶらんこを詠《よ》み込み軽やかな動きを表現している。

五

国語科の授業で、相手や場面に応じた適切な言葉について学習しました。学校生活で使われるカタカナ語について国語辞典で調べたところ、あなたは、次の①〜③のAのカタカナ語には、それぞれBの語の意味があり、Bの語に置き換えて使える場合があることに気付きました。①〜③から一つ選び、あとの【条件】に従ってあなたの意見を書きなさい。

① A プロジェクト　B 企画

② A プレゼンテーション　B 発表

③ A レクリエーション　B 娯楽

【条件】

1 □に選んだ**番号**を書く。

2 二段落構成とし、各段落の内容は次の3、4のとおりとする。

3 第一段落は、あなたが選んだ番号の、A、Bそれぞれの言葉の意味を踏まえ、その言葉から受ける印象について、共通点と相違点を書く。

4 第二段落は、第一段落の内容を踏まえて、A、Bのどちらか一方の言葉を使う具体的な場面を、その言葉を使う理由も含めて書く。

5 A、Bそれぞれの言葉を使う場合には、A、Bの記号を用いて書く。

(例)「プロジェクトは、……」と書く場合は、「Aは、……」と表す。

6 原稿用紙の使い方に従い、**百八十字以上**、**二百二十字以内**で書く。

令和５年度

県立高等学校入学者選抜学力検査問題

（令和５年３月実施）

検査５　数　　学

11：00　～　11：50

注　　意

1　監督の先生の指示があるまで，開いてはいけません。

2　問題は，６ページあります。

3　「開始」の合図があったら，はじめなさい。

4　答えは，すべて，解答用紙に記入しなさい。

・答えに $\sqrt{\ }$ がふくまれるときは，$\sqrt{\ }$ の中の数を最も小さい自然数にしなさい。
・答えの分母に $\sqrt{\ }$ がふくまれるときは，分母を有理化しなさい。

5　「終了」の合図で，すぐ筆記用具をおき，解答用紙を裏返しにしなさい。

6　その他，監督の先生の指示に従いなさい。

1　次の問いに答えなさい。

(1)　$9+2\times(-3)$ を計算しなさい。

(2)　$3x^2y\times4y^2\div6xy$ を計算しなさい。

(3)　$\dfrac{9}{\sqrt{3}}-\sqrt{48}$ を計算しなさい。

(4)　$3(3a+b)-2(4a-3b)$ を計算しなさい。

(5)　連立方程式 $\begin{cases}2x+5y=-2\\3x-2y=16\end{cases}$ を解きなさい。

(6)　2次方程式 $(x-2)^2=25$ を解きなさい。

(7)　a個のチョコレートを1人に8個ずつb人に配ると5個あまった。これらの数量の関係を等式で表しなさい。

(8)　2つのさいころA，Bを同時に投げるとき，出た目の大きい数から小さい数をひいた差が3となる確率を求めなさい。

ただし，それぞれのさいころの1から6までのどの目が出ることも同様に確からしいものとし，出た目の数が同じときの差は0とする。

(9)　右の図のような平行四辺形ABCDがあり，BEは∠ABCの二等分線である。∠xの大きさを求めなさい。

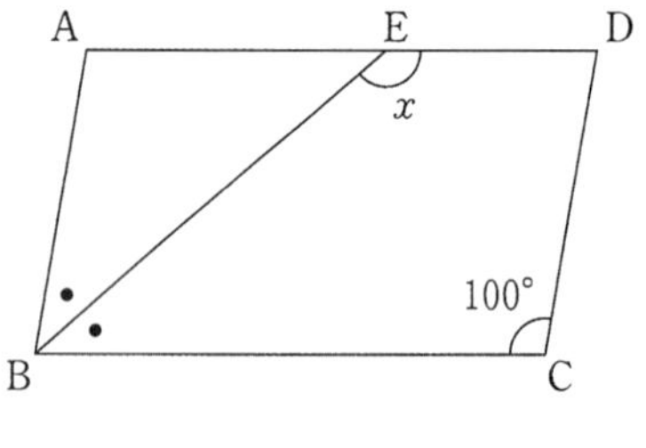

(10)　右の図形は円である。この図形の対称の軸を1本，作図によって求めなさい。

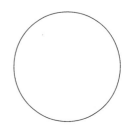

ただし，作図に用いた線は残しておくこと。

2 右の図のように，関数 $y=\frac{1}{2}x^2$ のグラフ上に2点A，Bがあり，x 座標はそれぞれ -4，2である。

このとき，次の問いに答えなさい。

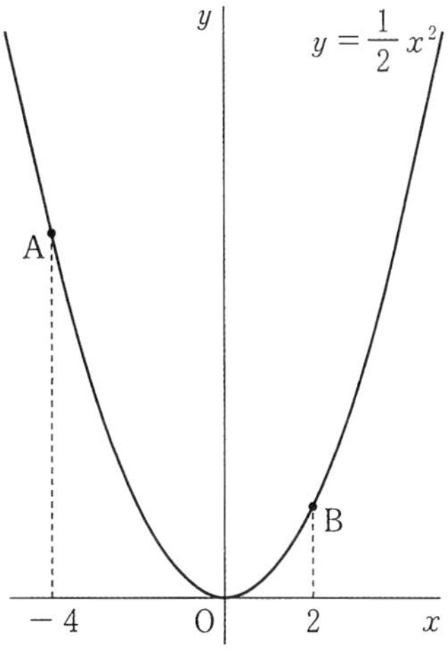

⑴ 関数 $y=\frac{1}{2}x^2$ について，x の変域が $-1 \leqq x \leqq 2$ のときの y の変域を求めなさい。

⑵ △OABの面積を求めなさい。

⑶ 点Oを通り，△OABの面積を2等分する直線の式を求めなさい。

3 A中学校とB中学校では，英語で日記を書く活動を行っている。A中学校P組の生徒数は25人で，B中学校Q組の生徒数は40人である。右の表は，P組，Q組の生徒全員について，ある月に英語で日記を書いた日数を度数分布表に整理したものである。

このとき，次の問いに答えなさい。

階級（日）	度数（人）	
	A中学校 P組	B中学校 Q組
以上　　未満		
0 ～ 5	3	2
5 ～ 10	3	5
10 ～ 15	6	12
15 ～ 20	7	8
20 ～ 25	5	8
25 ～ 30	1	5
計	25	40

⑴ P組について，0日以上5日未満の階級の相対度数を求めなさい。

⑵ P組について，中央値がふくまれる階級を答えなさい。

⑶ 度数分布表からわかることとして，**必ず正しいといえる**ものを次の**ア**～**オ**からすべて選び，記号で答えなさい。

ア　Q組では，英語で日記を15日以上書いた生徒が20人以上いる。

イ　P組とQ組では，英語で日記を書いた日数の最頻値は等しい。

ウ　P組とQ組では，英語で日記を書いた日数が20日以上25日未満である生徒の割合は等しい。

エ　英語で日記を書いた日数の最大値は，Q組の方がP組より大きい。

オ　5日以上10日未満の階級の累積相対度数は，P組の方がQ組より大きい。

4 下の図のように，縦の長さが1 cm，横の長さが2 cmの長方形のタイルを1枚置き，1番の図形とする。1番の図形の下に，タイル2枚を半分ずらしてすきまなく並べてできた図形を2番の図形，2番の図形の下に，タイル3枚を半分ずらしてすきまなく並べてできた図形を3番の図形とする。以下，この作業を繰り返してできた図形を，4番の図形，5番の図形，… とする。

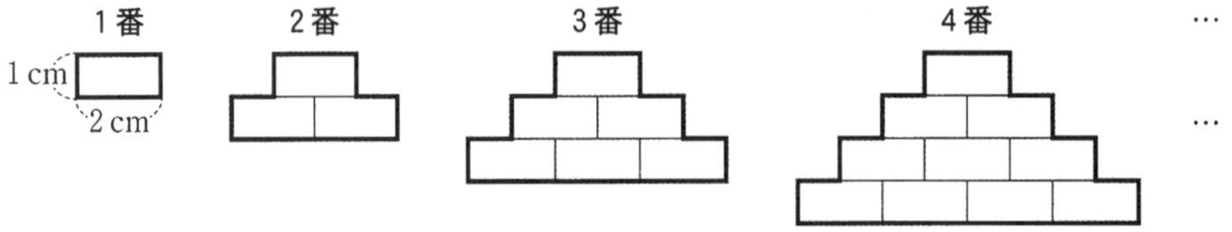

ひかるさんとゆうきさんは，1番，2番，3番，… と，図形の番号が変わるときの，タイルの枚数や周の長さについて話している。ただし，図形の周の長さとは，太線(━━)の長さである。2人の[会話Ⅰ]，[会話Ⅱ]を読んで，それぞれについて，あとの問いに答えなさい。

[会話Ⅰ]

ひかる　図形のタイルの枚数を調べると，1番の図形は1枚，2番の図形は3枚になり，6番の図形は [ア] 枚になるね。

ゆうき　私は図形の周の長さを調べてみたよ。1番の図形は6 cm，2番の図形は12 cmになり，n番の図形はnを使って表すと，[イ] cmとなるね。

(1)　[会話Ⅰ]の [ア] にあてはまる数を求めなさい。

(2)　[会話Ⅰ]の [イ] にあてはまる式を，nを使って表しなさい。

[会話Ⅱ]

ひかる　図形のタイルの枚数について，表にまとめてみたよ。

図形の番号(番)	1　2　…
タイルの枚数(枚)	1　3　…

ゆうき　私は図形の周の長さについて，表にまとめてみたよ。

図形の番号(番)	1　2　…
周の長さ(cm)	6　12　…

ひかる　2つの表をくらべると，[ウ] 番の図形では，タイルの枚数が [エ] 枚で，周の長さが [エ] cmとなって，数値が等しくなっているよ。

ゆうき　そうだね。単位はちがっても，数値が等しくなるのはおもしろいね。

(3)　[会話Ⅱ]の [ウ]，[エ] にあてはまる数をそれぞれ求めなさい。

	(3)					
	(4)					
	(5)	富山県		C 県		
	(6)	X		県		

3	(1)	語句		記号			
	(2)	X					
		Y					
	(3)	I		Ⅳ			
	(4)						
	(5)						
	(6)	①	1		4		
		②	I		Ⅱ		

5		③				
	(3)	①				
		②	記号			
			X		Y	

6	(1)				
	(2)	P		X	
	(3)				
	(4)				
	(5)				
	(6)				

国語　解答用紙

（令和5年3月実施）

一

ア	イ	ウ	エ	オ	カ
	む			む	

二

1	2	3	4	5	6
	〜				ということ。

三

1	2 A	2 B	3 (1)	3 (2)	4 A	4 B	5	6	7	8
							眉の間に　　こと。			

受検番号

※40点満点
※（配点非公表）

3	(2)	X		Y		
	(3)					
	(4)					
	(5)					

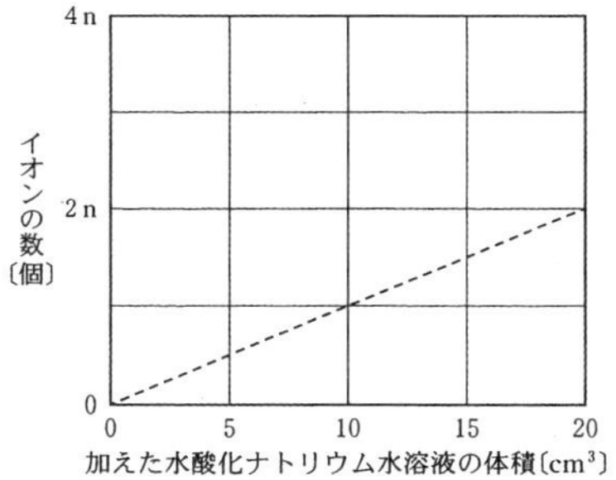

4	(1)	P		Q		
	(2)	X		Y		Z
	(3)					
	(4)					
	(5)					

7	(2)	X		Y		
	(3)					
	(4)					
	(5)		座から		座の間	

8	(1)					A
	(2)	X		Y		
	(3)					

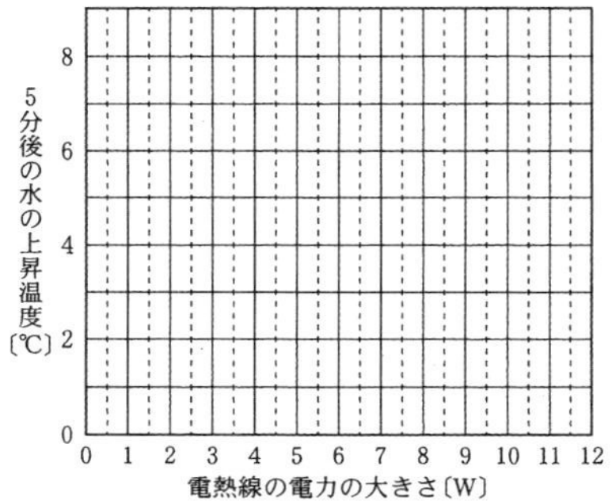

8	(4)	P				
		Q		R		S

	(4)	

3

〔1〕	(1)	Do (　　　　　　　　　　　　　　　　　　　　)?
	(2)	(　　　　　　　　　　　　　　　　　　　　).
	(3)	(　　　　　　　　　　　　　　　　　　　　).
〔2〕	③	(　　　　　　　　　　　　　　　　　　　　)?
	⑦	Wow, “Space Tea.” (　　　　　　　　　　). Thank you.
	⑧	Hi, Tatsuya! The “Space Tea” was good. I became interested in space too. (　　　　　　　　　　　　　　　　　　　　)?
〔3〕		25 語

	(10)	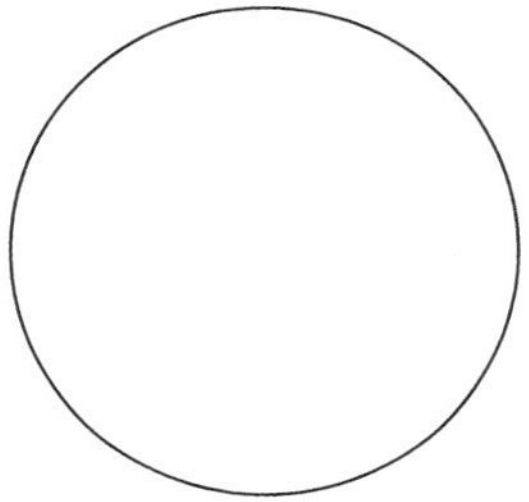
2	(1)	≦ y ≦
	(2)	
	(3)	y =
3	(1)	
	(2)	日 以上　　日 未満
	(3)	

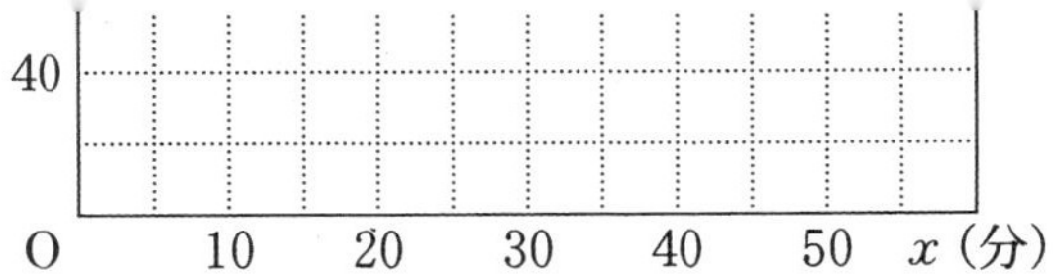

	(3)	分　　秒後
	(4)	cm
7	(1)	[証明]
	(2)	:
	(3)	cm^2

数　学　解答用紙

（令和５年３月実施）

受検番号	

※　※40点満点（配点非公表）

1	(1)	
	(2)	
	(3)	
	(4)	
	(5)	$x =$　　，　$y =$
	(6)	$x =$　　，　$x =$
	(7)	
	(8)	
	(9)	度

4	(1)				
	(2)				
	(3)	ウ		エ	
5	(1)	cm			
	(2)	cm^3			
	(3)	回			
	(1)	$y =$			
	(2)	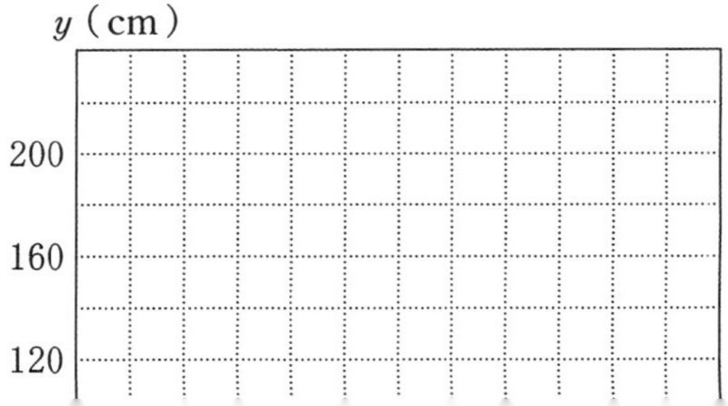			

【解答用

英語（筆記テスト）解答用紙

（令和５年３月実施）

受検番号	

※ リスニングと合わせて40点満点（配点非公表）

1

〔１〕	(あ)			(い)			
〔２〕	(1)		(2)	①		②	
〔３〕	(1)						
	(2)	①					
		②					
	(3)						
	(4)	Hello. （ ）. See you.					

2

〔１〕	(1)	①		②		(2)		
	(3)							
〔２〕	(1)	ア			イ			
	(2)	A		B	C		D	

【解答用

理　　科　　解答用紙

（令和5年3月実施）

受検番号	

※40点満点
（配点非公表）
※

1	(1)							
	(2)							
	(3)	A → → → → →						
	(4)	D	本	E	本			
	(5)							
2	(1)	P		Q		R		
	(2)	秒						
	(3)	X		Y				
	(4)	①						
		②	秒後					

5	(1)							
	(2)	種類						
	(3)							
	(4)							
	(5)							
6	(1)	①		②		③		
	(2)	①						
		②						
	(3)	酸素が多いところでは						
		酸素が少ないところでは						
	(4)	P		Q		R		

【解答用

五

選んだ番号

(220字) (180字) (20字×11行)

10	9	8

四

5	4	3	2

社　会　解答用紙

（令和５年３月実施）

受検番号	

※40点満点
（配点非公表）

※

1	(1)				
	(2)	記号			
		名称	造山帯		
	(3)	あ		い	
	(4)	①			
		②			
	(5)				
	(6)	→ → →			
	(1)	県			
	(2)				

4	(1)				
	(2)	→ → →			
	(3)	・			
		・			
	(4)	P		X	
	(5)				
	(6)				
	(7)	I		Ⅲ	
	(1)	①	新聞		インターネット
		②	P		S
		①			

【解答用

5 右の図1のように，円すいを底面に平行な平面で切ってできる2つの立体のうち，底面をふくむ立体をPとする。円すいの底面の半径は3 cm，切り口の円の半径は2 cm である。また，線分ABは円すいの母線の一部分であり，その長さは10 cm である。

このとき，次の問いに答えなさい。

ただし，円周率はπとする。

図1

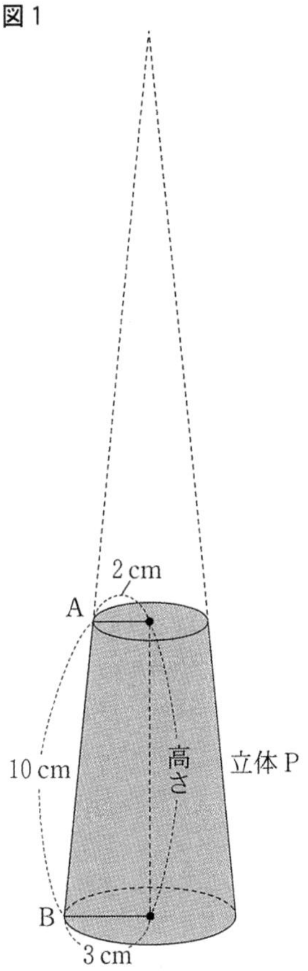

(1) 立体Pの高さを求めなさい。

ただし，立体Pの高さとは，円すいの底面の円の中心と切り口の円の中心を結んだ線分の長さである。

(2) 立体Pの体積を求めなさい。

(3) 下の図2のように，立体Pをたおして平面上に置き，すべらないように転がしたところ，立体Pは，点Oを中心とする2つの円の間を何回か回転しながら1周して，もとの位置にもどった。このとき，立体Pは何回の回転をしたか求めなさい。

図2

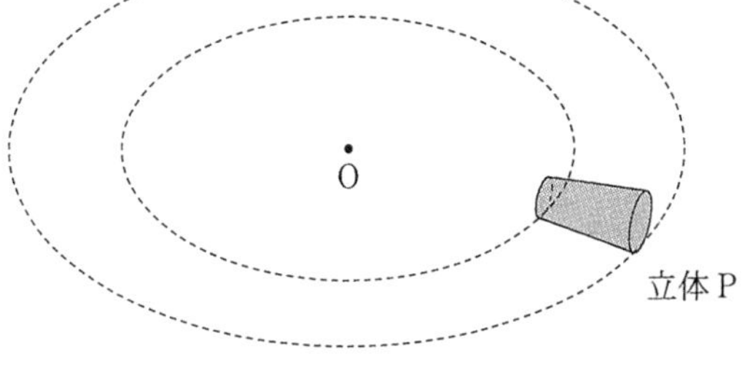

6 右の図1のように，高さが 200 cm の直方体の水そうの中に，3つの同じ直方体が，合同な面どうしが重なるように階段状に並んでいる。3つの直方体および直方体と水そうの面との間にすきまはない。この水そうは水平に置かれており，給水口Ⅰと給水口Ⅱ，排水口がついている。

図2はこの水そうを面ABCD側から見た図である。点E，Fは，辺BC上にある直方体の頂点であり，BE＝EF＝FCである。また，点G，Hは，辺CD上にある直方体の頂点であり，CG＝GH＝40 cmである。

この水そうには水は入っておらず，給水口Ⅰと給水口Ⅱ，排水口は閉じられている。この状態から，次の**ア**～**ウ**の操作を順に行った。

> **ア**　給水口Ⅰのみを開き，給水する。
> **イ**　水面の高さが 80 cm になったときに，給水口Ⅰを開いたまま給水口Ⅱを開き，給水する。
> **ウ**　水面の高さが 200 cm になったところで，給水口Ⅰと給水口Ⅱを同時に閉じる。
> 　ただし，水面の高さとは，水そうの底面から水面までの高さとする。

図1

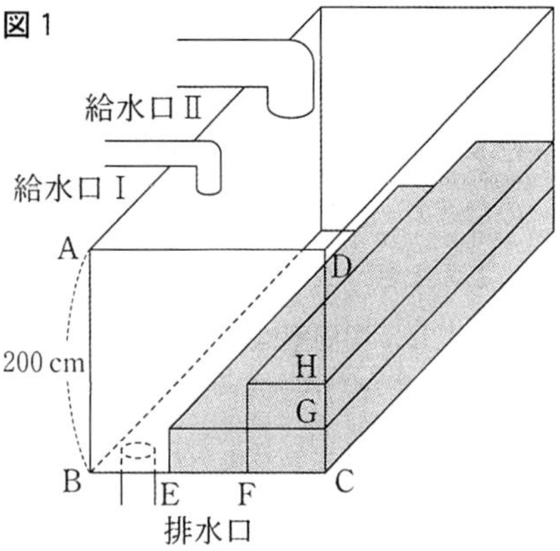

図2

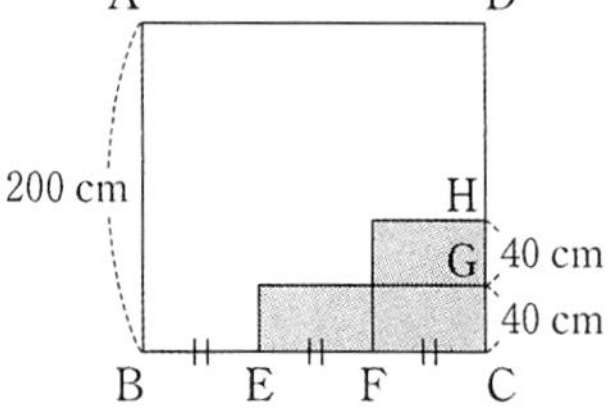

給水口Ⅰを開いてから x 分後の水面の高さを y cm とするとき，x と y の関係は，右の表のようになった。

このとき，次の問いに答えなさい。

ただし，給水口Ⅰと給水口Ⅱ，排水口からはそれぞれ一定の割合で水が流れるものとする。

表

x(分)	0	5	50
y(cm)	0	20	200

(1) $x=1$ のとき，y の値を求めなさい。

(2) 給水口Ⅰを開いてから，給水口Ⅰと給水口Ⅱを同時に閉じるまでの x と y の関係を表すグラフをかきなさい。

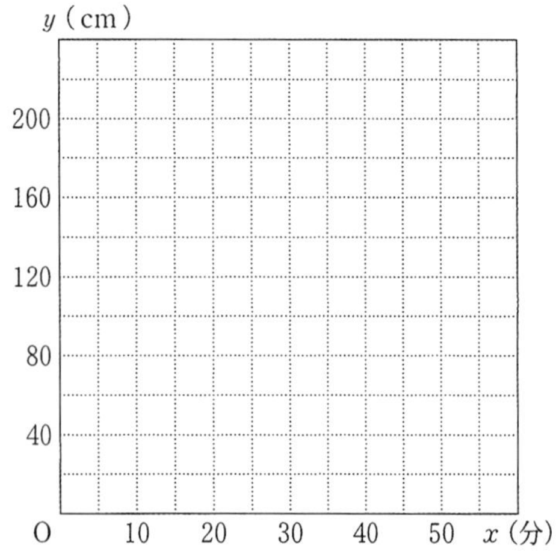

(3) 水面の高さが 100 cm になるのは，給水口Ⅰを開いてから何分何秒後か求めなさい。

(4) 水面の高さが 200 cm の状態から，給水口Ⅰと給水口Ⅱを閉じたまま排水口を開いたところ，60分後にすべて排水された。排水口を開いてから48分後の水面の高さを求めなさい。

7 右の図1のように，線分ABを直径とした円Oがある。円Oの周上に点Cがあり，AC = BCである。また，点Aを含まない弧BC上に点Dをとり，線分ADと線分BCの交点をE，直線ACと直線BDの交点をFとする。

このとき，次の問いに答えなさい。

ただし，点DはB，Cと一致しないものとし，円周率はπとする。

図1

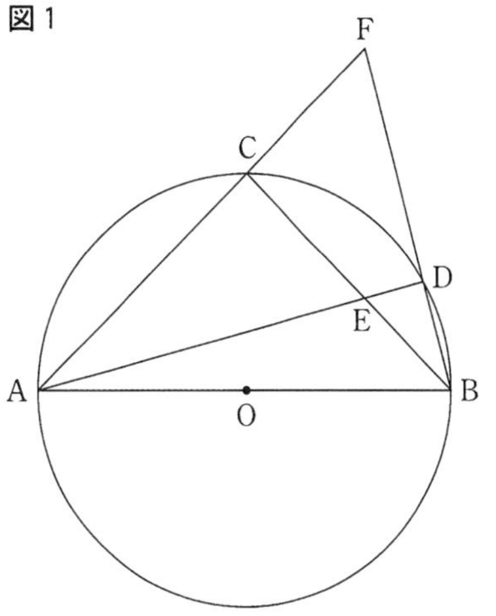

(1) △ACE ≡ △BCFを証明しなさい。

(2) 点Dを，図2のように∠CAD = 15°となるようにとったとき，△ACEと△BDEの面積比を求めなさい。

図2

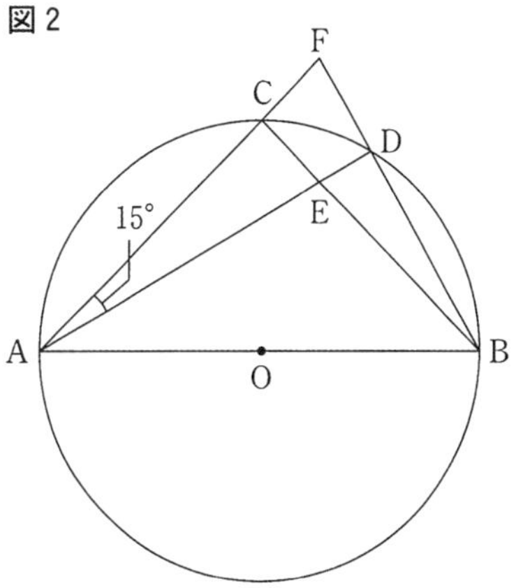

(3) 点Dを，図3のように△ABFの面積が△ABEの面積の2倍となるようにとる。

AB = 6 cmのとき，図の斜線部分の面積を求めなさい。

図3

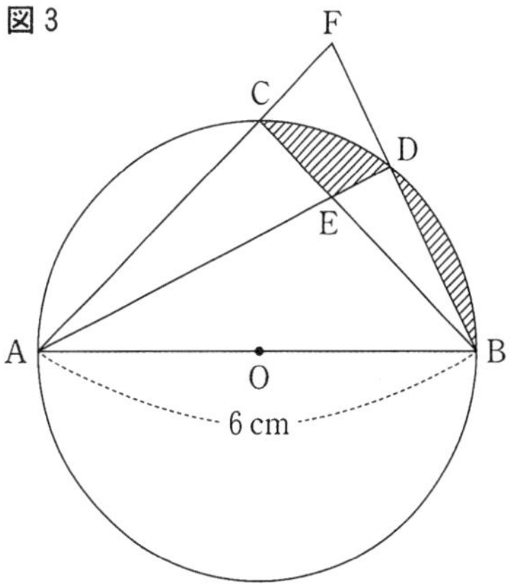

令和５年度

県立高等学校入学者選抜学力検査問題

（令和５年３月実施）

検査３　理　　科

11：50　～　12：40

注　　意

1　監督の先生の指示があるまで，開いてはいけません。

2　問題は，６ページあります。

3　「開始」の合図があったら，はじめなさい。

4　答えは，すべて，解答用紙に記入しなさい。

5　「終了」の合図で，すぐ筆記用具をおき，解答用紙を裏返しにしなさい。

6　その他，監督の先生の指示に従いなさい。

1　図1は，タマネギの根の先端のようすを表したものである。図2のP～Rは，図1のa～cのいずれかの部分の細胞を染色し，顕微鏡を使って同じ倍率で観察したものである。また，図3は，図2のPと同じ部分から新たに得た細胞を，うすい塩酸にひたした後，染色してつぶし，顕微鏡を使って同じ倍率で観察したものである。あとの問いに答えなさい。

図1

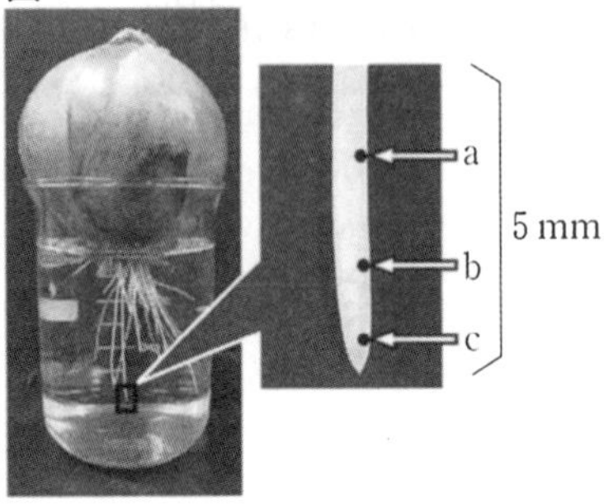

図2

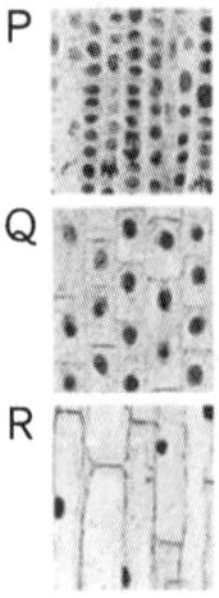

図3

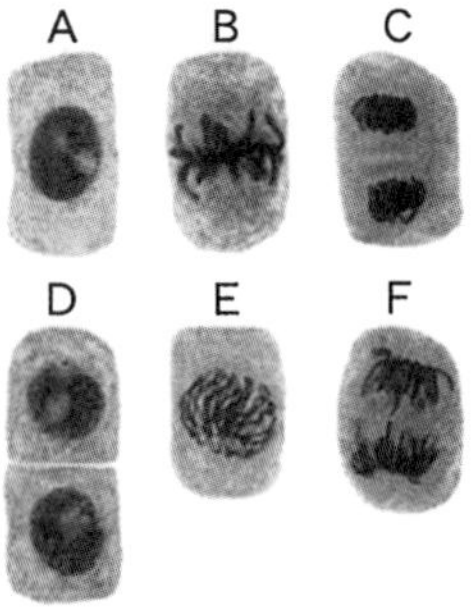

(1)　図1のaの部分を観察したものはどれか，図2のP～Rから最も適切なものを1つ選び，記号で答えなさい。

(2)　下線部の処理をすることで，体細胞分裂が観察しやすくなる。この処理にはどのようなはたらきがあるか，「**細胞分裂を止める**」**以外**で，簡単に書きなさい。

(3)　図3のA～Fを体細胞分裂の順に並べ，記号で答えなさい。ただし，Aを最初とする。

(4)　タマネギの根の細胞で，染色体が複製される前の段階の細胞1個に含まれる染色体の数をX本とした場合，図3のDとEの**細胞1個当たり**の染色体の数を，それぞれXを使って表しなさい。

(5)　染色体について正しく説明したものはどれか。次の**ア**～**エ**から**すべて**選び，記号で答えなさい。

ア　染色体には，生物の形質を決める遺伝子が存在する。

イ　細胞1個当たりに含まれる染色体の数は，どの生物も同じである。

ウ　被子植物において，生殖細胞の染色体の数と，胚の細胞の染色体の数は同じである。

エ　有性生殖では，受精によって子の細胞は，両方の親から半数ずつ染色体を受けつぐ。

2　風のない日に，グラウンドで太郎さんと浩二さんの100 m走のタイムを測定した。図のように，スタートラインとゴールラインはそれぞれ校舎から200 m，100 m離れており，100 m走のコースは校舎に対して垂直である。スタートラインの真横でスターターの花子さんがピストルを鳴らし，ゴールラインの真横で計測者の健一さんがストップウォッチで時間をはかった。次の健一さんと花子さんの会話を読んで，あとの問いに答えなさい。なお，音の伝わる速さは**340 m/s**とする。

健一：すごいな。太郎さんのタイムは13.50秒だったよ。
花子：健一さんは，ストップウォッチのボタンをいつ押しているの？
健一：花子さんの鳴らしたピストルの音を聞いたと同時にボタンを押してはかり始め，ゴールした瞬間にボタンを押してストップさせたよ。
花子：え？　その方法だと，太郎さんがスタートしてからゴールするまで実際にかかる時間を正しく測定できないよ。

図

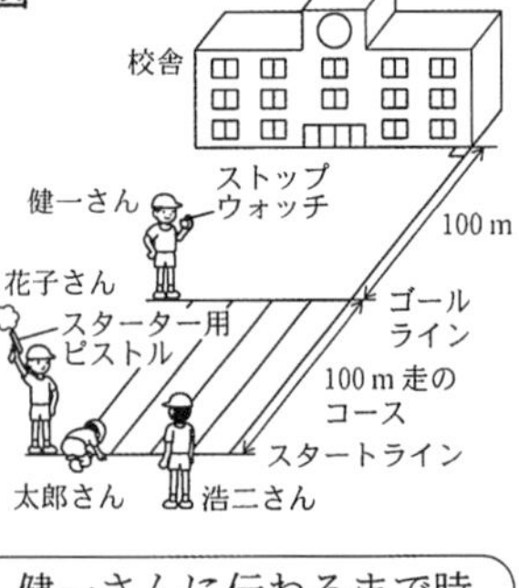

(1)　次の文は，下線部の理由を説明したものである。文中のP～Rの(　　　)の中から適切なものをそれぞれ選び，記号で答えなさい。

ピストルの音はP(**ア**　鳴ると同時に健一さんに伝わる　　**イ**　健一さんに伝わるまで時間がかかる)。そのため，健一さんがピストルの音を聞いたとき，太郎さんはQ(**ウ**　まだスタートしていない　　**エ**　すでにスタートしている)。したがって，この方法で測定した時間は，太郎さんがスタートしてからゴールするまで実際にかかる時間よりもR(**オ**　短くなる　　**カ**　長くなる)。

(2)　太郎さんがスタートしてからゴールするまで実際にかかる時間は何秒か。小数第3位を四捨五入して**小数第2位**まで求めなさい。

(3) スタートしてからゴールするまで実際にかかる時間をより正しく測定するためには，ピストルの音が鳴ると同時に出る煙が見えたときに，ストップウォッチのボタンを押してはかり始めるとよい。次の文は，その理由を説明したものである。文中の空欄（　X　），（　Y　）に適切なことばを書きなさい。

> （　X　）が煙から健一さんまで進む速さは，（　Y　）がピストルから健一さんまで伝わる速さに比べて，はるかに速いから。

(4) 次に，浩二さんのタイムを測定した。浩二さんは走り終えたあと「ピストルの音と同時にスタートしたけど，1回しか鳴らしていないピストルの音が，スタートした後にもう一度前方から小さく聞こえたよ。」と花子さんに話した。

① ピストルの音がもう一度聞こえた理由を簡単に書きなさい。

② 浩二さんが，もう一度ピストルの音を聞いたのはスタートしてから何秒後か。小数第3位を四捨五入して**小数第2位**まで求めなさい。ただし，浩二さんが100 m走るのに実際にかかる時間は12.50秒であり，スタートしてからゴールするまで一定の速さで走ったものとする。

3 酸とアルカリの反応に関する実験を行った。あとの問いに答えなさい。

＜実験＞

㋐ 図1のように，試験管A～Eにそれぞれ$3.0\ cm^3$のうすい塩酸を入れた。それぞれの試験管に，少量の緑色のBTB溶液を入れてふり混ぜた。この結果，すべての試験管の水溶液は黄色になった。

㋑ 試験管B～Eにうすい水酸化ナトリウム水溶液をこまごめピペットで加え，ふり混ぜた。表は，それぞれの試験管に加えた水酸化ナトリウム水溶液の体積をまとめたものである。この結果，試験管Cの水溶液の色は緑色になった。

㋒ ㋑の後，試験管A～Eの試験管の水溶液に小さく切ったマグネシウムリボンを入れた。この結果，いくつかの試験管から気体が発生した。

図1

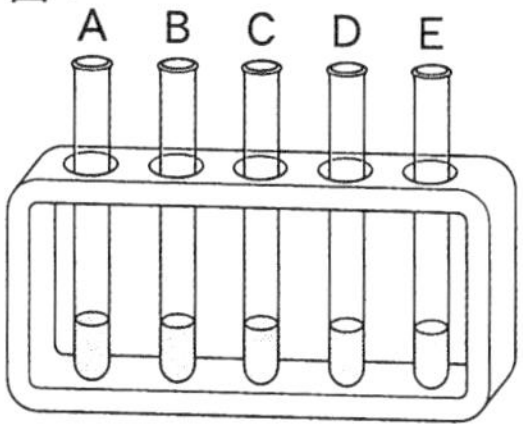

表

試験管	加えた水酸化ナトリウム水溶液の体積〔cm^3〕
A	0
B	1.5
C	3.0
D	4.5
E	6.0

(1) 塩酸に水酸化ナトリウム水溶液を加えたときの反応を，化学反応式で書きなさい。

(2) 次の文は，㋑における試験管B～Eの水溶液中のイオンについて説明したものである。文中の空欄（　X　），（　Y　）に適切なことばを書きなさい。

> 試験管B～Eの水溶液では，塩酸の水素イオンと，水酸化ナトリウム水溶液の（　X　）イオンが結びついて，たがいの性質を打ち消しあう。この反応を（　Y　）という。

(3) 図2は，㋐における試験管Bの水溶液のようすを，水以外について粒子のモデルで表したものである。これを参考に，㋑における試験管Bの水溶液のようすを表した図として最も適切なものを，次の**ア**～**エ**から1つ選び，記号で答えなさい。なお，ナトリウム原子を●，塩素原子を○，水素原子を◎として表している。また，イオンになっている場合は，帯びている電気をモデルの右上に＋，－をつけて表している。

図2

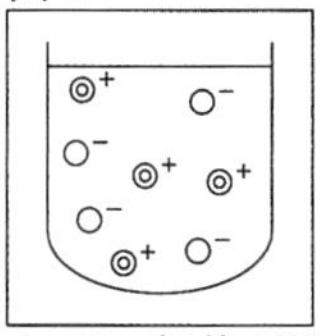

ア

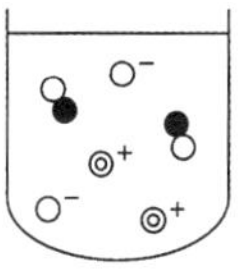

イ

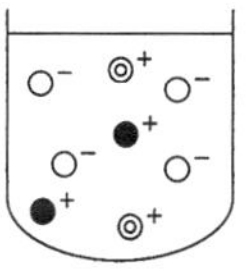

ウ

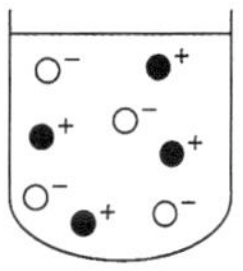

エ

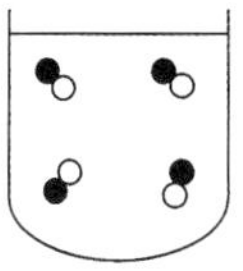

(4) ㋒において，気体が発生する試験管はどれか。試験管A～Eから**すべて**選び，記号で答えなさい。

(5) 実験で使ったものと同じ塩酸と水酸化ナトリウム水溶液を使い，$10\ cm^3$の塩酸を入れたビーカーに，$20\ cm^3$の水酸化ナトリウム水溶液を少しずつ加え，混ぜ合わせた。図3の破線(------)は，加えた水酸化ナトリウム水溶液の体積と，混ぜ合わせた水溶液中のナトリウムイオンの数の関係を表したグラフである。

最初にビーカーに入れた塩酸$10\ cm^3$中の全イオン数(陽イオンと陰イオンの数の合計)を2n個とすると，ビーカーの水溶液中の全イオン数はどのように変化するか。グラフに実線(——)でかき入れなさい。

図3

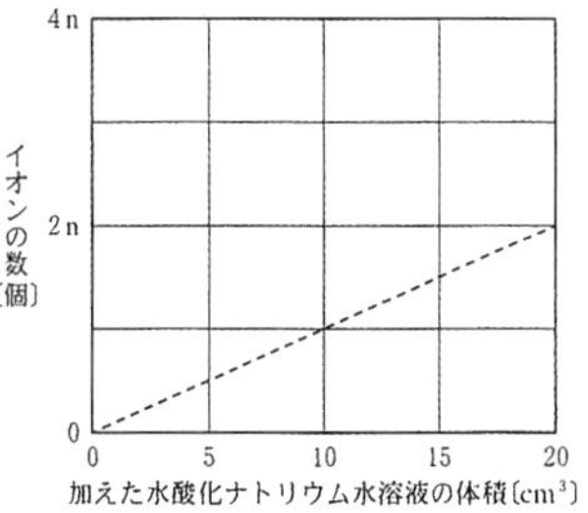

4 図1は，富山県のある場所での3月25日から3月27日までの気温・湿度・気圧の変化を表したものである。次郎さんと広子さんは，これを見て3日間の観測結果について話し合った。あとの問いに答えなさい。

図1
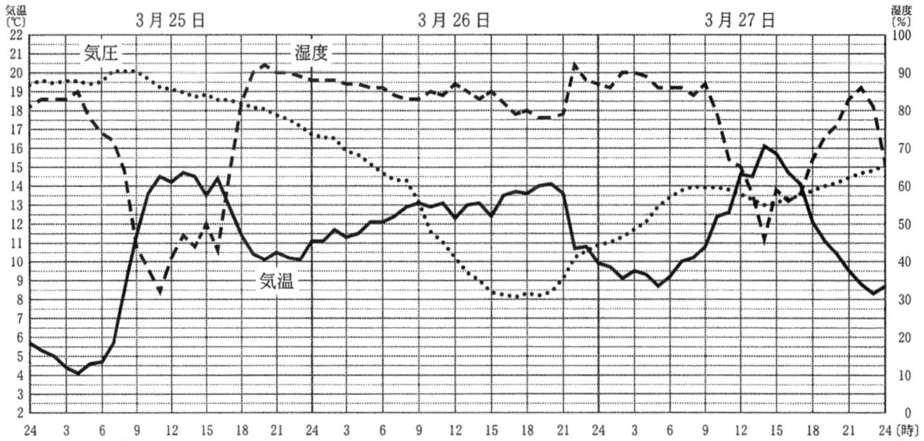

次郎：たしか3月（　P　）日は，9時頃から18時頃までずっと雨だったよね。
広子：そう。あの日は，①洗濯物を日中ずっと干しておいても，あまり乾かなかったのよね。
次郎：確かに。それから3月（　Q　）日は1日中高気圧におおわれて晴れていたよ。不思議だったのは，3日間でこの日の朝だけ，②はいた息が白く見えたことだよね。
広子：そうだったね。あれは霧ができるのと似た現象なのよ。

(1) 会話文中の空欄（　P　），（　Q　）にあてはまる日にちを，数字で答えなさい。

(2) 次の文は，下線部①の理由を説明したものである。文中のX～Zの（　　）の中から適切なものをそれぞれ1つずつ選び，記号で答えなさい。

この日は1日中X（**ア** 気圧　**イ** 湿度　**ウ** 気温）が高く，飽和水蒸気量に対して実際に空気中に含まれる水蒸気量の割合がY（**エ** 大きい　**オ** 小さい）状態であった。そのため，空気中にさらに含むことができる水蒸気量がZ（**カ** 多かった　**キ** 少なかった）ので，洗濯物があまり乾かなかった。

図2
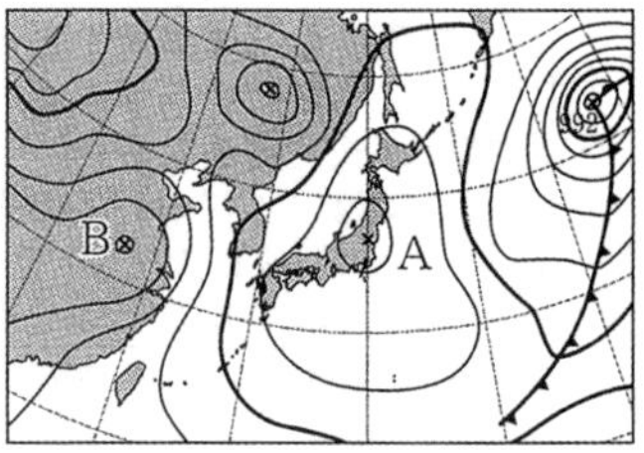

(3) 図2は，3月25日午前9時の天気図であり，図中のAとBは，高気圧と低気圧のどちらかの中心を表している。AとBの組み合わせとして，適切なものはどれか。次の**ア**～**エ**から1つ選び，記号で答えなさい。

ア A：高気圧　B：高気圧　**イ** A：高気圧　B：低気圧
ウ A：低気圧　B：高気圧　**エ** A：低気圧　B：低気圧

(4) 下線部②について，疑問を感じた次郎さんは，ペットボトルを使って次の実験を行った。

＜実験＞

㋐ 乾いたペットボトルに，十分に息を吹き込んで密閉した。

㋑ その後，図3のように，氷水を入れたビーカーの中にペットボトルを入れて，しばらく冷やした。

実験の結果，ペットボトルの冷やされた部分の内側が，細かい水滴で白くくもって見えた。この実験をふまえて，はいた息が白く見えた理由を，「**露点**」，「**水蒸気**」ということばを**すべて**使って簡単に書きなさい。

図3

図4

(5) 図4のように，20℃の少量の水の入った金属製のコップに氷水を少しずつ入れ，かき混ぜながら水温が5℃になるまで冷やす。この実験を，図1の3月25日に行うと，コップの表面に細かい水滴が現れると考えられるのは何時か。次の**ア**～**ウ**から最も適切なものを1つ選び，記号で答えなさい。なお，図5は，気温と飽和水蒸気量の関係を表すグラフである。

ア　6時　　**イ**　12時　　**ウ**　18時

図5
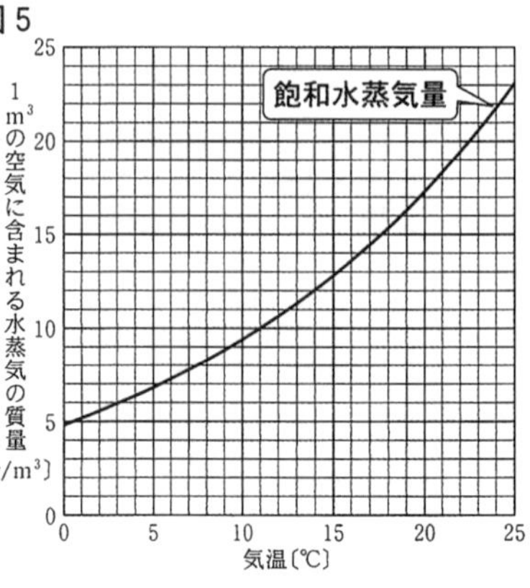

※教英出版注
音声は，解答集の書籍ＩＤ番号を教英出版ウェブサイトで入力して聴くことができます。

英語(聞き取りテスト)解答用紙

(令和５年３月実施)

受検番号	

※

問題Ａ　No. 1 ～No. 3 のそれぞれについて，英文**Ａ**，**Ｂ**，**Ｃ**が順番に読まれます。説明として正しいか，誤っているかを判断して，解答例のように○で囲みなさい。なお，正しいものはそれぞれ１つとは限りません。

解答例	A	B	C
	正	㊣	正
	㊫	誤	㊫

No. 1

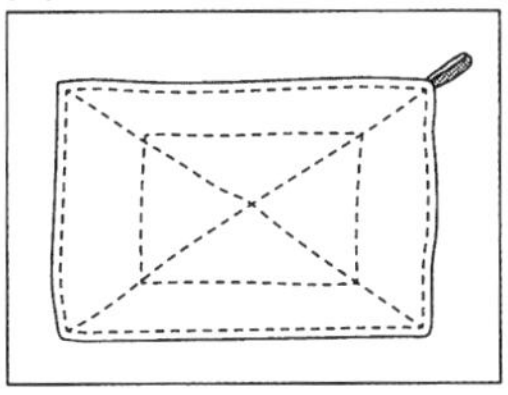

No. 2

TYMショップタウン
定休日　毎月第２水曜日
フロアガイド

５階	レストラン
４階	本・文房具
３階	…………
２階	…………
１階	コーヒーショップ，花　(入口)

No. 3

スターシネマパーク☆
２月 人気映画ランキング

タイトル		制作・上映時間
１位	春の桜	(日本・115分)
２位	天の河	(日本・125分)
３位	サイレントシップ	(アメリカ・135分)
〃	ノレ	(韓国・110分)

No. 1	A	B	C
	正	正	正
	誤	誤	誤

No. 2	A	B	C
	正	正	正
	誤	誤	誤

No. 3	A	B	C
	正	正	正
	誤	誤	誤

問題Ｂ　No. 1 の対話，No. 2 の発表を聞き取り，あとの英語の質問の答えとして最も適切なものを**Ａ**，**Ｂ**，**Ｃ**，**Ｄ**の中から１つ選んで記号で答えなさい。

No. 1

質問１

A　The bus Emma wants to take will come soon.

B　Emma wants to know the way to the art museum.

C　Emma has been teaching in Kita High School.

D　Emma wants to visit a teacher at her school.

質問２

A　He will tell Emma about the art museum.

B　He will introduce Mr. White to Emma.

C　He will talk about his school life with Emma.

D　He will walk to Kita High School.

No. 2

質問１

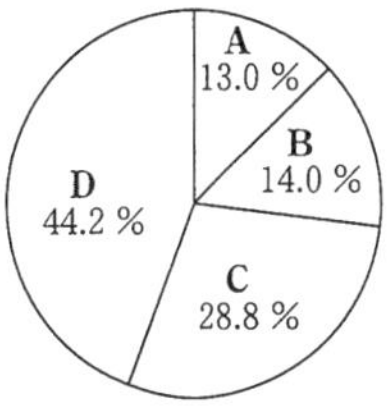

質問２

A　Students must know how to read.

B　Students can read after school.

C　Students should read books.

D　Students will be too busy to read.

No. 1

質問１		質問２	

No. 2

質問１		質問２	

問題Ｃ　台湾(Taiwan)に旅行に行ったマーク(Mark)さんから，ユミ(Yumi)さんに留守番電話のメッセージが届いていました。メッセージを聞いたユミさんは，友達のリサ(Lisa)さんとマークさんに電子メールを送ります。下線部①，②に英語１語を入れて，リサさんへの電子メールを完成させなさい。また，下線部③に英文を書き，マークさんへの返事の電子メールを完成させなさい。

リサさんへの電子メール

Hi Lisa,
Mark is back from Taiwan. He brought various ①__________ from Taiwan and we can try them all. Also, he has many ②__________ to show. I'm going to visit him tomorrow. Can you come with me?
Yumi

マークさんへの返事の電子メール

Hi Mark,
Thank you very much for calling. I'd like to visit your house tomorrow.
③______________________________?
I can't wait. See you tomorrow.
Yumi

〔2〕 正(Tadashi)さんは，英語の授業で富山湾(Toyama Bay)について調べたことをレポートにまとめました。その英文レポートを読んで，あとの問いに答えなさい。

[1] I like to see the sea. At Toyama Bay, I can see the sea and mountains together. I think Toyama Bay is the most beautiful bay in the world. I often go to the sea for fishing in every season. I started fishing when I was 5 years old. I have caught many kinds of fish in Toyama Bay. Surprisingly, there are about 500 kinds of fish there. Why does Toyama Bay have so many different kinds of fish?

[2] I read some books about Toyama Bay to find the reason. First, Toyama Bay is very deep. So [①] Second, Toyama Bay has a warm *current and cold *deep sea water. So [②] Third, there are many high mountains in Toyama and they are not far from Toyama Bay. Many big rivers carry a lot of *nutrients from mountains and forests into the sea, and [③] For these reasons, we have many kinds of fish in Toyama Bay.

[3] One day, I went to the sea for fishing with my friend Ken. He caught a fish. Then he said to me, "Tadashi, what is this fish?" I said, "I don't know. I've never seen it before." So, when I went home, I checked a *fish field guide. It was a fish that lives in very warm sea water near Kyushu. I have had the same experience many times since then.

[4] The fish that live in warmer sea water came to Toyama. On the other hand, now I can't catch some fish that I caught when I started fishing. Look at this *graph that I made. It shows that *global warming has made the *temperature of the sea water around Japan warmer. Global warming has also made the temperature of the sea water in Toyama Bay warmer.

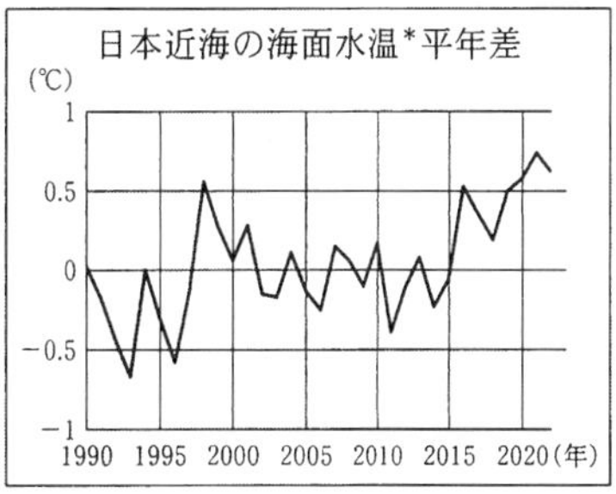

(気象庁ホームページより作成)

*平年差…1991～2020年の30年間の平均値との差

[5] If the temperature of the sea water keeps getting warmer, we will not see the fish that live in cold sea water in Toyama Bay in the future. I want to think about what we can do to solve this problem and how we can keep Toyama Bay unique.

注) *current 海流　*deep sea water 海洋深層水　*nutrient 栄養
*fish field guide 魚の図鑑　*graph グラフ　*global warming 地球温暖化
*temperature 温度

(1) [①] ～ [③] に入る最も適切なものを，次の**ア**～**ウ**からそれぞれ１つ選んで，記号で答えなさい。

ア fish that live in both warm and cold sea water can live in Toyama Bay.
イ because of this, a lot of food for fish grows.
ウ Toyama Bay has fish that live in the deep sea.

(2) 下線部の内容として最も適切なものを，次の**ア**～**エ**から１つ選んで記号で答えなさい。

ア I've checked a fish field guide for cooking fish.
イ I've asked my friend the name of a fish.
ウ I've caught a fish that didn't live in Toyama Bay.
エ I've been to Kyushu to catch fish.

(3) このレポートで正さんは富山湾の今後についてどのようなことが問題だと述べていますか。その内容を日本語で具体的に書きなさい。

(4) 次の**ア**～**オ**は，正さんがこのレポートの構成を考える際に各段落の概要として書き出したものです。段落[1]～[5]にあてはまるものを，次の**ア**～**オ**からそれぞれ１つ選んで，記号で答えなさい。

ア A fish that my friend Ken caught
イ Reasons that Toyama Bay has many different kinds of fish
ウ The temperature of the sea water and global warming
エ Things that I want to do for the future
オ Very beautiful Toyama Bay

3　次の〔1〕～〔3〕の問いに答えなさい。

〔1〕　次の(1)～(3)の対話が成り立つように，それぞれ（　　　）の中の単語を並べ替えて英文を完成させなさい。また，文のはじめは大文字で書きなさい。

(1)　A：Bob, what are you doing now?

B：I'm changing my clothes.

A：(　be　/　don't　/　for　/　late　/　school　).

B：OK.

(2)　A：Wow, many people are waiting in front of this restaurant.

B：It (　as　/　is　/　known　/　of　/　one　) the most popular restaurants in Toyama.

A：I'm hungry. Let's go to another restaurant.

(3)　A：Your father is a writer, right?

B：Yes.

A：Will (　he　/　me　/　show　/　the books　/　wrote　/　you　)?

B：Of course. I'll bring one tomorrow.

〔2〕　結衣(Yui)さんは，アメリカでホームステイをしていたときに仲良くなったサラ(Sarah)さんと話をしています。それぞれの場面に合う対話になるように（　　　）内に**3語以上**の英語を書きなさい。なお，対話は①から⑪の順に行われています。

1.
① Hi, Sarah. Next week, you're going to come to Japan.
② Yes, I'm so excited!
2.
③ (　　　　　　　　　　　)?
④ I want to wear a *yukata*. I really liked it when I saw your pictures.
⑤ I see. I'll get a *yukata* for you.
3. After coming to Japan
⑥ This is my sister's *yukata*.
⑦ Oh, it's beautiful. How do I wear a *yukata*?
⑧ Sorry, I don't know, but (　　　　　　　　　　).
4.
⑨ You look nice.
⑩ Thank you. (　　　　　　　　　　).
⑪ Sure.

〔3〕 ALT のケビン(Kevin)先生が，英語の授業で富山県(Toyama)について次のような話をしました。下の □ の条件を踏まえて英文を書きなさい。

I've lived in Toyama for three years. I didn't know about Toyama before I came here. Now, I know Toyama is a wonderful place. I want more foreign people to come to Toyama and enjoy their stay. What should Toyama do for that? Please tell me your ideas and why you think so.

ケビン先生

条件

- ケビン先生の指示に従い，**25 語以上**の英語で書く。
- 英文の数は問わないが，前後つながりのある内容の文章にする。
- 短縮形(I'm / don't など)は 1 語として数える。
- 符号(, / . / ? / ! など)は下線部と下線部の間に書き，語数には含めない。

25 語

五 国語科の授業で、効果的に伝える表現について学習しました。あなたの好きなものを題材に、その魅力を効果的に伝える工夫について、友達に説明することになりました。あとの【条件】に従って書きなさい。

【条件】

1 □にあなたの好きなものを書く。

2 二段落構成とし、各段落の内容は次の3、4のとおりとする。

3 第一段落は、あなたの好きなものについて、その魅力が具体的に伝わるように、表現技法を用いたり、ふさわしい言葉を考えたりするなど、表現を工夫して書く。

4 第二段落は、第一段落で、魅力が伝わるように表現を工夫した点について、その表現を用いた理由も含めて説明する。

5 原稿用紙の使い方に従い、**百八十字以上、二百二十字以内**で書く。

表紙面

令和６年度

県立高等学校入学者選抜学力検査問題

（令和６年３月実施）

検査４　英　　語　（聞き取りテスト）

９：30　～　９：45の間の約10分間

注　　意

1　監督の先生の指示があるまで，裏返してはいけません。

2 # 問題と解答欄は，この用紙の裏面にあります。

3　放送のチャイムが鳴ったら，裏返し，放送の指示に従いなさい。

4　放送を聞きながら，メモをとってもかまいません。

5　その他，監督の先生の指示に従いなさい。

編集の都合上、問題と解答欄はこの右側にあります。

2024(R6) 富山県公立高
K 教英出版

◇M4(632―22)

四 次の古文を読んで、あとの問いに答えなさい。（一部表記を改めたところがある。本文の左には部分的に意味を記してある。）

みぞれと①いへるは、雪まじりて降れる雨をいはば、冬もしは《または》春のはじめなど、②詠《よ》むべきにや。肘笠雨《ひぢかさ》といふは、にはかに《突然に》降る雨をいふべきなり。にはかに笠もとりあへぬ程にて、《用意できない場合であって》 □ をかづくなり《かぶるのだ》。されば、

③肘笠雨といふなり。

妹《いも》[注1]がかど[注2]ゆきすぎがてに[注3]ひぢかさの雨も降らなむ[注4]雨《あま》がくれせむ

【新編日本古典文学全集『俊頼髄脳《としよりずいなう》』より】

注1 妹…恋しい人
注2 かど…家の門
注3 ゆきすぎがてに…通り過ぎるのが難しいほどの
注4 降らなむ…降ってほしい

1 ①いへる を現代の仮名遣いに改めて、**ひらがな**で答えなさい。

2 ②詠《よ》むべきにや とは「詠むのがよいだろうか」という意味ですが、何を詠むのがよいというのですか。本文中から**三字**で抜き出しなさい。

3 □ に入る言葉として適切なものを、次の**ア**～**エ**から一つ選び、**記号**で答えなさい。

ア 扇　**イ** 袖　**ウ** 帯　**エ** 文

4 ③肘笠雨 とは何のことですか。本文中から**七字**で抜き出しなさい。

5 本文中の和歌では「ひぢかさの雨」が降ってほしいと詠んでいますが、なぜですか。その理由として最も適切なものを、次の**ア**～**エ**から選び、**記号**で答えなさい。

ア 恋しい人が外出するのに都合が悪くなるから。
イ 恋しい人ももの悲しくなり寂しさが募るから。
ウ 恋しい人に送る手紙を書く時間ができるから。
エ 恋しい人の家に立ち寄るよい口実になるから。

「お菓子を食べる時、人の心にはさまざまな思いが浮かぶ。お菓子は、人の心を映す鏡なのだ。もちろん、つくり手の中にある風景が、そっくりそのまま食べる人の心に伝わるわけではない。しかし、つくり手の心が緩んだお菓子には、なんの思いも浮かばない」

⑥工場長にも見えるのですか？　思わずそう訊《き》きそうになる。よいお菓子を味わうと、風景が見えるのですか？　だが、もちろん口には出せなかった。笑われるのが怖かったのだ。

かつて奥山堂で食べた、湧き水の風景が見えるどら焼き。あのどら焼きは、きっと曽我がつくったものだ。

⑦幼い自分は、徳造のどら焼きに魅《み》せられた。もう一度食べたいと思ったけれど、かなわなかった。鮮烈な風景だけをワコの中に残して、消えた祖父とかわもと[注4]。あのどら焼きを食べたことで、自分の人生は決定づけられてしまった。もう味わえないもの、もういけない場所、だからこそよけいに強く心が求めるのだ。

【上野《うえの》 歩《あゆむ》『お菓子の船』より】

注1　曽我…「奥山堂」の工場長
注2　小原…ワコと「奥山堂」に一緒に採用された見習い
注3　慰撫…なぐさめ、いたわること
注4　かわもと…ワコの祖父が営んでいた和菓子屋

1　①人けのなくなった広い作業場　とありますが、「人けのなくなった」とは、ここではどのような状況を表していますか。簡潔に答えなさい。

2　②殺風景な　とありますが、ここではどのような意味で用いられていますか。最も適切なものを、次のア～エから選び、**記号**で答えなさい。

ア　清新として近代的な　　**イ**　軽妙として開放的な
ウ　閑散として感傷的な　　**エ**　整然として実用的な

3　③全身でお菓子づくりを学ぶんだ　とありますが、曽我はワコにどのようなことを伝えているのですか。分かりやすく説明しなさい。

4　Ⅰ　には漢字一字が入ります。ここでのワコの行動に合うものとして最も適切なものを、次の**ア**～**エ**から選び、**記号**で答えなさい。

ア　身　　**イ**　意　　**ウ**　名　　**エ**　世

5　Ⅱ　に入る言葉として適切なものを、次の**ア**～**エ**から一つ選び、**記号**で答えなさい。

ア　よもや　　**イ**　たとえ　　**ウ**　まるで　　**エ**　さらに

6　④桜の葉の香りが鼻に抜けると、風景が見えた　とありますが、どういうことですか。それを説明した次の文の（　　）に入る言葉を簡潔に答えなさい。

桜餅の香りによって、（　　　　　）ということ。

7　⑤桜餅の穏やかな甘さが自分を包んでくれる　とありますが、どういうことですか。ワコの気持ちを踏まえて説明しなさい。

8　⑥工場長にも見えるのですか？　とありますが、どういうことですか。それを説明した次の文の（　　）に入る言葉を、本文中から**十七字**で抜き出し、**初めと終わりの三字**を答えなさい。

ワコが、曽我も自分と同じように、（　　　　　）のかもしれないと思ったということ。

9　⑦幼い自分は、徳造のどら焼きに魅《み》せられた　とありますが、和菓子のつくり手になろうとしているワコにとって、徳造のどら焼きとはどのようなものですか。本文全体を踏まえて説明しなさい。

(2) (1)で答えた班の銅粉末は何％が酸化されたか，求めなさい。

(3) 実験１と同様の操作で3.0ｇの酸化銅を得るとき，銅と結びつく酸素の質量は何ｇか，求めなさい。

＜実験２＞

銅線をガスバーナーでじゅうぶんに加熱し，表面を黒色の酸化銅にした。この黒くなった銅線を，図２のように水素をふきこんだ試験管の中に入れたところ，銅線表面に生じた酸化銅は還元されて銅になり，試験管内に水滴が生じた。

図２

(4) 実験２において，酸化銅が水素で還元される反応を化学反応式で書きなさい。

(5) 酸化銅が水素で還元されて銅になり，水が生じる反応において，水が0.9ｇ得られたとすると，何ｇの酸化銅が還元されたことになるか，求めなさい。ただし，水素原子と酸素原子の質量比を１：16とする。

6 エンドウの種子には，丸形としわ形があり，１つの種子にはそのどちらか一方の形質が現れる。エンドウを使って次の実験を行った。あとの問いに答えなさい。なお，実験で使ったエンドウの種子の形質は，メンデルが行った実験と同じ規則性で遺伝するものとする。

＜実験１＞

エンドウの種子を育てて自家受粉させると，種子ができた。表１のＡ～Ｃは，自家受粉させた親の種子の形質と，その自家受粉によってできた子の種子の形質を表している。

表１

	親の種子の形質	子の種子の形質
A	丸形	丸形のみ
B	丸形	①丸形と②しわ形
C	しわ形	しわ形のみ

＜実験２＞

実験１でできた子の種子のうち，表１の下線部①の丸形と下線部②のしわ形の中から種子を２つ選び，さまざまな組み合わせで交配を行った。表２のＤ～Ｈは，交配させた子の種子の形質の組み合わせと，その交配によってできた孫の種子の形質を表している。

表２

	交配させた子の種子の形質の組み合わせ	孫の種子の形質
D	丸形×丸形	丸形のみ
E	丸形×丸形	丸形としわ形
F	丸形×しわ形	丸形のみ
G	丸形×しわ形	③丸形としわ形
H	しわ形×しわ形	しわ形のみ

(1) エンドウの種子の丸形としわ形のように，どちらか一方の形質しか現れない２つの形質どうしを何というか，書きなさい。

(2) 表１のように，子の種子の形質は，親の種子の形質と同じになったり，異なったりする。次の文はその理由について説明したものである。文中の空欄(　　　)にあてはまる内容を「**生殖細胞**」，「**受精**」ということばを**すべて**使って簡単に書きなさい。

> 対になっている親の遺伝子が，減数分裂によって(　　　)ことで，新たな遺伝子の対をもつ子ができるから。

(3) 表１から，親の種子が必ず純系であるといえるのはどれか。Ａ～Ｃから**すべて**選び，記号で答えなさい。

(4) 表２の孫の種子である下線部③の丸形としわ形の数の比を，最も簡単な整数比で書きなさい。

(5) 表２において，交配させた子の種子が，両方とも必ず純系であるといえるのはどれか。Ｄ～Ｈから**すべて**選び，記号で答えなさい。

7 ある日の 12 時に気象観測を行い，その結果をレポートにまとめた。図 1， 2 は気象観測に用いた乾湿計の 12 時の乾球温度計と湿球温度計の目盛りを表している。あとの問いに答えなさい。なお，表 1 は乾湿計用湿度表の一部を，表 2 は気温と飽和水蒸気量の関係を表している。

レポート

① 空全体の雲のようすをスケッチしたところ，図のように空全体の約半分が雲におおわれていた。なお，このとき雨は降っていなかった。

② 風向きを調べようとしたが，風向計で感じられなかった。そこで線香の煙を使って調べると，北東の方角に煙がなびいた。

③ 風向計で風向きを感じられず線香の煙で風向きが分かったことから，風力を 1 とした。

図

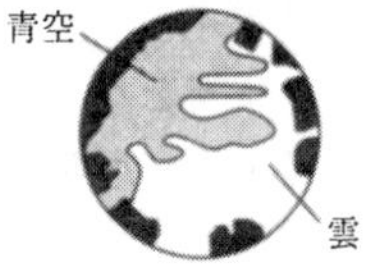

図 1

乾球温度計〔℃〕

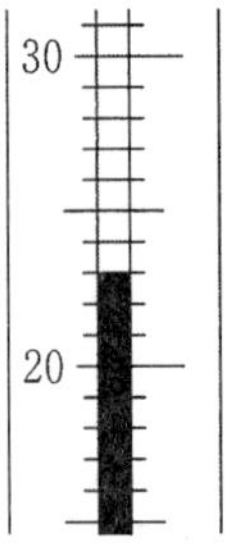

図 2

湿球温度計〔℃〕

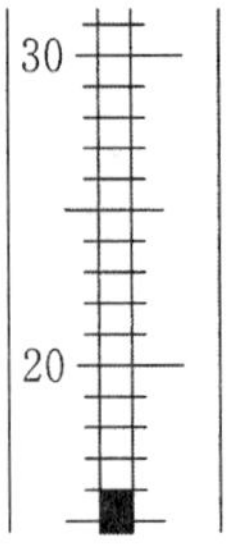

表 1

		乾球と湿球の示度の差〔℃〕					
		5.5	6.0	6.5	7.0	7.5	8.0
乾球の示度〔℃〕	23	55	52	48	45	41	38
	22	54	50	47	43	39	36
	21	53	49	45	41	38	34
	20	52	48	44	40	36	32
	19	50	46	42	38	34	30
	18	49	44	40	36	32	28
	17	47	43	38	34	30	26
	16	45	41	36	32	28	23

表 2

気温〔℃〕	16	17	18	19	20	21	22	23
飽和水蒸気量〔g/m^3〕	13.6	14.5	15.4	16.3	17.3	18.3	19.4	20.6

(1) 12 時の天気を正しく表している天気図記号を，次の**ア**～**カ**から 1 つ選び，記号で答えなさい。

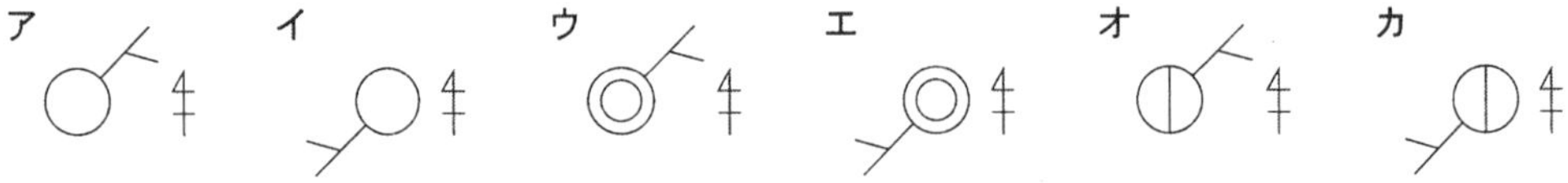

(2) 12 時の 1 m^3 中に含まれている水蒸気量は何 g か。小数第 2 位を四捨五入して**小数第 1 位**まで求めなさい。

(3) 気象観測を行った 12 時以降に，観測地点付近に低気圧が近づき，空全体が雲でおおわれた。

① 低気圧の中心部では，空気は地上から上空に向かって移動するため，雲が発生することが多い。次の文は雲のでき方について説明したものである。文中の A ～ C の（　　）の中から最も適切なものをそれぞれ 1 つずつ選び，記号で答えなさい。また，空欄（ D ）には，適切なことばを書きなさい。

> 空気のかたまりが上昇すると，周囲の気圧が A（ **ア** 高くなる　**イ** 変わらない　**ウ** 低くなる ）ため，空気のかたまりは B（ **エ** 膨張　**オ** 収縮 ）する。すると，気温が C（ **カ** 上がる　**キ** 下がる ）ため（ D ）に達し，空気中に含みきれなかった水蒸気が水滴などに変わり雲ができる。

② 日本付近の低気圧の中心付近における地表では，風はどの向きにふいていると考えられるか。次の**ア**～**エ**から最も適切なものを 1 つ選び，記号で答えなさい。ただし，地形の影響は考えないものとする。

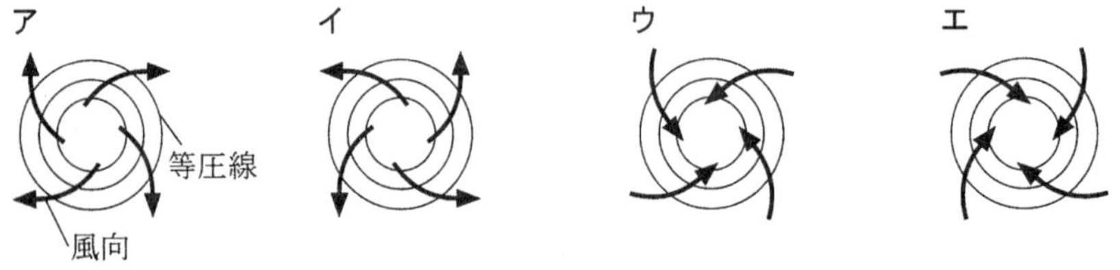

8 図1のように，直線状のレールを使って水平面と斜面のある軌道Xと軌道Yをつくり，それぞれの軌道で小球の運動のようすを調べる実験を行った。軌道Xの経路ABCDと軌道Yの経路EFGHIJは同じ長さであり，破線で結ばれている軌道上の各点はそれぞれ同じ高さである。小球にはたらく摩擦力や空気抵抗は無視できるものとして，あとの問いに答えなさい。ただし，小球がレールの接続部を通過するときに，接続による影響を受けないものとする。また，斜面の傾きはどれも同じであり，小球がレールからはなれることはないものとする。

図1

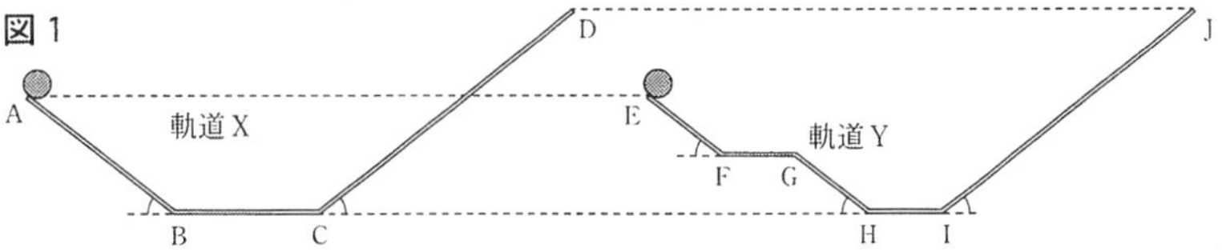

＜実験1＞

図1の軌道X上の左端であるA点から小球を静かにはなしたところ，小球はAB間を下ったのち，B点，C点を通過した。手をはなしてから小球がB点に達するまでのようすを，1秒間に8回の割合で点滅するストロボの光を当てながら写真を撮影した。図2はその模式図である。

(1) AB間を運動する小球の平均の速さは何m/sか，求めなさい。ただし，A点からB点までの長さは，75 cmとする。

(2) BC間を移動している小球の運動を何というか，答えなさい。

図2

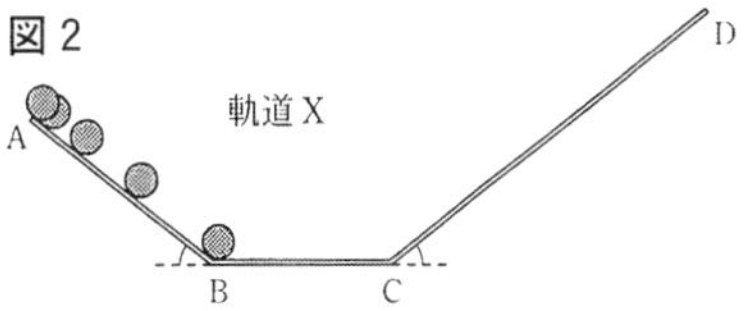

(3) C点を通過し，斜面を上る小球にはたらいている力を正しく示した図はどれか。次の**ア**～**エ**から1つ選び，記号で答えなさい。

ア

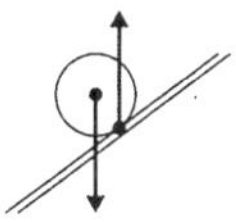

イ

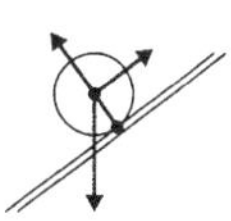

ウ

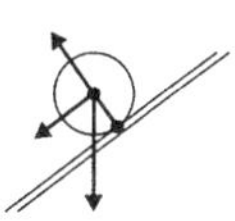

エ

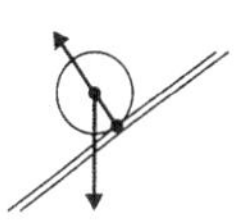

＜実験2＞

図1の軌道Y上の左端であるE点から，実験1と同じ小球を静かにはなした。

(4) 実験1の場合と比較して，次の①，②はどうなるか。**ア**～**ウ**からそれぞれ1つずつ選び，記号で答えなさい。

① 小球が達する最高点の高さ

ア 軌道Xよりも軌道Yの方が高い。　**イ** 軌道Xよりも軌道Yの方が低い。

ウ 軌道Xと軌道Yの高さは同じである。

② 左端で小球を静かにはなしてから最高点に達するまでの時間

ア 軌道Xよりも軌道Yの方が短い。　**イ** 軌道Xよりも軌道Yの方が長い。

ウ 軌道Xと軌道Yの時間は同じである。

＜実験3＞

図3のように，軌道XのA点に水平面を取りつけ，水平面に小球を置いた。小球を指ではじき，水平面をすべらせると，小球はその後，A点を通過し，軌道X上をはなれることなく進んだ。

図3

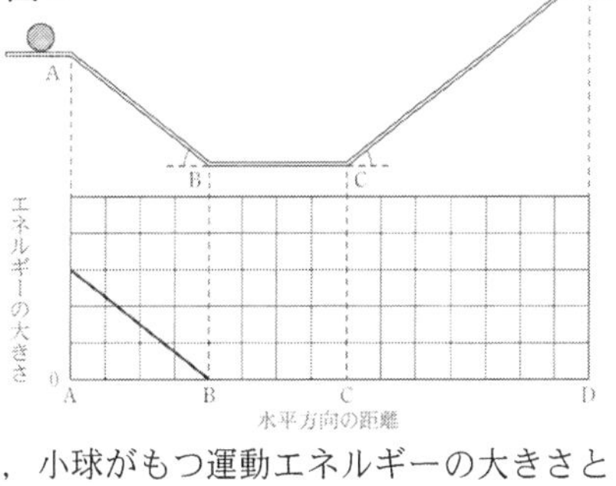

(5) 図3のグラフの実線(———)は，A点からB点まで移動する間の小球がもつ位置エネルギーの大きさと水平方向の距離の関係を表したものである。小球が軌道X上で一度静止するまでの，小球がもつ位置エネルギーの大きさと水平方向の距離の関係を実線(———)で，小球がもつ運動エネルギーの大きさと水平方向の距離の関係を破線(------)で，それぞれ図3のグラフにかき入れなさい。ただし，A点で小球がもつ運動エネルギーは，A点で小球がもつ位置エネルギーの$\frac{1}{3}$倍であるものとし，位置エネルギーの大きさについては，図3のグラフの実線に続けてかき入れること。また，B点における小球の位置エネルギーを0とする。

5 ひろみさんは，2021年に開催された東京2020オリンピック・パラリンピックをきっかけとして東京に興味をもち，東京の主なできごとを調べて年表を作成した。これをみて，あとの問いに答えなさい。

年表

西暦	主なできごと
1858	(a)安政の大獄
1869	(b)天皇東京滞在中　太政官を東京に移す(事実上の遷都を決定)
	↕【 あ 】
1938	(c)オリンピック東京大会の中止決定
1972	(d)上野動物園にパンダ来る　↕【 い 】
2021	東京2020オリンピック・パラリンピック競技大会開催

(東京都資料より作成)

(1) (a)安政の大獄で，尊王攘夷の考えなどから幕府に反対した多くの人々が処罰された。尊王攘夷について，次の文の **X** ， **Y** に入る語句をそれぞれ書きなさい。

> 幕末における尊王攘夷の考えは， **X** を尊ぶ尊王論と， **Y** の勢力を追い払おうとする攘夷論が結びついたものである。

(2) (b)天皇東京滞在中　太政官を東京に移す(事実上の遷都を決定)について，この時点まで都があったのはどこか，次の**ア**～**エ**から1つ選び，記号を書きなさい。

ア　奈良　　**イ**　京都　　**ウ**　大阪　　**エ**　鎌倉

(3) (c)オリンピックに関連して，資料1は，満州事変が起きた1931年から，オリンピック中止を決定した1938年までの日本の軍事費の推移である。これをみて，次の文中の**P**について，(　　)の**ア**～**ウ**から適切なものを1つ選び，記号を書きなさい。また， **Z** に入る語句を書きなさい。

> 満州事変後，軍部が政治的発言力を強めた日本は，1937年，中国と全面戦争に入り，軍事費総額は前年度の**P**(**ア**　約1.5　**イ**　約2　**ウ**　約3)倍となった。この日中戦争が長期化する中，1938年には **Z** 法が定められ，政府は国民を強制的に軍需工場で働かせることができるようになった。

資料1

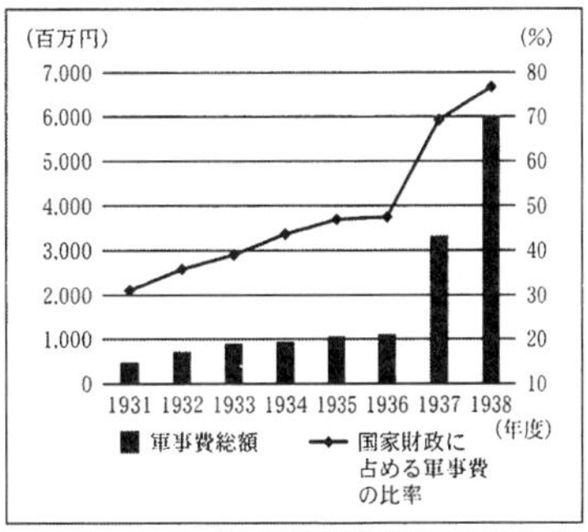

(旧大蔵省「決算書」より作成)

(4) (d)上野動物園にパンダ来るに関連する以下の問いに答えなさい。

① その背景となった1972年のできごとを**ア**～**エ**から，当時の世界の様子を**Ⅰ**～**Ⅳ**からそれぞれ1つずつ選び，記号を書きなさい。

できごと

ア　下関条約　　**イ**　サンフランシスコ平和条約　　**ウ**　日ソ共同宣言　　**エ**　日中共同声明

世界の様子

Ⅰ　ベトナム戦争について，世界各地で反戦運動が高まっていた。
Ⅱ　朝鮮戦争において，アメリカ合衆国中心の国連軍が韓国を，中国の義勇軍が北朝鮮を支援していた。
Ⅲ　アメリカ合衆国が，同時多発テロを理由にアフガニスタンを攻撃していた。
Ⅳ　インドでは，イギリスの支配に不満をもつ人々が立ち上がりインド大反乱を起こしていた。

② 資料2の**A**～**E**はそれぞれ，乗用車，白黒テレビ，電気冷蔵庫，カラーテレビ，電気洗濯機のいずれかであり，数値は1972年とその前後10年における普及率を示している。このうち乗用車および白黒テレビはどれか，それぞれ1つずつ選び，記号を書きなさい。

資料2　(%)

年	A	B	C	D	E
1962	28.0	79.4	5.1	—	58.1
1972	91.6	75.1	30.1	61.1	96.1
1982	99.5	17.4	62.0	98.9	99.3

(内閣府資料より作成)

(5) ひろみさんは，表のように【 あ 】の時期に起きたできごとを， **Q** ～ **S** のまとまりごとに書きだし，タイトルをつけた。 **S** に入る最も適切なものを，タイトル**ア**～**ウ**から1つ選び，記号を書きなさい。また， **T** に入る最も適切なものを，未分類のできごと**ア**～**ウ**から1つ選び，記号を書きなさい。

タイトル

ア　帝国主義への道
イ　近代的な国家のしくみづくり
ウ　民主主義と社会運動の広がり

未分類のできごと

ア　国際連盟から脱退する
イ　青鞜社が結成される
ウ　樺太・千島交換条約を結ぶ

表

タイトル	できごと
Q	廃藩置県を行う 学制を公布する 徴兵制をしく 地租改正を行う 大日本帝国憲法を制定する
R	日清戦争が起こる 日英同盟を結ぶ 日露戦争が起こる 韓国併合を行う 中国に二十一カ条の要求を示す
S	**T** 第一次護憲運動が起こる 原敬の政党内閣が成立する 全国水平社が結成される 男子の普通選挙が実現する

(6) 【 い 】の時期の日本に関するできごと**ア**～**エ**を，**年代の古い順**に並べなさい。

ア　バブル経済が崩壊した。
イ　高度経済成長が，石油危機によって終わった。
ウ　日本に対してABCD包囲網(包囲陣)が形成された。
エ　自由民主党を与党とする55年体制が始まった。

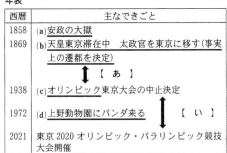

6 ゆいさんは，オリンピックの影響で祝日が移動したことから，国民の祝日や記念日などに興味をもち，表に書きだした。これをみて，あとの問いに答えなさい。

ゆいさんが作った表

日　付	国民の祝日	その他の記念日や週間など
5月5日	(a)こどもの日	
5月9日		(b)県民ふるさとの日（富山県）
6月23～29日		(c)男女共同参画週間（内閣府）
9月15日		国際(d)民主主義デー（国連）
10月第2月曜日	(e)スポーツの日	
12月4～10日		(f)人権週間（法務省）

(1) ゆいさんは(a)こどもの日に放送されたニュースの内容を書きとった。図1のグラフは，1980年の値を100として，変動を示したものであり，**A～D**は日本の人口，富山県の人口，富山県の世帯数，富山県の15歳未満の人口のいずれかを示している。ゆいさんのメモを参考に，富山県の世帯数を示しているグラフを，**A～D**から1つ選び，記号を書きなさい。

ゆいさんのメモ

> 日本の人口は2008年に減少に転じ，富山県の人口も1998年を境に減少し，2008年には1980年とほぼ同じ水準となった。富山県でも少子高齢化が進んでおり，2020年には富山県の15歳未満の人口は1980年の半数以下となっている。一方，日本も富山県も，核家族や高齢者の一人暮らしが増え，一世帯あたりの人数は減少傾向にある。

図1　1980年の値を100として，変動を示したグラフ

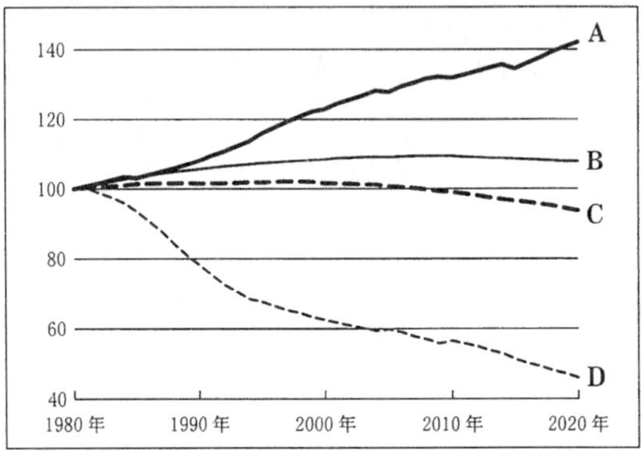

（総務省資料，富山県資料より作成）

(2) (b)県民ふるさとの日は，富山県が独自に定めた法令によって設けられた。国の法律の範囲で作られ，その地方公共団体にだけ適用される法令を何というか，**漢字2字**で書きなさい。

(3) (c)男女共同参画に関連して，次の憲法の条文中の［ **P** ］，［ **Q** ］に入る語句を書きなさい。

> 第14条　すべて国民は，法の下に［ **P** ］であって，人種，信条，性別，社会的身分又は門地により，政治的，経済的又は社会的関係において，［ **Q** ］されない。

(4) (d)民主主義に関連して，現在，衆議院議員選挙は，小選挙区制と比例代表制の2つの制度を組み合わせ，それぞれの短所を補い合って行われている。資料を参考に，それぞれの選挙制度の短所を書きなさい。

資料　選挙制度の説明

> 小選挙区制：一つの選挙区から一人の代表者を選ぶ。
> 比例代表制：得票に応じて各政党の議席数を決める。

(5) 2021年は，オリンピックの開会式に合わせ(e)スポーツの日などの日付が法律によって変更された。これに関連する以下の問いに答えなさい。

① 図2は，法律ができるまでの流れを示したものである。図中の矢印**X**，**Y**を説明した文として，適切なものを次の**ア～エ**からそれぞれ1つずつ選び，記号を書きなさい。

図2

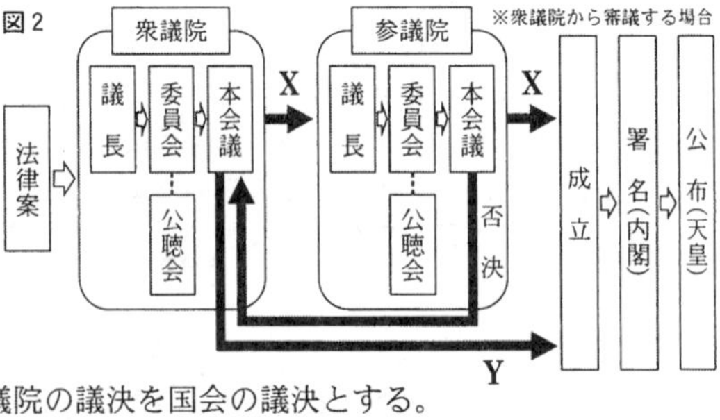

ア　出席議員の過半数で可決となる。
イ　衆議院で出席議員の3分の2以上の多数で再び可決する。
ウ　30日以内に議決をしないときは，衆議院の議決を国会の議決とする。
エ　両院協議会で意見が一致しないときは，衆議院の議決を国会の議決とする。

② 次の文の［ **R** ］に入る語句を書きなさい。

> ［ **R** ］は，法律などが憲法に適合しているか，違反しているかについての最終決定権をもっていることから「憲法の番人」と呼ばれている。

2022(R4) 富山県公立高
教英出版

(6) (f)人権について，社会の変化にともない，憲法に直接規定されていない「新しい人権」が主張されるようになった。「新しい人権」として，適切なものを次の**ア**～**エ**から１つ選び，記号を書きなさい。

ア　学問を研究したり，発表したりする権利
イ　権利が侵害されたときに裁判を受ける権利
ウ　労働者が労働条件の改善について交渉する権利
エ　国や地方公共団体に情報公開を求める権利

7　次の会話文を読んで，あとの問いに答えなさい。

先　生：グローバル化について，どのようなことを知っていますか。
生徒A：グローバル化とは，交通や情報技術の発展などにより，人，モノ，お金，情報などが国境を越えて移動し，世界の一体化が進むことと授業で習いました。
生徒B：(a)企業が商品を販売する際には，世界全体が(b)市場となります。日本の(c)景気も，外国からの影響を受けるだろうと思います。
生徒C：日本のアニメも，外国に輸出されています。日本に興味をもった(d)外国からの旅行客や日本で暮らす外国人が増えているとニュースで知りました。
先　生：グローバル化が進む社会では，国籍や民族などの異なる人々が，互いの文化的な違いを認め，対等な関係を築きながら，(e)共に生きていくことがますます大切になりますね。

(1) (a)企業について，次の文中の **P** ， **Q** に入る語句を**漢字**で書きなさい。

企業は主に私企業と公企業に分けられる。私企業の主要な目的は **P** の追求である。私企業のうち，株式会社では，株主は **P** の一部を **Q** として受け取る権利をもつ。

(2) (b)市場における均衡価格と供給量および需要量について述べた次の文の**Ⅰ**，**Ⅱ**について，(　　)の**ア**，**イ**から適切なものをそれぞれ１つずつ選び，記号を書きなさい。

生産技術が向上し供給量が増えたときは，均衡価格が**Ⅰ**（**ア**　上がる　**イ**　下がる）。国民全体の所得が増え需要量が増えたときは，均衡価格が**Ⅱ**（**ア**　上がる　**イ**　下がる）。

(3) (c)景気について，図１は，景気の変動を示したものである。図１をみて，以下の問いに答えなさい。

① **R**の時期に一般にみられることとして適切なものを，次の**ア**～**エ**から**すべて**選び，記号を書きなさい。

ア　失業者が増加する　　**イ**　企業の生産が拡大する
ウ　家計の所得が増える　　**エ**　デフレーションが起こる

② 不況時に財政政策として公共事業を増やすことや減税を行うことは，景気にどのような影響を与えるか，**次の語をすべて使って**説明しなさい。

［ **消費**　**景気** ］

図１

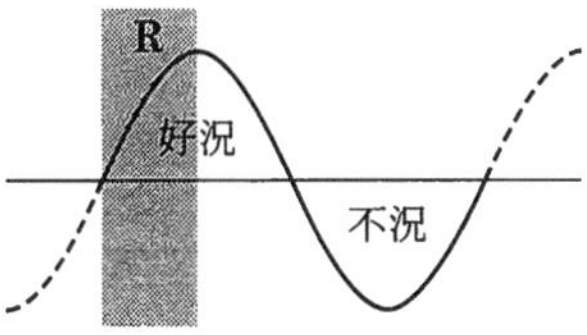

(4) (d)外国からの旅行客に関連して，図２は，為替相場の変動による，アメリカ合衆国から日本への旅行者が宿泊するために必要となるドルの金額について示したものである。図中の **W** ， **X** には円高，円安のいずれかの語句が， **Y** ， **Z** には，宿泊に必要となる金額が入る。これらの組み合わせとして適切なものを，次の**ア**～**エ**から１つ選び，記号を書きなさい。

ア　**W**：円安　**X**：円高　**Y**：100ドル　**Z**：150ドル
イ　**W**：円安　**X**：円高　**Y**：150ドル　**Z**：100ドル
ウ　**W**：円高　**X**：円安　**Y**：100ドル　**Z**：150ドル
エ　**W**：円高　**X**：円安　**Y**：150ドル　**Z**：100ドル

図２

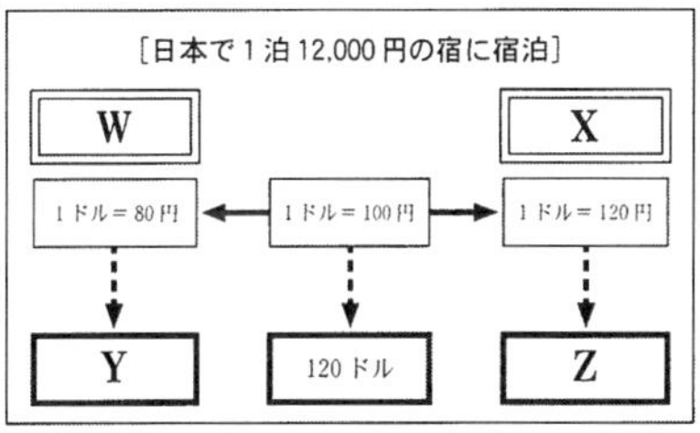

(5) (e)共に生きていくことに関連して，私たちの生活する社会の中で起こるさまざまな対立を解消し，よりよい合意を導いていくために，「効率」や「公正」の考え方が用いられている。「効率」の考え方について説明したものを，次の**ア**～**エ**から１つ選び，記号を書きなさい。

ア　みんなが参加して発言の機会が与えられるなど，決め方が納得できるものになっているか。
イ　立場が変わっても，その決定を受け入れられるか。
ウ　得られる効果が，時間や労力，費用に見合ったものになっているか。
エ　他の人の権利や利益を不当に侵害していないか。

令和６年度

県立高等学校入学者選抜学力検査問題

(令和６年３月実施)

検査１　社　　会

９：30　～　10：20

注　　意

1　監督の先生の指示があるまで，開いてはいけません。

2　問題は，６ページあります。

3　「開始」の合図があったら，はじめなさい。

4　答えは，すべて，解答用紙に記入しなさい。

5　「終了」の合図で，すぐ筆記用具をおき，解答用紙を裏返しにしなさい。

6　その他，監督の先生の指示に従いなさい。

富山県公立高等学校

1 右の地図をみて，あとの問いに答えなさい。なお，緯線の間隔は 30 度である。

地図　北極点からの距離と方位が正しい地図の一部

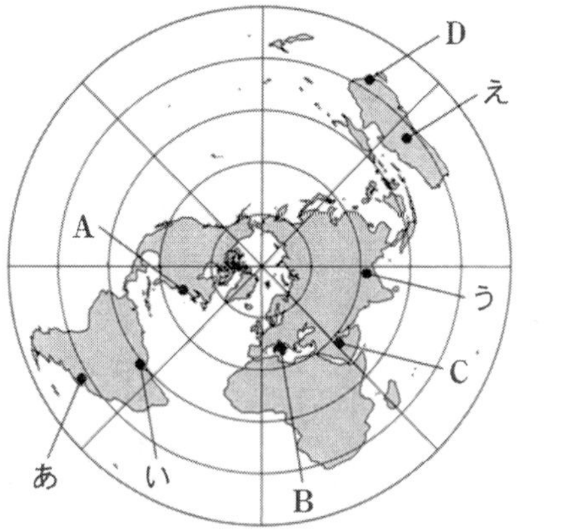

⑴ 地図について説明した文として**適切でないもの**を，次の**ア**～**エ**から１つ選び，記号を書きなさい。

ア　赤道を表す線が描かれている。

イ　経線の間隔は 45 度である。

ウ　６つの大陸のうち５つの大陸が描かれている。

エ　陸地と海洋の面積が正しく表されている。

⑵ 次の２枚の写真が撮影された地域を，地図中の**あ**～**え**からそれぞれ１つずつ選び，記号を書きなさい。

写真１

写真２

⑶ 右の**Ⅰ**～**Ⅲ**の雨温図に該当する都市を，地図中の**A**～**D**からそれぞれ１つずつ選び，記号を書きなさい。

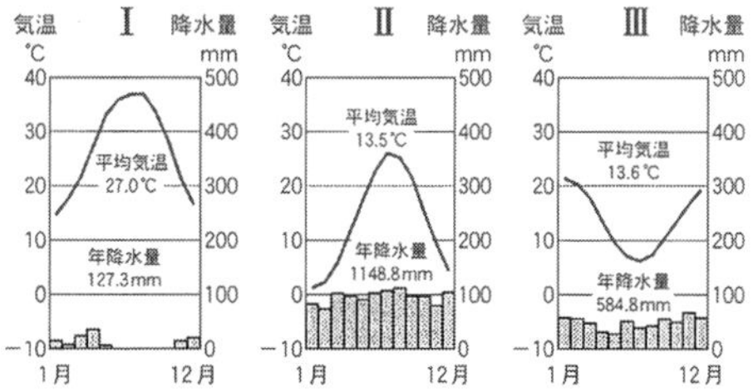

（「理科年表 2023」より作成）

2 各国の経済発展とその課題に関連するあとの問いに答えなさい。

⑴ 右の表の**A**～**C**は，ブラジル，インド，コートジボワールのいずれかの国である。**A**，**B**にあてはまる国名をそれぞれ書きなさい。

表　GDP の推移と 2020 年の１人あたり GDP

国	GDP の推移(百万ドル)			1 人あたり GDP (ドル)
	1980 年	2000 年	2020 年	
A	187, 033	476, 148	2, 664, 749	1, 931
B	191, 125	652, 360	1, 444, 733	6, 797
C	10, 176	10, 682	61, 143	2, 318

（「世界国勢図会 2021/22」，「世界国勢図会 2022/23」より作成）

⑵ ブラジルの経済発展について説明した文として**適切でないもの**を，次の**ア**～**エ**から１つ選び，記号を書きなさい。

ア　大豆の生産において，土壌や品種の改良を日本と協力して行い，世界有数の大豆の生産国となった。

イ　大規模な海底油田の採掘が行われ，原油は主要な輸出品の１つとなった。

ウ　1960 年代後半から工業化が進み，鉄鋼や自動車，航空機の製造などの重化学工業が発展した。

エ　APEC に加盟し，加盟国との間で貿易にかかる税金を下げる協定を結ぶことで，経済が発展した。

⑶ インドには，アメリカ合衆国のシリコンバレーなどにある企業から業務を請け負って大きく成長した産業がある。アメリカ合衆国の企業が，インドに進出することで，業務を効率よく進めることができる理由を，**両国の位置関係から生じる時差**に触れながら説明しなさい。

⑷ コートジボワールなど，アフリカの多くの国の経済が抱える課題とその対応に関する以下の問いに答えなさい。

① 次の文中の **X** に入る語句を，**カタカナ**で書きなさい。

> アフリカには，特定の農産物や鉱産資源の輸出に頼った **X** 経済の国が多く，貿易相手国から，より安い価格で農産物などを売るように求められることがあり，生産者の利益が少なくなるという課題がある。

② 近年，①に示された課題への対応として，農産物などを，その労働に見合う価格で取り引きするフェアトレードの取り組みが広がっている。次の資料は，カカオ豆の取り引きにフェアトレードを導入した際の国際価格と最低取引価格の関係をモデル化したものである。最低取引価格について，資料から読み取ることができるものとして適切なものを，次の**ア**～**エ**から**２つ**選び，記号を書きなさい。

資料

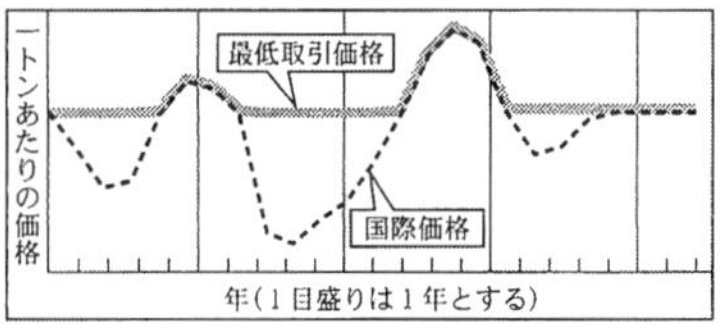

ア　国際価格にかかわらず，一定に設定されている。

イ　国際価格を下回らないように設定されている。

ウ　過去 10 年の国際価格の平均値になっている。

エ　国際価格が下落しても決められた価格以上を維持している。

2024(R6) 富山県公立高
教英出版

3 右の４つの地図をみて，あとの問いに答えなさい。

(1) 右の資料１のア～エは，A県～D県のいずれかの県庁所在地における年降水量と年間日照時間を表したものである。A県を示すものをア～エから１つ選び，記号を書きなさい。

地図

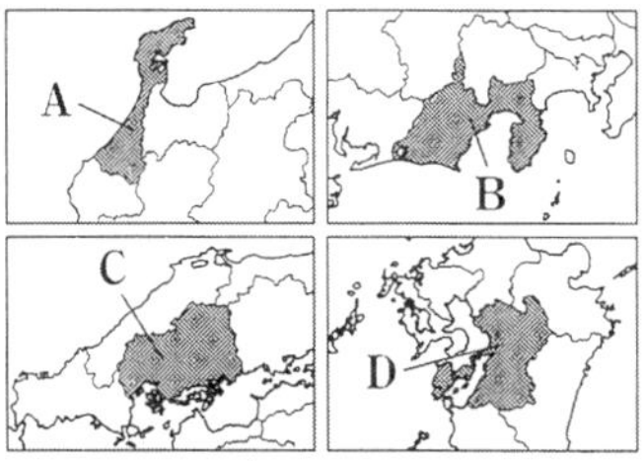

資料１

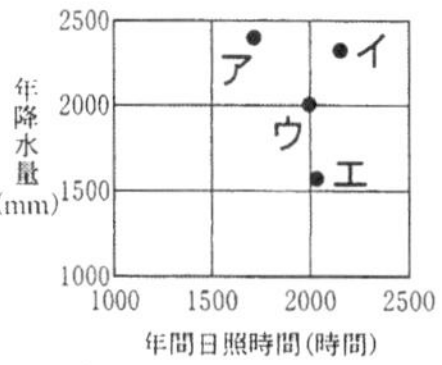

(「理科年表 2023」より作成)

(2) 右の地形図はB県の一部を表した２万５千分の１の地形図である。これをみて，以下の問いに答えなさい。

① 地形図中のＰＱ間を結ぶ直線が通る地点の断面を示した模式図として最も適切なものを，右のア～エから１つ選び，記号を書きなさい。

地形図

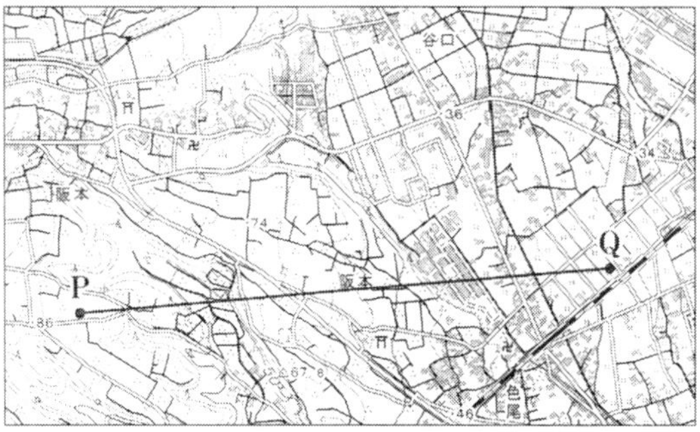

(国土地理院発行２万5000分の１地形図より作成)

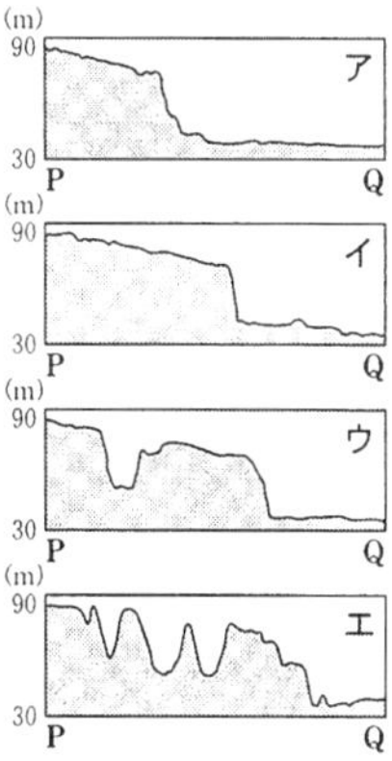

② 地形図中のＰ周辺の土地利用について書かれた次の文中の［　あ　］にあてはまる文を，Ｐ周辺の地形の特徴に触れながら，「　水　」という語を使って書きなさい。

> 地形図から考察すると，Ｐ周辺で茶の栽培がさかんになったのは，Ｐ周辺の地形が，Ｑ周辺の地形にくらべ，［　あ　］からと考えられる。

(3) 次のア～エは，A県～D県のいずれかについて説明した文である。C県について説明した文として適切なものを，ア～エから１つ選び，記号を書きなさい。

ア　トマトやなすなどの夏が旬の野菜を，温暖な気候とビニールハウスを利用して，成長を早めて出荷する促成栽培がさかんである。

イ　外洋に面していない内海や複雑な海岸線に囲まれた海域は，波がおだやかで魚介類の養殖に適しており，かきの養殖がさかんである。

ウ　インド洋や大西洋までを漁場とする遠洋漁業の基地となる港があり，まぐろやかつおの漁獲量は日本有数である。

エ　雪に覆われる期間が長く，春から夏にかけては雪どけ水で川の水量が豊富なため，一年を通して稲作だけを行う耕地の割合が高い。

(4) 右の資料２のア～エは，A県～D県のいずれかである。D県にあたるものを，ア～エから１つ選び，記号を書きなさい。なお，旅客輸送数は各県からそれぞれの交通機関で出発したのべ人数であり，県内移動を含んでいる。

資料２　国内移動における旅客輸送数(2019年)

県	鉄道(百万人)	海上(万人)	航空(万人)
ア	38	122	147
イ	166	50	22
ウ	35	8	79
エ	205	964	123

(「データで見る県勢 2023」より作成)

(5) 右の資料３は，ある工業の製造品出荷額等の上位６県を示したものである。これをみて，以下の問いに答えなさい。

① 資料３の製造品として適切なものを，次のア～エから１つ選び，記号を書きなさい。

ア　金属製品　　イ　情報通信機械

ウ　輸送用機械　　エ　石油・石炭製品

② 資料３の［　い　］県は，A県，B県，D県のいずれかである。［　い　］にあてはまる県名を**漢字**で書きなさい。

資料３　(2019年)

県	出荷額(億円)
愛知	266,844
［い］	42,907
神奈川	37,500
福岡	33,547
群馬	33,532
C	32,663

(「データで見る県勢 2023」より作成)

4 次の表は，日本の外交について古代から近世までまとめたものである。これをみて，あとの問いに答えなさい。

(1) (a)仏教に関わる文化財である次の**ア**～**エ**を，**年代の古い順**に並べなさい。

ア

イ

ウ

エ

表

時代	できごと
古墳時代	朝鮮半島から(a)仏教が伝来する
(b)奈良時代	唐から国際的な文化がもたらされ，その影響を受けた文化が栄える
平安時代	(c)遣唐使が廃止される
室町時代	(d)勘合貿易が始まる (e)鉄砲やキリスト教が伝来する
江戸時代	(f)鎖国の体制が固まる

(2) (b)奈良時代には，西アジアなどから唐にもたらされた品も伝わっている。当時，ユーラシア大陸の東西を結び，交流を盛んにした交通路の名称を，**カタカナ**で書きなさい。

(3) (c)遣唐使が廃止された9世紀後半の日本の地方の様子として最も適切なものを，次の**ア**～**エ**から1つ選び，記号を書きなさい。

ア 国司が，取り立てた税を自分の収入にするなどして，地方の政治は乱れていった。

イ 中央から派遣された国司が，地方豪族を監督し，地方を支配するしくみが整備された。

ウ 九州地方全体の政治のほか，外交や防衛も行う大宰府が設置された。

エ 同じ田畑で米と麦を交互に作る二毛作が始まり，農作物の収穫量が増えた。

(4) (d)勘合貿易が行われていたころの人々の生活の様子として最も適切なものを，次の**ア**～**エ**から1つ選び，記号を書きなさい。

ア 商品作物の生産者は，それらを買い付ける問屋から原料や道具などを借り，家内で手工業による商品作りを行うようになった。

イ 「富本銭」に続き「和同開珎」という銅銭が造られ，物と交換できるお金として使用された。

ウ 商工業者たちは，座という団体を作り，税を納める代わりに，営業を独占する権利を得た。

エ 律と令に基づいて国を治めるしくみが導入され，人々には様々な税が課せられた。

(5) (e)鉄砲やキリスト教の伝来に影響を与えた世界のできごととして適切なものを，次の**ア**～**エ**から**2つ**選び，記号を書きなさい。

ア 産業革命　　**イ** 宗教改革　　**ウ** ルネサンス　　**エ** ピューリタン革命

(6) (f)鎖国に至るまでの外国との関わりについて，以下の問いに答えなさい。

① 右の年表の（ **P** ）～（ **R** ）は，スペイン，オランダ，ポルトガルのいずれかである。（ **P** ），（ **R** ）にあてはまる国名をそれぞれ書きなさい。

② 外国と貿易する大名や豪商に，海外の渡航を許可する証書を与え，収入の一部を幕府に納めさせることとした貿易を何というか，書きなさい。

年表

年	できごと
1609	（ **P** ）との貿易を許可する
1613	全国にキリスト教禁止令を出す
1624	（ **Q** ）船の来航を禁止する
1635	日本人の帰国・海外渡航を全面的に禁止する
1637	島原・天草一揆が起こる
1639	（ **R** ）船の来航を禁止する

5 日本の歴史上の転換点について，次の会話文を読んで，あとの問いに答えなさい。

そうた：私は日本が大きく転換したできごととして(a)明治維新があると思います。この中で急速に富国強兵の政策が進められ，日本は列強との間に結ばれていた不平等条約を解消することにもなります。
まな：私は1945年の終戦も，日本が大きく転換したできごとであったと考えます。(b)民主化が一挙に進められ，復興した日本は，(c)先進国の一員となっていきました。
先生：どちらにおいても，日本の歴史が大きく転換したと言えるでしょう。2つのできごとについて，(d)共通点にも注目してみませんか。日本の歴史の中にある特徴が見えてくるかもしれませんね。

(1) (a)明治維新に関連する以下の問いに答えなさい。

地図

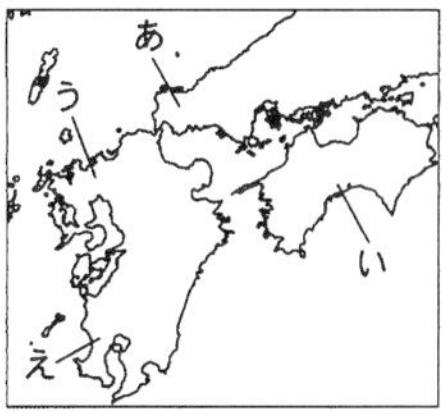

① 維新の中心となった薩摩藩，長州藩のうち長州藩のあった場所を，右の地図の**あ**～**え**から1つ選び，記号を書きなさい。また，両藩の共通点について説明した次の文中の**X**，**Y**について，(　　)の**ア**，**イ**から適切なものをそれぞれ1つずつ選び，記号を書きなさい。

両藩とも，関ヶ原の戦いで**X**(**ア**　勝った　**イ**　敗れた)大名の一族が治めていた。外国との戦争を経験し，**Y**(**ア**　「攘夷」から「開国」　**イ**　「開国」から「攘夷」)へと方針を変えた点でも共通する。また，両藩とも，士族が新政府に対し反乱を起こしている。

② 新政府が行った廃藩置県の目的を，解答用紙の書き出しに続けて書きなさい。
③ 明治時代以降に起きたできごとである次の**ア**～**エ**を，**年代の古い順**に並べなさい。
ア　学童疎開開始　　**イ**　韓国併合　　**ウ**　国際連盟加盟　　**エ**　日中戦争開始

(2) (b)民主化について，以下の問いに答えなさい。
① 当時の民主化について説明した文として**適切でないもの**を，次の**ア**～**エ**から1つ選び，記号を書きなさい。
ア　連合国軍総司令部(GHQ)によって推し進められた。
イ　日本国憲法や教育基本法が制定され，教育勅語は失効した。
ウ　経済や産業を独占していた財閥が解体され，地租改正も実施された。
エ　政党の自由な政治活動と20歳以上の男女の普通選挙が認められた。
② 民主化政策はほどなくして，社会主義運動や労働運動を制限するなどの方向に転換されていく。その直接の背景として適切なものを，次の**ア**～**エ**から**2つ**選び，記号を書きなさい。
ア　ソ連解体　　**イ**　中華人民共和国成立　　**ウ**　インド大反乱　　**エ**　朝鮮戦争開始

(3) (c)先進国に関連する以下の問いに答えなさい。
① 国家間の経済格差に関する次の文中の［**P**］，［**Q**］に入る適切な語句を，**方位を示す漢字を使って**それぞれ書きなさい。

先進国と発展途上国との格差について，特に第二次世界大戦後，国際連合などが解決を目指してきたのが，［**P**］問題である。また，発展途上国の間でも，資源の有無や開発の進み具合などにより格差が広がったことから，［**Q**］問題と呼ばれる諸問題も生じている。

② 経済成長とともに日本の発電電力量も大きくなっていった。右の資料から読み取ることができることとして適切なものを，次の**ア**～**エ**から**2つ**選び，記号を書きなさい。また，考察**Ⅰ**，**Ⅱ**の正誤の組み合わせとして適切なものを，下の**オ**～**ク**から1つ選び，記号を書きなさい。

資料　発電電力量の推移

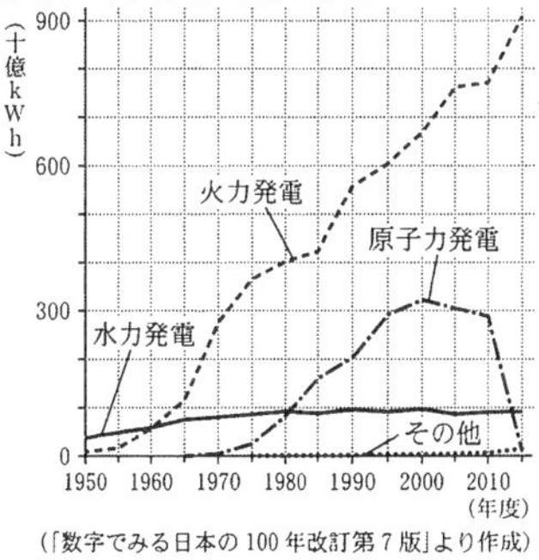

(「数字でみる日本の100年改訂第7版」より作成)

読み取ることができること
ア　「原子力発電」は，1980年代に初めて「水力発電」を上回った。
イ　「水力発電」の全体に占める割合は，大きく変わっていない。
ウ　「原子力発電」は，1990年代後半まで増加傾向にあった。
エ　「火力発電」は，高度経済成長期の前から最大である。

考察
Ⅰ　石油危機により，「火力発電」の伸びが一時緩やかになった。
Ⅱ　バブル経済崩壊により，「原子力発電」が急激に落ち込んだ。

オ　**Ⅰ**正　**Ⅱ**正　　**カ**　**Ⅰ**正　**Ⅱ**誤　　**キ**　**Ⅰ**誤　**Ⅱ**正　　**ク**　**Ⅰ**誤　**Ⅱ**誤

(4) (d)共通点に関して，そうたさんがまとめた次の文中の，［**R**］には下の**ア**～**エ**から，［**S**］には下の**オ**～**ク**から，最も適切なものをそれぞれ1つずつ選び，記号を書きなさい。

明治維新と，終戦後の民主化はいずれも，［**R**］という外国の力が変革に大きく関わっていたこと，また，変革の前後で［**S**］がもつ権限が大きく変わったことが共通している。

ア　アメリカ　　**イ**　オランダ　　**ウ**　イギリス　　**エ**　中国
オ　将軍　　**カ**　皇帝　　**キ**　首相　　**ク**　天皇

6 なおとさんは，「政府関係機関の移転」について調べ，次の資料1にまとめた。これをみて，あとの問いに答えなさい。

資料1　政府関係機関が移転するまで

平成26年12月
　「まち・ひと・しごと創生総合戦略」が(a)閣議決定される。
平成27年3月
　道府県等に対し，「(b)政府関係機関の移転」の提案募集が行われる。
平成28年3月
　文化庁が東京都から京都府へ移転することが決定する。
平成29年5月～6月
　(c)文化芸術振興基本法の一部を改正する法律案が提出され，可決される。
平成29年6月
　文化芸術振興基本法を改正した文化芸術基本法が施行される。
令和2年10月～11月
　移転予定の全職員を対象に業務の(d)シミュレーションを行う。
令和3年3月
　京都府が公募していた(e)「移転ロゴマーク」が決定する。
令和5年3月
　文化庁の新庁舎で業務が開始される。

(1)　(a)閣議決定に関連して，閣議や国務大臣について説明した文として**適切でないものを**，次の**ア**～**エ**から1つ選び，記号を書きなさい。

ア　国務大臣は，国会議員以外からも選ばれることがある。

イ　国務大臣は，国会の議決によって任命・罷免《ひめん》される。

ウ　国務大臣の多くは，各府省の長になる。

エ　閣議では，政府の方針や行政の仕事に関する物事を決める。

(2)　(b)政府の役割である行政に関する次の説明**Ⅰ**，**Ⅱ**について，その正誤の組み合わせとして適切なものを，下の**ア**～**エ**から1つ選び，記号を書きなさい。

Ⅰ　地方公共団体が自立した活動を行えるようにするために，地方公共団体から国に権限や財源を移す地方分権が進められている。
Ⅱ　企業の自由な経済活動をうながすために，規制緩和が進められている。

ア　Ⅰ 正　Ⅱ 正　　**イ**　Ⅰ 正　Ⅱ 誤　　**ウ**　Ⅰ 誤　Ⅱ 正　　**エ**　Ⅰ 誤　Ⅱ 誤

(3)　(c)文化芸術振興基本法の一部を改正する法律案について，この法律を可決した国会の種類として適切なものを，次の**ア**～**エ**から1つ選び，記号を書きなさい。また，下の［　X　］に入る語句を書きなさい。

ア　臨時会　　**イ**　特別会　　**ウ**　緊急集会　　**エ**　常会

<文化芸術振興基本法の一部を改正する法律案が提出され，文化芸術基本法が施行されるまで>
法律案の提出　→　衆議院の委員会において可決　→　衆議院の［　X　］において可決　→　参議院の委員会において可決　→　参議院の［　X　］において可決　→　内閣による署名　→　天皇による公布　→　施行

(4)　(d)シミュレーションでは，テレビ会議システムが使用された。このようなことを可能にした「情報通信技術」の略語として適切なものを，次の**ア**～**エ**から1つ選び，記号で書きなさい。

ア　AI　　**イ**　SNS　　**ウ**　IoT　　**エ**　ICT

(5)　資料2は，決定した(e)「移転ロゴマーク」である。著作物やそれに関わる裁判について説明した文として適切なものを，次の**ア**～**エ**から2つ選び，記号を書きなさい。

資料2　移転ロゴマーク(令和3年)

(ロゴマーク)
お詫び：著作権上の都合により，掲載しておりません。
教英出版

※「移転ロゴマーク」の著作権は，文化庁京都移転準備実行委員会にあります。

(京都府ホームページより作成)

ア　移転ロゴマークに関する権利は，知的財産権として保護される。

イ　著作物に関する権利は，個人情報にあてはまり，個人情報保護法により保護される。

ウ　著作権に関する民事裁判では，裁判所が法律に基づき判決を下したり，当事者同士が話し合って和解したりする。

エ　2009年に始まった裁判員制度により，国民は，著作物に関する私人の間の争いについての裁判にも参加することとなった。

(6)　なおとさんが，調査を進め作成した次のメモと表を参考に，文化庁の京都移転によって期待できる効果とその理由を説明しなさい。

メモ　文化庁の仕事

文化財(国宝・重要文化財等)のある地域とコミュニケーションをとり，文化財の保存・活用に取り組む。

表　日本を7地方区分に分けたときの関東地方と近畿地方が占める割合(2021年)(%)

項目＼地方	関東地方	近畿地方	その他
面積	8.6	8.8	82.6
人口	34.7	17.7	47.6
国宝・重要文化財件数	27.5	46.4	26.1

(「データでみる県勢2023」，文化庁ホームページより作成)

7 経済分野の学習に関わる次の3つのテーマをみて，あとの問いに答えなさい。

「自分たちの店を(a)起業しよう」　「(b)分業のよさを考えよう」　「(c)豊かさとは何だろう」

(1) (a)起業に関して，次の班会議の様子と振り返りを読んで，以下の問いに答えなさい。

班会議の様子

あきらさんの班では，どのような店を出すかで意見が分かれました。そこで，何をセールスポイントにしたいのかを，班員に確認しました(表1)。これをもとにあきらさんは，「5人中3人が『低価格』をあげました。でも，食べ放題や豊富なメニューをあげた人もいます。これらを考えあわせて，もう一度出したい店を検討しませんか。」と提案しました。班員全員が賛成して，考え直すことにしました。

表1

班員	候補店	セールスポイント
あきらさん	ハンバーガーショップ	低価格
ひかるさん	焼肉店	食べ放題
あゆむさん	和食の定食店	低価格
ひろみさん	ファミリーレストラン	豊富なメニュー
ちあきさん	中華料理店	低価格

ひかるさんの振り返り

あきらさんは，班員が出したい店だけでなく，その店のセールスポイントも確認しました。班員各自の意見の背景にある考え方や根拠・判断基準などを丁寧に確認して，検討しやすい状況をつくっていました。あきらさんのこうした姿勢は，手続きの P を大事にしており， Q を作る上でとても大切であることを実感しました。

① P ， Q にあてはまる語句を，次のア～エからそれぞれ1つずつ選び，記号を書きなさい。

ア　競争　　イ　自由　　ウ　合意　　エ　公正

② 起業する店で導入しているPOS(販売時点情報管理)システムから，右のようなデータが得られた場合の対応を説明した次の文中のR～Tについて，(　　)のア，イから適切なものをそれぞれ1つずつ選び，記号を書きなさい。

POSシステムにより得られた販売データ
- 商品Aの売り上げの減少が，他商品より大きい。
- 商品Aの平日の売り上げが，大きく減少している。

一般的には，商品Aの価格をR(ア　上げ　イ　下げ)たり，供給量をS(ア　増やし　イ　減らし)たり，あるいは販売をT(ア　休日　イ　平日)のみとしたりすることが，対応として考えられる。

(2) (b)分業に関する以下の問いに答えなさい。

① 右の表2のX～Zにあてはまる語句として適切なものを，次のア～ウからそれぞれ1つずつ選び，記号を書きなさい。

ア　消費者　　イ　経営者　　ウ　労働者

表2　分業の利点

立場	利　点
X	品質のよいものを大量供給することができる。
Y	得意な作業に専念することができる。
Z	品質のよいものをより安く入手することができる。

② 分業が進んでいく中での経済活動について説明した文として**適切でないもの**を，次のア～エから1つ選び，記号を書きなさい。

ア　生産物の交換が広まる中で，貨幣を使用した交換が広がっていった。
イ　企業は消費をせず，モノやサービスの生産を担当している。
ウ　売り手と買い手の意思が一致し，売買が成立することを契約という。
エ　生産者と消費者を結びつける働きをもつ流通が発達していった。

(3) (c)豊かさに関する以下の問いに答えなさい。

① 企業の活動が社会に与える影響について述べた次の文中の あ に入る語句を，**漢字5字**で書きなさい。また，文中の消費者や従業員に対する責任に関して，企業の責任とされることと，それに関わる法律の組み合わせを示した下のⅠ，Ⅱについて，その正誤の組み合わせとして適切なものを，下のア～エから1つ選び，記号を書きなさい。

経済的な豊かさを追い求めた高度経済成長期に，日本で大きな問題となった公害は企業が社会に与えた負の側面といえる。一方で，経済面以外の豊かさも注目されるようになり，企業は利潤を追い求めるだけではなく，企業の あ (CSR)を果たすべきであるという考えが広まっている。企業には消費者や従業員に対する責任を果たすことや，地域社会に貢献することが求められてきている。

Ⅰ　消費者の安全を保障すること――製造物責任法(PL法)
Ⅱ　従業員の生活の安定を保障すること――育児・介護休業法

ア　Ⅰ正　Ⅱ正　　イ　Ⅰ正　Ⅱ誤　　ウ　Ⅰ誤　Ⅱ正　　エ　Ⅰ誤　Ⅱ誤

② 環境に対する考え方の変化の中，2015年にはパリ協定が採択された。締約国の中で，温室効果ガスの削減目標を提出することになった国として適切なものを，次のア～エから1つ選び，記号を書きなさい。

ア　先進国　　イ　発展途上国　　ウ　新興国　　エ　すべての国

令和６年度

県立高等学校入学者選抜学力検査問題

（令和６年３月実施）

検査４　英　　　語　（筆記テスト）

10：00　～　10：40

注　　　意

1　監督の先生の指示があるまで，開いてはいけません。

2　問題は，６ページあります。

3　「開始」の合図があったら，はじめなさい。

4　答えは，すべて，解答用紙に記入しなさい。

5　「終了」の合図で，すぐ筆記用具をおき，解答用紙を裏返しにしなさい。

6　その他，監督の先生の指示に従いなさい。

1　次の〔１〕～〔３〕の問いに答えなさい。

〔１〕　次のグラフと英文は，留学生のロイ(Roy)さんが学校新聞の英語コーナーのために書いた記事です。この記事を読んで，あとの問いに答えなさい。

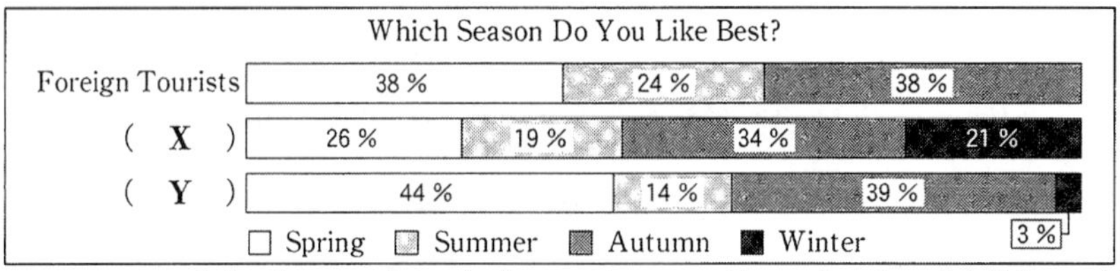

I met a group of foreign tourists during spring vacation. I enjoyed talking with them about the four seasons in Japan. Spring and (①) were the most popular among them, but no one liked (②). Then I wanted to know which season was the most popular at my school, so I asked the students and teachers. Among the teachers, spring was the most popular, and among the students, autumn was the most popular. How about other people? I'll ask people in this town when I meet them at the festival. Can anyone help me?　Roy

(1)　英文中の(①)，(②)に入る最も適切なものを，次のア～エからそれぞれ１つ選んで，記号で答えなさい。

ア　spring　**イ**　summer　**ウ**　autumn　**エ**　winter

(2)　グラフ内の(**X**)，(**Y**)に入る最も適切なものを，次のア～エからそれぞれ１つ選んで，記号で答えなさい。

ア　My School　**イ**　Teachers　**ウ**　Students　**エ**　People in This Town

〔２〕　オーストラリアに留学中の芽依(Mei)さんと同級生のエラ(Ella)さん，ノア(Noah)さんが話をしています。次の会話文と掲示の内容について，あとの問いに答えなさい。

Mei:　The groups for the Outdoor Science *Program were *announced today. I'm in Group 2.
Ella:　Mei, we are in the same group.
Mei:　Good! We can go to the same places together.
Noah:　I'm in Group 1. I am the only one in a different group.
Ella:　Noah, I think your group's plan is the best. You'll be tired after you visit the (①) because you'll spend more time there. In your group's plan, the next day is Saturday, so you can rest.
Noah:　That's true.
Mei:　Do we have to walk to all the places?
Noah:　We will only walk to the (②). We will go by *chartered buses on the second, third, and fourth day.
Mei:　Oh, good. We have *normal classes only on Monday that week.
Ella:　No. The school will be closed on Monday.
Mei:　Really? I didn't know that.
Noah:　It's a holiday. Check the calendar.

注)　*program　プログラム　*announce　発表する
　*chartered bus　貸切バス　*normal　通常の

Blue Star High School
Outdoor Science Program

Day 1 **Tuesday, March 12** (8:00 a.m.–2:00 p.m.)	
All groups (1–3) will walk to the **Flower Park**	

Day 2 **Wednesday, March 13**

Group	Place	Time
1	**White Lake**	8:00 a.m.–2:00 p.m.
2	**Dragon River**	8:00 a.m.–2:00 p.m.
3	**Mountain Park**	8:00 a.m.–4:00 p.m.

Day 3 **Thursday, March 14**

Group	Place	Time
1	**Dragon River**	8:00 a.m.–2:00 p.m.
2	**Mountain Park**	8:00 a.m.–4:00 p.m.
3	**White Lake**	8:00 a.m.–2:00 p.m.

Day 4 **Friday, March 15**

Group	Place	Time
1	**Mountain Park**	8:00 a.m.–4:00 p.m.
2	**White Lake**	8:00 a.m.–2:00 p.m.
3	**Dragon River**	8:00 a.m.–2:00 p.m.

(1)　(①)，(②)に入る最も適切なものを，次のア～エからそれぞれ１つ選んで，記号で答えなさい。

ア　Flower Park　**イ**　White Lake　**ウ**　Dragon River　**エ**　Mountain Park

(2)　会話文と掲示の内容に合うものを，次のア～エから１つ選んで記号で答えなさい。

ア　Students will take chartered buses every day during the Outdoor Science Program.
イ　One group will finish the program of the day later than other groups on March 13, 14, and 15.
ウ　Mei and Ella will go to the Dragon River on the last day of the Outdoor Science Program.
エ　March 11 is a holiday and there will be no classes, but Noah didn't know about the holiday.

〔3〕 淳(Jun)さんは，フィリピン(the Philippines)出身のハンス(Hans)さんと，鉄道(railway)について話をしています。次の対話文を読んで，あとの問いに答えなさい。

Jun: Hi, Hans. I hear you like railways. I like railways too.
Hans: Oh, really? Yes. I'm especially interested in Japanese railways because old Japanese trains are running in the Philippines.
Jun: Old Japanese trains? Are they still running? ① That's exciting!
Hans: I saw some Japanese railway fans when I was there. They enjoyed watching the old Japanese trains and taking pictures of them.
Jun: I want to go there to see old Japanese trains.
Hans: A lot of old Japanese trains are running in other countries too. Japanese trains are popular because of their good *quality.
Jun: I'm very glad to hear that Japanese trains are loved in other countries. Also, I think it's good to *reuse things.
Hans: I agree. [②]
Jun: Really? Can you give me an example?
Hans: Trains that were used on the *Hibiya Line in Tokyo are now running on the *Hokuriku Rail Road in Ishikawa.
Jun: You know a lot about Japanese railways!
Hans: Last Sunday, I went to Kanazawa with my friend who likes railways. He told me about it.
Jun: The trains on the Hibiya Line have a *silver *design, right?
Hans: Yes, but it was changed to an orange one. It is the *symbolic color of the Hokuriku Rail Road.
Jun: [③] For example, the symbolic colors of the *Ainokaze Toyama Railway are blue and green.
Hans: Blue is the image of the sea and green is the image of nature like mountains and trees, right?
Jun: Yes. Did you know that the designs on the left and right *sides of the train have different colors?
Hans: No, I didn't. Why are they different?
Jun: If you look at the side that has the blue design, you can see the sea in the *background of the train. If you look at the side that has the green design, you can see the mountains in the background of the train.
Hans: Wonderful! ④ The design of each side of the train and its background have the same image. I want to take pictures of the trains with the beautiful background.
Jun: (　⑤　)
Hans: OK.

注) *quality　品質　*reuse　再利用する
*Hibiya Line　日比谷線(東京都の地下鉄路線のひとつ)
*Hokuriku Rail Road　北陸鉄道(石川県にある鉄道会社)　*silver　銀色の
*design　模様　*symbolic　象徴する
*Ainokaze Toyama Railway　あいの風とやま鉄道(富山県にある鉄道会社)
*side　側面　*background　背景

(1) 下線部① That について，その内容を日本語で書きなさい。

(2) [②]，[③] に入る最も適切なものを，次のア～エからそれぞれ1つ選んで，記号で答えなさい。

ア Railway lines have their own colors.
イ It is difficult to use old trains in Japan.
ウ I don't know much about the colors of the trains.
エ Some trains are reused in Japan too.

(3) 下線部④について，対話の中で説明されている内容を具体的に日本語で書きなさい。

(4) 対話の流れを踏まえ，(　⑤　)にあなたが淳さんになったつもりで10語以上の英語を書きなさい。なお，英文の数は問わない。

2 次の〔1〕，〔2〕の問いに答えなさい。

〔1〕 美穂(Miho)さんは，英語の授業で紙幣(bill)についてスピーチをしました。その原稿を読んで，あとの問いに答えなさい。

Hello, everyone. Today, I'm going to talk about the new Japanese bills. Do you know that we will start to use them this year? These are pictures of them.

First, the new bills will be colorful and beautiful. The *back of the new 10, 000 yen bill will be *Tokyo Station Marunouchi Building. On the other hand, the back of the 10, 000 yen bill we use now has the picture of *houou*. *Houou* is like a bird. Flowers are often *printed on Japanese bills, and on the new 5, 000 yen bill, there will be the flower *fuji*. I really like it. The new 1, 000 yen bill will have the picture of the sea taken from a famous *ukiyo-e* and it is wonderful. I found that the pictures of the new bills introduce our beautiful nature and our own culture.

Each new bill will have a picture of a famous person. The famous people will be Shibusawa Eiichi, Tsuda Umeko, and Kitasato Shibasaburo. Their great work helped a lot of people and Japan. For example, Shibusawa Eiichi made the first Japanese *bank and helped to make about 500 companies. Tsuda Umeko gave girls the *chance to study by opening *Joshi Eigaku Juku* in 1900 in Tokyo. Kitasato Shibasaburo worked hard in *the field of medicine to save many people. Japanese people know them well and respect them. For these reasons, they were selected for the new bills.

The most exciting point of the new bills is <u>the great *technology used in them</u>. For example, by looking at the bills from different *angles, you think that the people's faces are moving! Also, very small *letters of NIPPONGINKO will be printed on the new bills. They are so small that you can't even find them. It is harder to make *fake bills because of such technology. I want to see the new bills.

Checking the new bills was a chance to learn about both great people and technology in Japan. We can learn about them in other ways too. Isn't it amazing that we can learn about things in different ways? I want to keep learning new things and share various ideas with you. Now, I am interested in foreign bills. So everyone, let's learn about them together.

Thank you for listening.

注） *back 裏面　*Tokyo Station Marunouchi Building 東京駅丸の内駅舎
*print 印刷する　*bank 銀行　*chance 機会
*the field of medicine 医学の分野　*technology 技術　*angle 角度
*letter 文字　*fake にせの

(1) 次の**ア**～**エ**は紙幣の一部を簡単なイラストにしたものです。美穂さんがスピーチで紹介している新紙幣のものとして**適切でないもの**を，次の**ア**～**エ**から**1**つ選んで記号で答えなさい。

ア

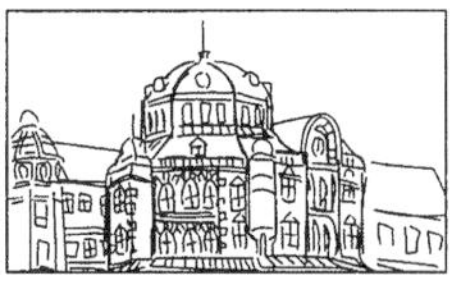

イ

ウ

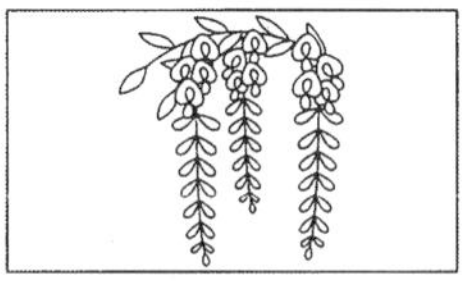

エ

(2) 下線部について，美穂さんは具体例を**2**つ紹介しています。そのうちから**1**つ選んで，その内容を日本語で書きなさい。

(3) このスピーチの内容に合うものを，次の**ア**～**オ**から**2**つ選んで記号で答えなさい。

ア Miho likes the flower that will be printed on the new 5, 000 yen bill.
イ Miho introduces famous people who are printed on the bills we use now.
ウ Miho says that the people on the new bills are respected by Japanese people.
エ Miho is excited to see the new bills next year.
オ Miho wants to study only with people who share the same ideas.

buying coffee is so popular, so I want to know about that. I wasn't surprised to know that mineral water is in last place. Actually, we don't have to buy it at the shop because we can drink clean water at home. I didn't know that we buy a lot of *furikake*. I also didn't know that we don't buy *bento* so much. I think the reasons for both *furikake* and *bento* are the same. We have a lot of good rice at home.

質問1 Which is *bento*?

質問2 What does the speaker want to know?

問題C　放送文（対話を聞いて，話の内容を完成させる問題）

A: Hello, Ms. Rogers.
B: Hi, Riki. I heard you go to *shodo* classes every Sunday, right?
A: Yes.
B: I have been practicing *shodo* since I came to Japan.
A: Really? I didn't know that.
B: My *shodo* teacher is Mr. Kishi.
A: Oh, he's my *shodo* teacher too.
B Wow, we have the same teacher. Mr. Kishi is so nice.
A: I think so too. Does he speak English?
B: I help him practice speaking English. We enjoy talking in English after our *shodo* class. Last Sunday, we talked about some events in Japan.
A: Sounds interesting. I want to talk in English too.
B: You should join our *shodo* class next Sunday. After the class, you can practice speaking English with us if you want. We'll talk about learning other languages.
A: Nice! I'll join your *shodo* class and speak English with you. What time do you usually go to your class?
B: I usually go at three but I'll go at four next Sunday.
A: OK. I'll tell Mr. Kishi that I'll go to the class with you. See you then.
B: See you.

令和６年度

県立高等学校入学者選抜学力検査問題

（令和６年３月実施）

検査２　国　語

10：40　～　11：30

注　意

1　監督の先生の指示があるまで，開いてはいけません。

2　問題は，６ページあります。

3　「開始」の合図があったら，はじめなさい。

4　答えは，すべて，解答用紙に記入しなさい。

5　「終了」の合図で，すぐ筆記用具をおき，解答用紙を裏返しにしなさい。

6　その他，監督の先生の指示に従いなさい。

一　——線部ア～ウの漢字の読みを**ひらがな**で書き、——線部エ～カのカタカナを**漢字**で書きなさい。

ア　運動前に屈伸する。

イ　果汁を搾る。

ウ　避暑地に滞在する。

エ　城のシュビを固める。

オ　鶴がムれる様子を観察する。

カ　船のモケイをつくる。

二　次の文章を読んで、あとの問いに答えなさい。（一部表記を改めたところがある。また、1～5は各段落に付した段落番号である。）

1　古来、人々は一日の時の移ろいの中で太陽の高さや位置が変わっていることに気づき、垂直に立てた棒の影の位置や長さの変化として時を認識していた。ノーモン（グノモン）、つまり日時計である。ゆく川の流れのように、私たちとは独立して一定の速さで進み、誰にも共通する①客観的な時間という指標があると気づいたのだ。そして具体的に時間をこの手で捉えるために、太陽の運行を使い、やがて振り子の振動を使うようになった。それらが示す指標を共通の尺度とすれば、誰もが一致して行動することができるようになるからだ。

2　逆に、人々への命令手段として②時間を支配しようとした権力者は、時間を独占して決定し、それによって人々の生活を律する尺度としようとしてきた。時間を正確に測って人々に知らせ、時間に沿って行動させるのだ。そのために時間を精度よく決定できる時計が発明され、改良されてきた。西洋では、例えば時計が示す時間に従って教会が打ち鳴らす鐘の音を合図にして農作業を終えるというように、決められた客観的な時間に人々が従うのが当然とされた。

3　これと似て、江戸時代の日本においても寺が打つ鐘の音で時間を知らせたのだが、その時間は太陽の位置と高さのような、季節や昼夜によって変化する自然そのものが指標になっていた。権力者も庶民も自然の時間に合わせて生きていたのである。西洋から流入してきた、③ひたすら正確さを目指した時計に対し、江戸時代においては時間の異なった概念から、人々は独自の対応をした。それが日本独特の「和時計」である。

4　ここに江戸の人々の時間観念の特殊性を読み取ることができる。西洋では、時計の進みによって客観的に時間が決まる「定時法」が採用され、場所にも季節にも依存しない時間を生きるようになった。ところが、江戸時代の日本では、太陽の位置と高さで時間を決めたから、場所や季節によって変化するローカル[注]な時間に基づく④「不定時法」を当然とした。言い換えれば、西洋は中央集権（国家などの公権力が時間を決定する、いわば国権主義）によって近代の道を歩み始めたのに対し、日本では地方分権（地域によって時間が異なる、いわば民権主義）のままの近世を過ごしたわけだ。このような時間論を通じて、江戸の人々の生き様を見直してみるのも興味深いのではないだろうか。

5　時計の技術について言えば、定時法は振り子の等時性（糸の長さが等しい振り子においては、重さや振れ幅によらず⑤往復の周期が一定になるという性質）を利用すれば、時間はその振動回数の集積として、いつでもどこでも同一に定めることができる。極めて簡明で画一的な時間決定法である。それに対して、不定時法は太陽の動きに応じるために単位あたりの時間幅が季節によって異なる。それを受け入れ、⑥時計という機械において表現しようとしたから、大いなる工夫を必要とした。つまり、江戸時代においては、西洋の一定のリズムで時を刻む単純な機械時計を採用せず、季節や昼夜で時間の歩みが異なるが故に複雑な時間調整を必要とする和時計を工夫して編み出したのである。とはいえ、あまり調整の手間をかけず、しかし正確に時刻を測りたい。そのためにさまざまな技術を開発したのであった。そうした努力はムダではなく、近代になって日本の時計産業が世界に雄飛することに繋《つな》がっているように私には思える。現代の技術は、極論すれば画一性を基礎にシンプルさを徹底しているだけなのだが、そこに和時計の対照的な技術の蓄積が活《い》かされて⑦豊かさを生み出したのではないだろうか。

【池内了《いけうちさとる》『江戸の好奇心　花ひらく「科学」』より】

注　ローカルな時間…ある地方・地域に限定される時間のこと

1　①客観的な時間という指標がある　とありますが、この指標があると、どういうことができるようになると考えたのですか。同じ段落から**十三字**で抜き出し、**初めと終わりの三字**を答えなさい。

2　②時間を支配しようとした権力者　とありますが、

(1)　「時間を支配」するとは、ここでは具体的にどうすることですか。解答欄に合う形で本文中から**二十七字**で抜き出し、**初めと終わりの三字**を答えなさい。

(2)　「時間を支配」するために、どのようなことが必要になったと筆者は述べていますか。本文中の言葉を使って答えなさい。

3　③ひたすら　が修飾する言葉を、**一文節**で抜き出しなさい。

4　④「不定時法」を当然とした　とありますが、

(1)　「不定時法」とは、ここではどのような方法のことですか。本文中の言葉を使って簡潔に答えなさい。

(2)　江戸時代の日本の人々にとって、不定時法が「当然」であったのはなぜですか。その理由が端的に示された一文を本文中から抜き出し、**初めの三字**を答えなさい。

5　⑤往復　と構成が同じ熟語を、次の**ア**～**エ**から一つ選び、**記号**で答えなさい。

ア　年長　**イ**　岩石　**ウ**　作曲　**エ**　送迎

6　⑥時計という機械において表現しようとした　とありますが、どういうことですか。分かりやすく説明しなさい。

7　⑦豊かさを生み出したのではないだろうか　とありますが、筆者がこのように述べるのはなぜですか。「和時計」、「現代の技術」という言葉を使って説明しなさい。

8　この本文の構成と内容について、AさんとBさんが会話をしています。AさんとBさんの会話文の［Ⅰ］～［Ⅲ］に入る言葉として最も適切なものを、それぞれ次の**ア**～**エ**から選び、**記号**で答えなさい。

Aさん　[1]段落は、時間について［Ⅰ］しているね。
Bさん　[2]段落、[3]段落では、西洋と江戸の時代の日本の時計の共通点と相違点を［Ⅱ］的に述べているよね。
Aさん　そうだね。[4]段落を読むと、時間の捉え方が西洋と江戸時代の日本ではずいぶん違うことがよく分かるよ。
Bさん　[5]段落は、これまで述べてきた時間の［Ⅲ］から、時計の技術に注目して、述べているよね。時計っていつでもどこでも同じものだと思っていたけど、時計も変化してきたんだね。

Ⅰ　**ア**　話題を提示　**イ**　話題を深化　**ウ**　問題を提起　**エ**　問題を解決
Ⅱ　**ア**　対比　**イ**　象徴　**ウ**　一般　**エ**　主観
Ⅲ　**ア**　根拠　**イ**　本質　**ウ**　概念　**エ**　観点

三　次の文章を読んで、あとの問いに答えなさい。（一部表記を改めたところがある。）

　和菓子職人になることを目指すワコは、和菓子屋「奥山堂《おくやまどう》」で修行することを決め、働き始める。なお、本文中に登場する徳造《とくぞう》は、ワコの亡《な》くなった祖父であり、和菓子職人であった。

①人けのなくなった広い作業場を見渡す。帰ろうかと思ったが、普段は聖域のようで近づくのも恐れ多い餡場《あんば》のほうに、なんとなく足を向けてみる気になった。これも慣れというものだろう。

　作業場の奥の餡場には、小豆を煮るためのガスコンロや、煮た小豆を炊く大きな餡練り機が置かれている。それがちらりと目に入ったところで、やはりやめておこうと思う。こんなところを、もしも誰かに見つかったら叱られるかもしれない。

　引き返そうとしたら、ステンレスの作業台に皿に載った桜餅がひとつあるのに気づく。関西風の道明寺《どうみょうじ》ではなく、生地を薄く焼いた関東風だ。しっとりした淡い紅色の皮の間から、こし餡が覗《のぞ》き、皮は一枚の桜の葉で包まれている。②殺風景な作業場で、その桜餅だけが明るく照らし出されているように、それはそれは美しかった。いや、きれいの前に、「おいしそう！」――思わず口に放り込みたくなる。

「和菓子で一番大切なものは季節感だ」

　背後で声が響く。びくりとして振り返ると、曽我《そが》[注1]が立っていた。

「桜餅や柏《かしわ》餅にも、作り手の季節の表現が色濃く映し出される」

「工場長――」

「店売りの桜餅の出来ばえが今ひとつだった。みんなが見るように、私がつくって置いておいた。おまえや小原《こはら》[注2]はまだ桜餅をつくらないが、見ておくといいと思っていた」

　曽我がにこりともせずに語り続ける。

「いいか、常に耳目を働かせろ。餡子《あんこ》の炊けるにおいを嗅げ。洗い物をしていても、③全身でお菓子づくりを学ぶんだ」

　夢中で、「はい」と返事した。

　曽我が頷《うなず》くと、「食べてみろ」と言う。

「いいんですか？」

　再び工場長が頷いた。

　ワコは　Ⅰ　を決して作業台に近づくと、宝石のような桜餅を手に取った。

「いただきます」

　桜餅を包む塩漬けした桜の葉は、香り付けをするのと乾燥を防ぐためのものだ。右手で桜の葉を剝《は》がすと、左手で口に運ぶ。いつつくったものか分からないが、少しも硬くなっていない。　Ⅱ　出来立てのようだった。ひと口めで優しい甘さが広がった。そのあとで、④桜の葉の香りが鼻に抜けると、風景が見えた。ワコの中で広がったのは、一本桜だ。青空と広い平原の間で、それだけが大きく枝を広げている一本の満開の桜。その凄《すご》みさえ感じさせる美しさだった。

　桜餅を、今度は塩漬けの葉と一緒にもうひと口食べる。塩味が、餡の甘味をさらに引き立てる。かすかな悲しみが胸を打った。ワコの中に、また別の風景が浮かんだからだ。小学校の校庭に桜の樹《き》があった。五年生の葉桜の頃だった。クラスのみんなから離れて、ひとりだけぽつんと樹の幹にもたれている三つ編みの女の子がいる。あの子と仲よくしないと、そう思いはするもののなかなか実行できない。そのうちに、彼女はまた転校していってしまった。

　そこでワコははっとする。今なら分かる。あの子は、仲よしの友だちができると別れがつらくなるから、みんなと距離を置いていたのだ。

　慰撫《いぶ》[注3]するように、⑤桜餅の穏やかな甘さが自分を包んでくれる。ワコの頰をひと筋涙が伝った。

(1) 実験1において，おもりを引き上げたとき，手がした仕事は何Jか，求めなさい。

(2) 図4は，実験2において，斜面上を一定の速さで引き上げられているおもりにはたらく重力Wを力の矢印で表したものである。このときのひもがおもりを引く力を，力の矢印(──→)を使って作用点Oからかきなさい。

(3) 実験3において，おもりの端が床から15 cm高くなるまでおもりを引き上げるには，手でひもを何cm引けばよいか，求めなさい。

(4) おもりを引き上げるのに，実験1では2.5秒，実験2では5.0秒，実験3では10.0秒かかった。実験1～3において，それぞれの時間をかけておもりを引き上げたときの仕事率のうち，一番大きいものは，一番小さいものの何倍となるか，求めなさい。

(5) 図5のように，電気モーターを使って，**質量600 gのおもり**を**30 cmの高さ**まで一定の速さで1.8秒で引き上げた。このとき，電気モーターに加えた電圧は2.5 V，流れた電流は0.5 Aであった。電気モーターでおもりを引き上げたときのおもりが受けた仕事の大きさは，電気モーターが消費した電気エネルギーの何％か，求めなさい。

図4

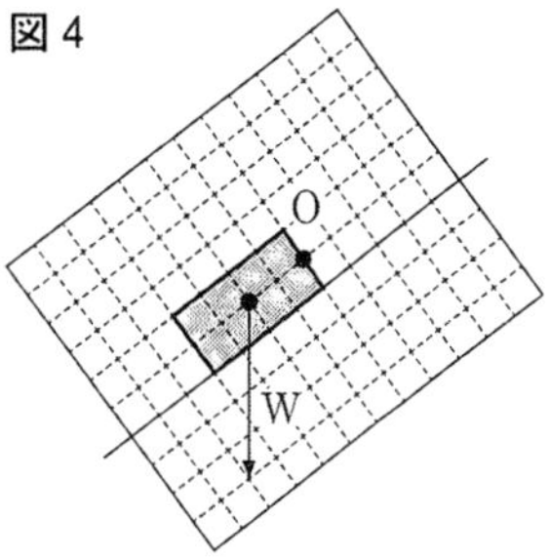

図5

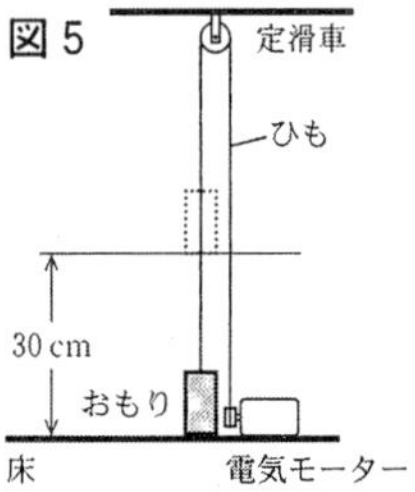

8 物質の溶解度に関する実験を行った。あとの問いに答えなさい。なお，図は物質X～Zの溶解度曲線，表は0 ℃の水100 gにとける物質X～Zの質量である。

<実験>

㋐ ビーカーA～Cのそれぞれには，物質X～Zのいずれか1種類が40 gずつ入っている。このビーカーA～Cにそれぞれ60 ℃の水を200 g入れてよくかき混ぜたところ，ビーカーCのみ物質がとけ残った。

㋑ ㋐で物質がすべてとけたビーカーA，Bの水溶液の温度を0 ℃まで下げるとビーカーBの水溶液のみから固体が出た。

㋒ ㋑でビーカーBの水溶液から出た固体をろ過でとり出し，乾燥後，質量を測定した。

図

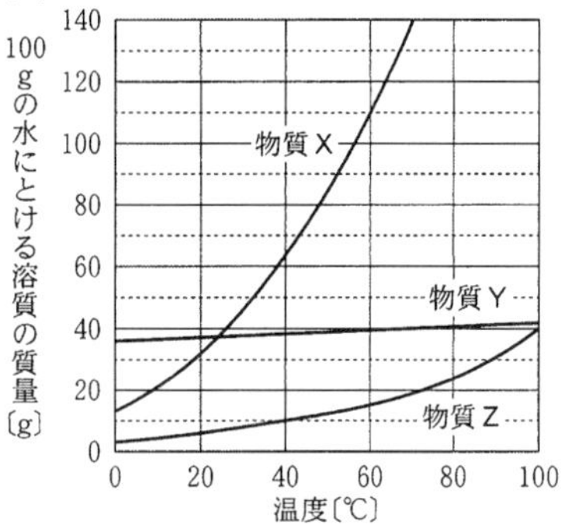

表

物質	0 ℃の水100 gにとける物質の質量〔g〕
X	13
Y	36
Z	3

(1) ㋐において，ビーカーAの水溶液の質量パーセント濃度は何％か。小数第1位を四捨五入して**整数**で答えなさい。

(2) ビーカーA～Cに入っていた物質はそれぞれX～Zのどれか，記号で答えなさい。

(3) ㋒において，ビーカーBの水溶液から出た固体は何gか，求めなさい。

(4) ビーカーAの水溶液にとけている溶質を固体として出すためにはどうすればよいか。「水溶液を」に続けて，「**水**」ということばを使って簡単に書きなさい。

(5) 質量パーセント濃度が10 ％の物質Yの水溶液が200 cm^3ある。この水溶液の温度が20 ℃で，密度は1.1 g/cm^3であるとして，この水溶液にとかすことができる物質Yはあと何gか。小数第1位を四捨五入して**整数**で答えなさい。ただし，20 ℃の水100 gにとける物質Yの質量は38 gとする。

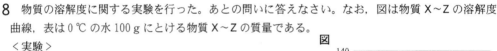

6 ある年の12月11日の18時に，富山県のある地点から空を見上げると，半月と金星が見えた。また，天体望遠鏡で金星を観察すると，形が欠けて見えた。図は，12月11日の太陽，金星，地球，月を北極星側から見たときの模式図であり，破線(------)で，地球と金星の公転軌道を12等分している。あとの問いに答えなさい。

図

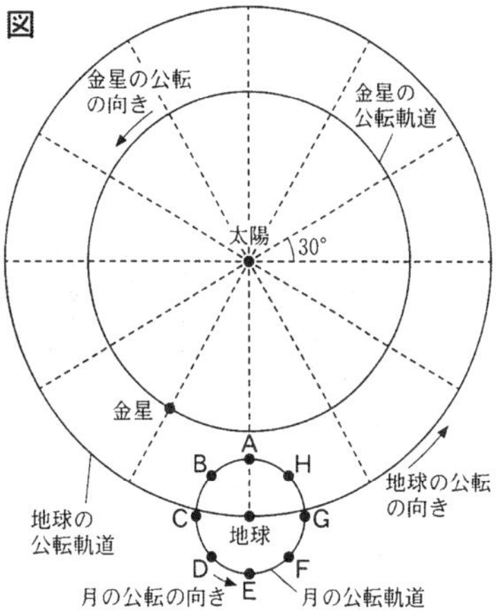

(1) 12月11日の月は，どの位置にあると考えられるか。図の**A**～**H**から1つ選び，記号で答えなさい。

(2) 2日前の12月9日の18時に，同じ地点から見える月の形と位置は，12月11日の18時と比べてどのようになっていたと考えられるか。次の**ア**～**エ**から1つ選び，記号で答えなさい。

ア 月の形は満ちていて，位置は東側にあった。
イ 月の形は満ちていて，位置は西側にあった。
ウ 月の形は欠けていて，位置は東側にあった。
エ 月の形は欠けていて，位置は西側にあった。

(3) 金星が，明け方と夕方にしか見えない理由を，簡単に書きなさい。

(4) 次の文は，12月11日から5か月後に，天体望遠鏡で同じ地点から同じ倍率で金星を観察したときの見え方について説明したものである。文中のP～Rの(　　)の中から適切なものをそれぞれ選び，記号で答えなさい。ただし，金星は，1か月で公転軌道上を48°移動するものとする。

> 5か月後の金星は，P(**ア** 明け方　**イ** 夕方)，Q(**ウ** 東　**エ** 西)の空に見える。また，見かけの大きさは，12月11日のときと比べて，R(**オ** 小さい　**カ** 大きい)。

(5) 次の文は，月食が起こる日に富山県から観察できた月のようすについて説明したものである。文中のX～Zの(　　)の中から適切なものをそれぞれ1つずつ選び，記号で答えなさい。

> この日の日の入り直後に月を観察すると，月食が始まる前のX(**ア** 満月　**イ** 上弦の月　**ウ** 下弦の月)が，Y(**エ** 北　**オ** 南　**カ** 東　**キ** 西)の空の地平線近くに観察できた。その後，Z(**ク** 月が地球　**ケ** 地球が月)の影に入り，月食が始まった。

7 力と仕事の関係を調べるため，次の実験を行った。あとの問いに答えなさい。なお，おもりと斜面の間および滑車とひもの間の摩擦や，滑車とひもの重さは考えないものとする。また，100 gの物体にはたらく重力の大きさを1 Nとする。

＜実験1＞
図1のように，質量300 gのおもりをひもと定滑車を使って，おもりが床につくようにひもを手で引いて静止させた。その後，ひもを手で引き，床から15 cmの高さまで一定の速さでおもりを引き上げた。

＜実験2＞
図2のように，実験1で使ったおもりを床に固定した斜面にのせ，ひもと定滑車を使って，おもりの端が床につくように，ひもを手で引いて静止させた。その後，ひもを手で引き，おもりの端が床から15 cm高くなるまで斜面上を一定の速さでおもりを引き上げた。

＜実験3＞
図3のように，実験1で使ったおもりを床に固定した斜面にのせ，ひもと定滑車，動滑車を使って，おもりの端が床につくように，ひもを手で引いて静止させた。その後，ひもを手で引き，おもりの端が床から15 cm高くなるまで斜面上を一定の速さでおもりを引き上げた。

図1

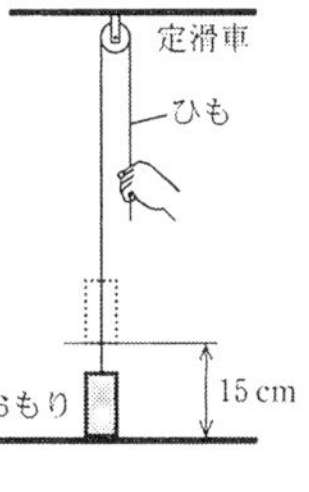

図2

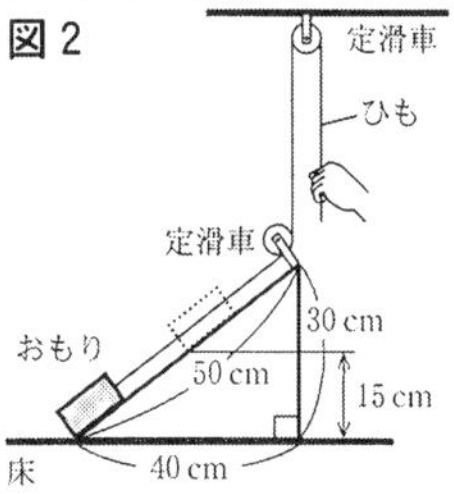

図3

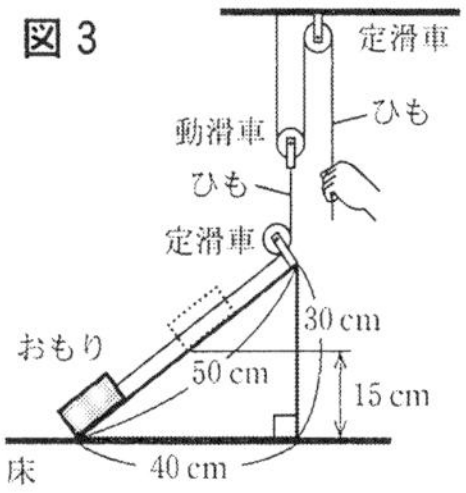

⑷　この交流の周波数は何 Hz か，求めなさい。

⑸　青と赤の発光ダイオードを左から右に等速で動かしたとき，**図6の0～0.08秒の時間**においては，どのように点灯するか。観察される点灯のようすを模式的に表したものとして，次の**ア**～**オ**から最も適切なものを1つ選び，記号で答えなさい。

ア　　**イ**　　**ウ**　　**エ**　　**オ**

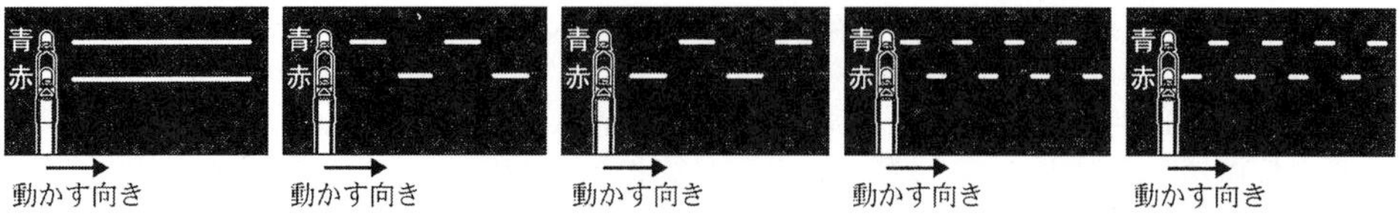

5　エンドウの種子には丸形としわ形がある。5つの丸形の種子A～Eと1つのしわ形の種子を使って，次の実験をそれぞれ行った。あとの問いに答えなさい。なお，実験で使ったエンドウの種子の形質は，メンデルが行った実験と同じ規則性で遺伝するものとする。

＜実験1＞

丸形の種子Aを育てて自家受粉させると，できた種子はすべて丸形になった。

＜実験2＞

丸形の種子Bを育てて自家受粉させると，できた種子は丸形としわ形になり，丸形としわ形の数の比は3：1になった。

＜実験3＞

丸形の種子Cと丸形の種子Dを，それぞれ育てて交配させると，できた種子はすべて丸形になった。

＜実験4＞

丸形の種子Eとしわ形の種子を，それぞれ育てて交配させると，できた種子はすべて丸形になった。

⑴　対立形質の遺伝子の両方が子に受けつがれた場合，子に現れない形質を何というか，書きなさい。

⑵　図は，あるエンドウの細胞の核と染色体を模式的に表したものである。このエンドウがつくる生殖細胞の核と染色体を模式的に表したものはどれか。次の**ア**～**オ**から**すべて**選び，記号で答えなさい。なお，エンドウの種子の形を丸形にする遺伝子をR，しわ形にする遺伝子をrとする。

図

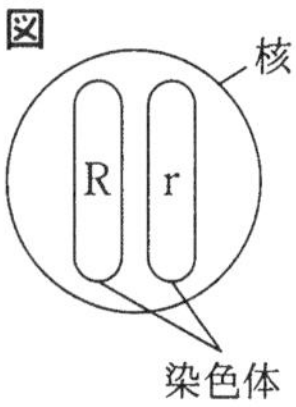

ア　　**イ**　　**ウ**　　**エ**　　**オ**

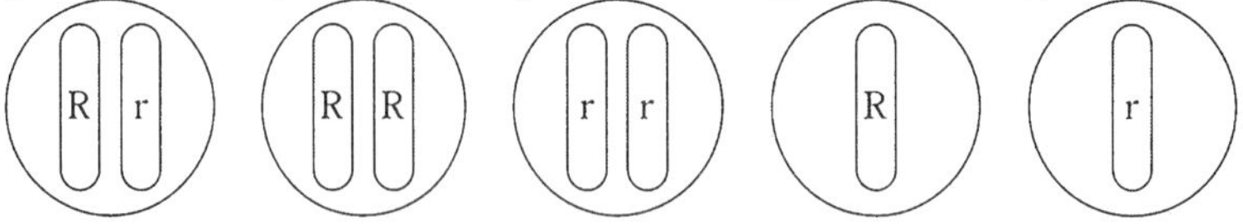

⑶　実験の結果から，丸形の種子A～Eのうち，純系であると**必ず**いえるのはどれか。A～Eから**すべて**選び，記号で答えなさい。

⑷　実験2でできた丸形の種子をすべて育てて，それぞれ自家受粉させた。このときにできた種子の丸形としわ形の数の比を，最も簡単な整数比で書きなさい。

⑸　実験1～4でできた種子のうち，丸形の種子を育てて交配させた。その結果，しわ形の種子ができる可能性があるのは，どの実験でできた丸形の種子を育てて交配させたときか。次の**ア**～**カ**から**すべて**選び，記号で答えなさい。

ア　実験1と実験2　　**イ**　実験1と実験3　　**ウ**　実験1と実験4

エ　実験2と実験3　　**オ**　実験2と実験4　　**カ**　実験3と実験4

令和６年度

県立高等学校入学者選抜学力検査問題

（令和６年３月実施）

検査５　数　　　学

11：00　～　11：50

注　　意

1　監督の先生の指示があるまで，開いてはいけません。

2　問題は，６ページあります。

3　「開始」の合図があったら，はじめなさい。

4　答えは，すべて，解答用紙に記入しなさい。

・答えに$\sqrt{\ }$がふくまれるときは，$\sqrt{\ }$の中の数を最も小さい自然数にしなさい。

・答えの分母に$\sqrt{\ }$がふくまれるときは，分母を有理化しなさい。

5　「終了」の合図で，すぐ筆記用具をおき，解答用紙を裏返しにしなさい。

6　その他，監督の先生の指示に従いなさい。

1　次の問いに答えなさい。

(1)　$7+4\times(-2)$ を計算しなさい。

(2)　$xy^3\times 6x^2y\div 3y^2$ を計算しなさい。

(3)　$\sqrt{24}-\sqrt{6}$ を計算しなさい。

(4)　$8a+4b-(5a-b)$ を計算しなさい。

(5)　連立方程式 $\begin{cases} 2x+3y=4 \\ 5x+4y=3 \end{cases}$ を解きなさい。

(6)　右の図は，縦 10 cm，横 3 cm の長方形である。
この長方形を，直線 ℓ を軸として 1 回転させてできる立体の体積を求めなさい。
ただし，円周率は π とする。

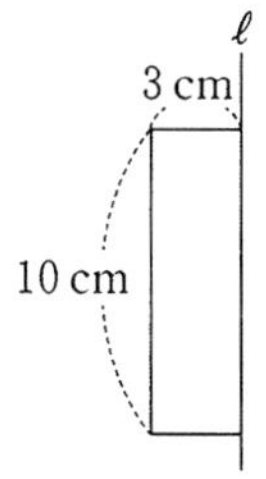

(7)　関数 $y=ax^2$ について，x の値が 2 から 6 まで増加するときの変化の割合が 12 であるとき，a の値を求めなさい。

(8)　ある博物館の入館料は，おとな 1 人が a 円，中学生 1 人が b 円で，おとな 4 人と中学生 3 人の入館料の合計が 7000 円以下であった。これらの数量の関係を不等式で表しなさい。

(9)　袋の中に 1，2，3，4，5 の数が 1 つずつ書かれた同じ大きさの玉が 5 個入っている。中を見ないで，この袋から同時に 2 個の玉を取り出すとき，取り出した玉に書かれた数の積が偶数となる確率を求めなさい。
ただし，どの玉を取り出すことも同様に確からしいものとする。

(10)　右の図のような △ABC がある。辺 AB が辺 AC に重なるように △ABC を折ったときの，折り目の線分と辺 BC との交点を P とする。この点 P を作図によって求め，**P の記号をつけなさい。**
ただし，作図に用いた線は残しておくこと。

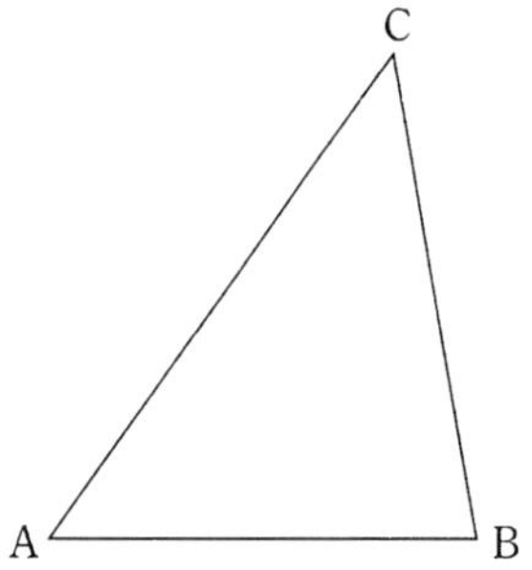

2 右の図のように，横の長さが縦の長さの3倍である長方形の土地があり，その中に道幅3mで，互いに垂直な道を縦と横につくった。残りの土地を畑にすると，畑の面積が297 m^{2}になった。もとの長方形の土地の縦の長さを求めたい。

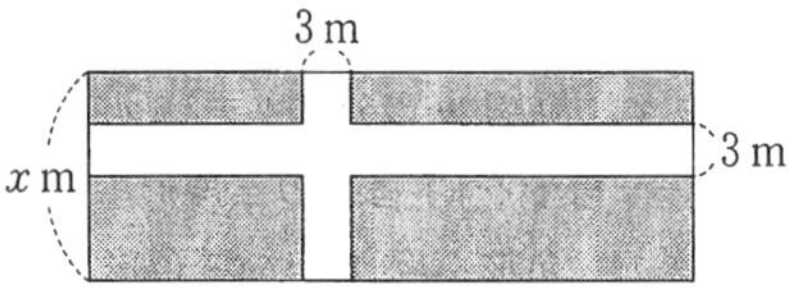

かおるさんとひなたさんは，もとの長方形の土地の縦の長さをx mとして，それぞれ次の方程式をつくった。

このとき，あとの問いに答えなさい。

かおるさんがつくった方程式	ひなたさんがつくった方程式
左辺と右辺のどちらも，**畑の面積**を表している方程式をつくると， (①)(②) = 297	左辺と右辺のどちらも，**道の面積**を表している方程式をつくると， ③ $= 3x^2 - 297$

(1) かおるさんがつくった方程式の①，②にあてはまる式を，xを使った式でそれぞれ表しなさい。

(2) ひなたさんがつくった方程式の③にあてはまる式を，xを使った式で表しなさい。

(3) もとの長方形の土地の縦の長さを求めなさい。

3 あるグループの7人が15問の○×クイズに挑戦した。下の図1は，7人の正解した問題数のデータを，箱ひげ図に表したものである。

このとき，次の問いに答えなさい。

図1

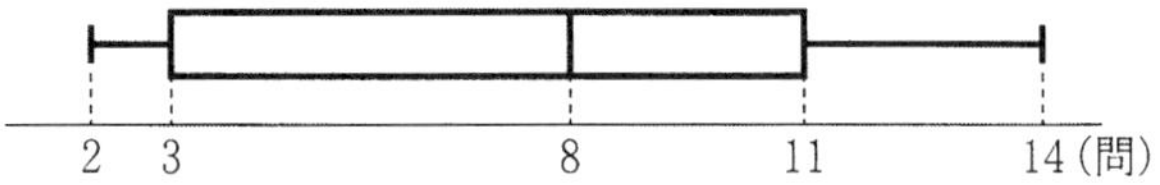

(1) 7人のデータの四分位範囲を求めなさい。

(2) あとから，みずきさんが同じ15問の○×クイズに挑戦した。下の図2は，7人とみずきさんを合わせた8人の正解した問題数のデータを，箱ひげ図に表したものである。

このとき，次の問いに答えなさい。

図2

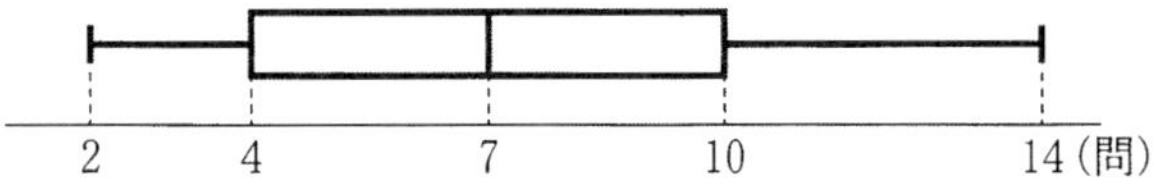

① みずきさんの正解した問題数として，考えられる値は2つある。その値をそれぞれ求めなさい。

② 8人のデータの平均値を求めなさい。

4　2直線ℓ，mとx軸に平行な直線の合わせて3つの直線で三角形をつくる。直線ℓの式は$y = x$，直線mの式は$y = -x$である。下の図1のように，x軸に平行な直線が直線$y = 1$のときの三角形を「1番目の三角形」，直線$y = 2$のときの三角形を「2番目の三角形」，直線$y = 3$のときの三角形を「3番目の三角形」とする。以下，このように，「4番目の三角形」，「5番目の三角形」，…をつくっていく。

ただし，三角形をつくるx軸に平行な直線とy軸との交点のy座標は自然数とする。

図1

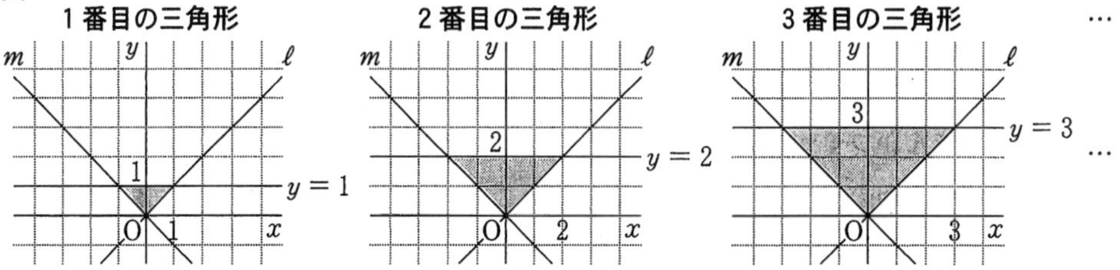

また，点(0，0)，(1，2)，(−2，3)のように，x座標，y座標がともに整数である点を**格子《こうし》点《てん》**という。

このとき，次の問いに答えなさい。

(1)　下の図2にある・は三角形の**周上にある格子点**を表しており，その個数について考える。例えば，「3番目の三角形」の周上にある格子点の個数は12個である。

このとき，あとの問いに答えなさい。

図2

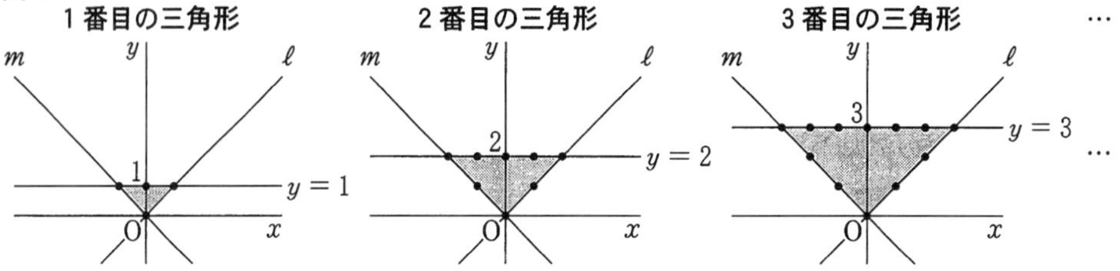

①　「5番目の三角形」の周上にある格子点の個数を求めなさい。

②　「n番目の三角形」の周上にある格子点の個数を，nを使って表しなさい。

(2)　下の図3にある・は三角形の**周上にある格子点と内部にある格子点**を表しており，その個数の合計を考える。例えば，「3番目の三角形」の格子点の個数の合計は16個である。このとき，格子点の個数の合計がはじめて200個以上となるのは「何番目の三角形」か求めなさい。

図3

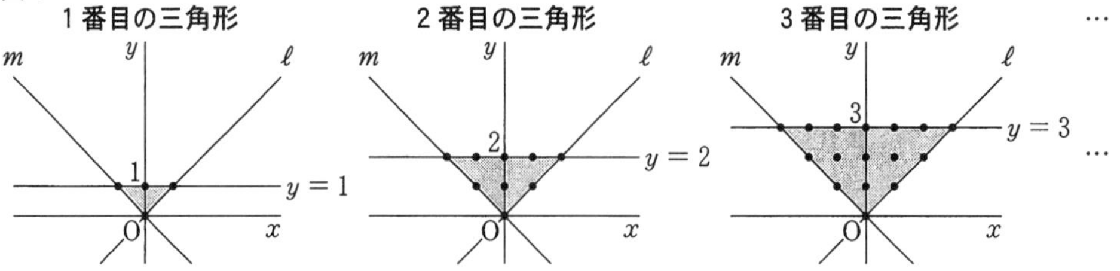

3						
	(3)					
	(4)					
	(5)	①		②	県	
4	(1)	→ → →				
	(2)					
	(3)					
	(4)					
	(5)					
	(6)	①	P		R	
		②	貿易			

6	(3)	記号		X				
	(4)							
	(5)							
	(6)							
7	(1)	①	P		Q			
		②	R		S		T	
	(2)	①	X		Y		Z	
		②						
	(3)	①	あ		組み合わせ			
		②						

国語解答用紙

（令和6年3月実施）

一					
ア	イ	ウ	エ	オ	カ
	る			れる	

二							
1	2 (1)	2 (2)	3	4 (1)	4 (2)	5	
〜	権力者が 〜 こと。						

三								
1	2	3	4	5	6	7	8	9
							〜	

受検番号

※40点満点
※（配点非公表）

3	(3)	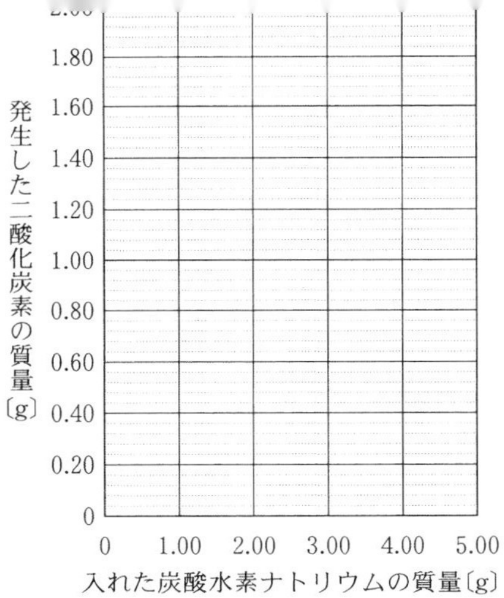
	(4)	
	(5)	g
4	(1)	
	(2)	g
	(3)	回巻き
	(4)	Hz
	(5)	

7	(2)	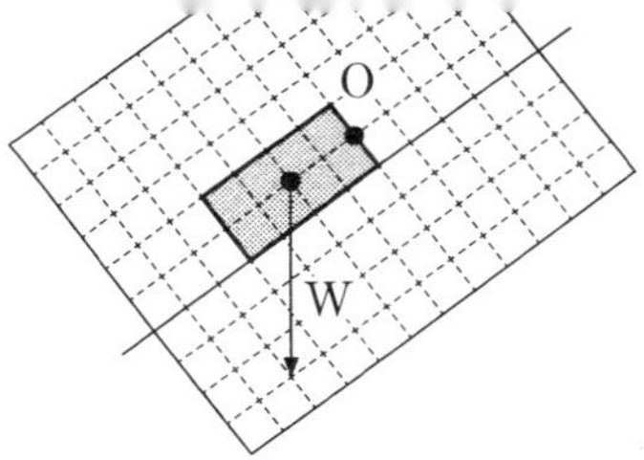					
	(3)	cm					
	(4)	倍					
	(5)	%					
8	(1)	%					
	(2)	A		B		C	
	(3)	g					
	(4)	水溶液を					
	(5)	g					

2024(R6) 富山県公立高
教英出版

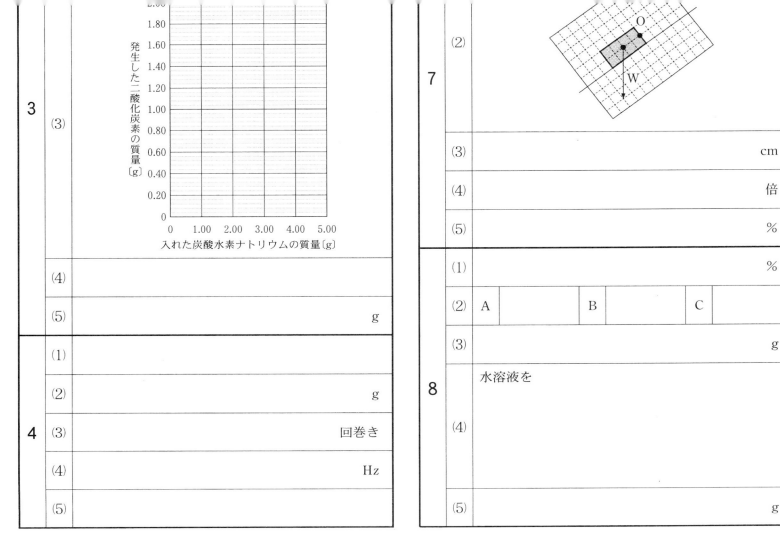

	(4)	1 (　　　) 2 (　　　) 3 (　　　) 4 (　　　) 5 (　　　)

3

〔1〕	(1)	(　　　　　　　　　　).
	(2)	It (　　　　　　　　　　) the most popular restaurants in Toyama.
	(3)	Will (　　　　　　　　　　)?
〔2〕	③	(　　　　　　　　　　)?
	⑧	Sorry, I don't know, but (　　　　　　　　　　).
	⑩	Thank you. (　　　　　　　　　　).
〔3〕		25 語

	(10)	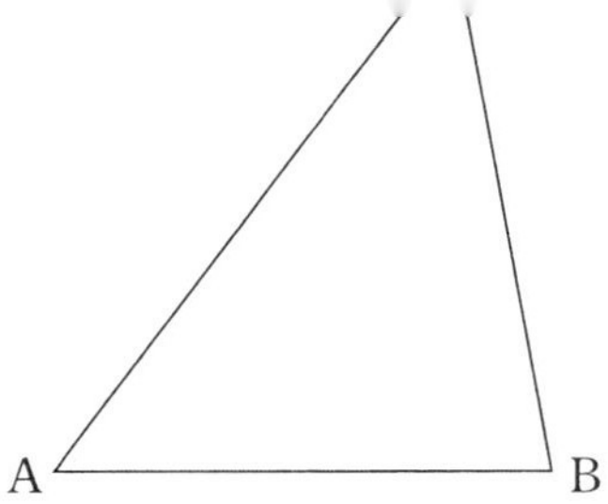			
2	(1)	①		②	
	(2)	③			
	(3)	m			
3	(1)	問			
	(2)	①			
		②	問		

	(2)	分	
	(3)	m	
	(4)	分　秒	
7	(1)	△AED と △ABG において △AED ∽ △ABG	
	(2)	①	cm
		②	cm^2

数　学　解答用紙

（令和６年３月実施）

受検番号	

※　※40点満点（配点非公表）

1	(1)	
	(2)	
	(3)	
	(4)	
	(5)	$x =$ 　　　, 　$y =$
	(6)	cm^3
	(7)	$a =$
	(8)	
	(9)	

4	(1)	①	個
		②	個
	(2)		番目の三角形
5	(1)		cm
	(2)		cm^3
	(3)		cm
6	(1)		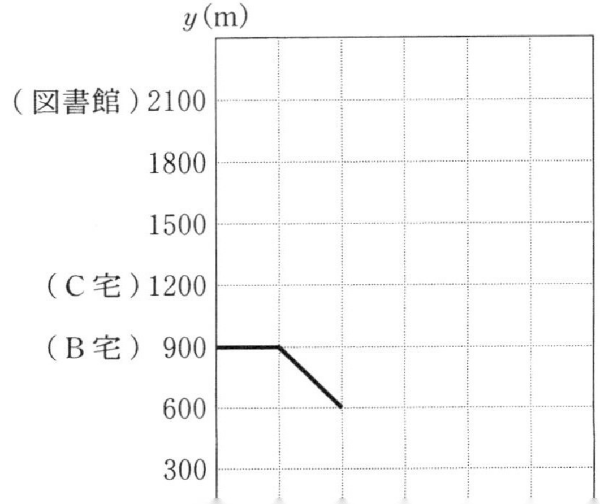

【解答用

英語（筆記テスト）解 答 用 紙

（令和 6 年 3 月実施）

受検番号	

※ リスニングと合わせて 40点満点（配点非公表）

1

〔1〕	(1)	①		②		(2)	X		Y	
〔2〕	(1)	①		②		(2)				
〔3〕	(1)									
	(2)	②		③						
	(3)									
	(4)									

2

〔1〕	(1)						
	(2)						
	(3)						
〔2〕	(1)	①		②		③	
	(2)						

【解答用

理　科　解答用紙

（令和６年３月実施）

受検番号	

※40点満点
※　（配点非公表）

1	(1)						
	(2)						
	(3)	アンモナイトの化石			サンヨウチュウの化石		
	(4)	P		Q		R	
	(5)						
2	(1)						
	(2)						
	(3)						
	(4)						
	(5)	記号		名称			
	(1)	の法則					
	(2)						

5	(1)						
	(2)						
	(3)						
	(4)	丸形　：　しわ形　＝　　　：					
	(5)						
6	(1)						
	(2)						
	(3)						
	(4)	P		Q		R	
	(5)	X		Y		Z	
	(1)	J					

【解答

8	7
Ⅰ	
Ⅱ	
Ⅲ	

5	4	3	2

五

あなたの好きなもの

(220字) (180字) (20字×11行)

◇K8(632—2)

社　会　解答用紙
（令和６年３月実施）

受検番号	

※40点満点
※　（配点非公表）

1	(1)						
	(2)	写真１		写真２			
	(3)	Ⅰ		Ⅱ		Ⅲ	
2	(1)	A		B			
	(2)						
	(3)						
	(4)	①					
		②					
	(1)						
		①					

5	(1)	①	長州		X		Y
		②	府知事・県令を				
		③	→	→	→		
	(2)	①					
		②					
	(3)	①	P		Q		
		②	読み取ることができること				
			組み合わせ				
	(4)	R		S			
	(1)						

5 右の図1のようなAC = AD = BC = BD = 7 cm，CD = 4 cm の三角すいABCDがある。辺CDの中点をMとすると，AB = BM = AMである。

このとき，次の問いに答えなさい。

図1

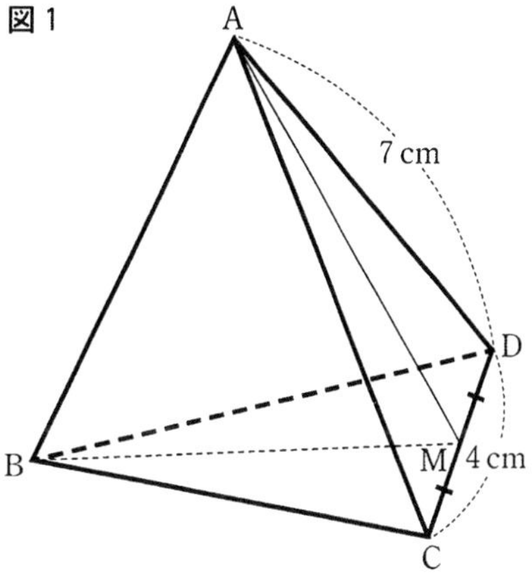

(1) 線分AMの長さを求めなさい。

(2) 三角すいABCDの体積を求めなさい。

(3) 右の図2のように，辺ABの中点をPとし，線分BM上に点Qをとる。三角すいPQCDの体積が三角すいABCDの体積の $\frac{1}{3}$ となるとき，線分QMの長さを求めなさい。

図2

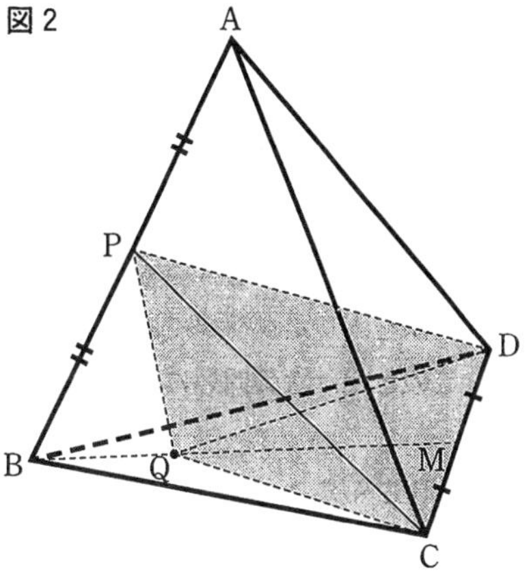

6 Aさん，Bさん，Cさんの自宅をそれぞれA宅，B宅，C宅とする。A宅，B宅，C宅，図書館がこの順に一直線の道路沿いにあり，A宅からB宅までは900 m，A宅からC宅までは1200 m，A宅から図書館までは2100 mはなれている。Aさん，Bさん，Cさんの3人は，次の□のように，来週の日曜日に図書館へ行く計画を立てた。

- Aさんは1人でA宅からB宅へ行き，AさんとBさんの2人でB宅からC宅へ行き，Aさん，Bさん，Cさんの3人でC宅から図書館へ行くことにした。
- 3人は毎分60 mの速さで歩いていくことにして，図書館に到着する時刻を決め，Aさんの出発時刻，B宅とC宅のそれぞれでの待ち合わせ時刻を計画した。

ところが，日曜日当日，Aさんがおくれて A宅を出発したので，次の**ア**～**カ**のようになった。

ア BさんはB宅での待ち合わせ時刻から5分間待っていたが，Aさんが来なかったので，Aさんを迎えに行くために，A宅に向かってB宅を出発した。

イ BさんはB宅からA宅に向かって毎分60 mの速さで5分間歩いたところで，A宅からB宅に向かって毎分120 mの速さで走ってきたAさんと出会った。

ウ 出会ったAさんとBさんは，すぐにC宅に向かって毎分120 mの速さで走った。

エ CさんはC宅での待ち合わせ時刻から5分間待っていたが，2人が来なかったので，C宅から図書館に向かって毎分30 mの速さで歩いた。

オ AさんとBさんがC宅に到着したときにはすでにCさんが出発していたので，すぐにAさんとBさんは毎分120 mの速さのままC宅から図書館へ向かったところ，Cさんに追いついた。

カ AさんとBさんがCさんに追いついたあと，3人一緒に図書館に向かった。

右の図は，BさんがB宅での待ち合わせ時刻からx分後に，A宅からy mはなれた地点にいるとして，BさんがAさんと出会うまでのxとyの関係を表したグラフである。

このとき，次の問いに答えなさい。

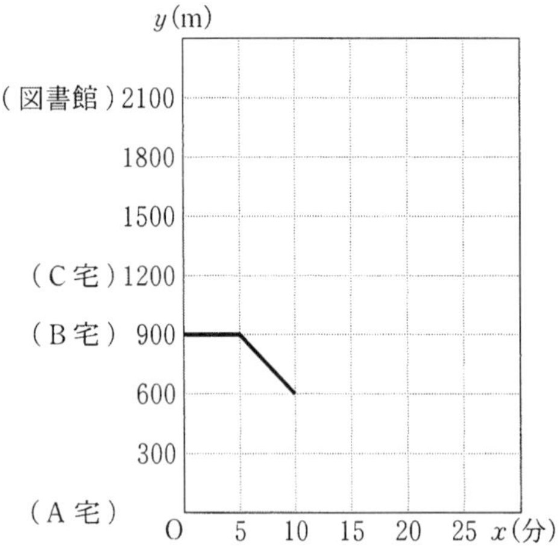

(1) BさんがAさんと出会ってからC宅に到着するまでのグラフを右の図にかき入れなさい。

(2) Aさんは計画より何分おくれてA宅を出発したか求めなさい。

(3) AさんとBさんは，A宅から何mはなれた地点でCさんに追いついたか求めなさい。

(4) AさんとBさんがCさんに追いついたあと，3人ははじめに計画していた毎分60 mの速さで歩いて図書館に向かった。計画より何分何秒おくれて図書館に到着するか求めなさい。

7 右の図のように，点 O を中心とし，線分 AB を直径とする円 O と，点 A を中心とし，線分 AO を半径とする円 A がある。円 O と円 A の交点のうち，一方を C とする。また，線分 AB を 3 等分する点のうち，点 A に近い方を D とし，円 A の周上に ∠AED = 30° となるように点 E をとる。ただし，点 E は円 O の外側にあり，直線 AB について点 C と同じ側にあるものとする。また，直線 BC と直線 DE，AE の交点をそれぞれ F，G とする。

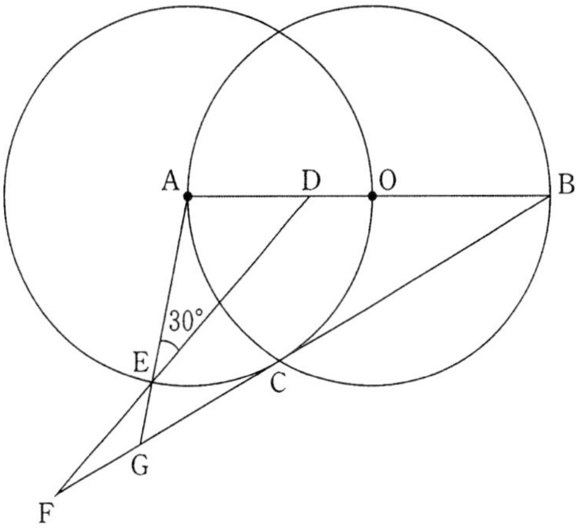

このとき，次の問いに答えなさい。

(1) 次の【証明】は，△OAC が正三角形であることを示し，そのことを用いて △AED ∽ △ABG を証明したものである。この【証明】を完成させなさい。

【証明】

△OAC において，

OA，OC は円 O の半径であるから，OA = OC

AO，AC は円 A の半径であるから，AO = AC

よって，OA = OC = AC

3 つの辺が等しいから，△OAC は正三角形である。

したがって，∠OAC = ∠AOC = ∠OCA = 60°

△AED と △ABG において

△AED ∽ △ABG

(2) AB = 6 cm，AG = 4 cm のとき，次の問いに答えなさい。

① 線分 BG の長さを求めなさい。

② △EFG の面積を求めなさい。

検査４　英語　（ 聞き取りテスト ）

（令和６年３月　実施）

※教英出版注
音声は，解答集の書籍ＩＤ番号を教英出版ウェブサイトで入力して聴くことができます。

問題Ａ　放送文（対話と説明をそれぞれ聞いて，その内容を表すものを選ぶ問題）

No.1　A:　Can I have two hamburgers and one apple juice?
　　　B:　OK.　Anything else?
　　　A:　No, thank you.
　　　B:　It's 540 yen, please.

No.2　In the park, two children are playing soccer.　A person is walking with a dog.　Two people are sitting on the bench.

No.3　The graph shows which countries 100 students in my school want to visit.　About 30 students want to visit the U.S.　Korea is more popular than France.　The number of students who want to go to the U.S. and the number of students who want to go to other foreign countries are almost the same.

問題Ｂ　放送文（対話と発表をそれぞれ聞いて，質問に対する答えを選ぶ問題）

No.1　A:　Look at that poster, Julie.　Those are the results of last Friday's Ball Game Day.
　　　B:　I really enjoyed playing volleyball.　Your class won only one game, Ryota.
　　　A:　We did our best but other classes were very strong.　Your class won more games than my class.
　　　B:　Yes.　Many students in my class can play volleyball well.　But I wanted my class to win all the games.　Do you know when the next Ball Game Day will be held?
　　　A:　In December.
　　　B:　What will we play?
　　　A:　Basketball!　Many students are on the basketball team in my class.
　　　B:　Oh, your class will be strong.

質問1　Which is Julie's class?

質問2　Why does Julie think that Ryota's class will be strong for the next Ball Game Day?

令和６年度

県立高等学校入学者選抜学力検査問題

（令和６年３月実施）

検査３　理　　科

11：50　～　12：40

注　　意

1　監督の先生の指示があるまで，開いてはいけません。

2　問題は，６ページあります。

3　「開始」の合図があったら，はじめなさい。

4　答えは，すべて，解答用紙に記入しなさい。

5　「終了」の合図で，すぐ筆記用具をおき，解答用紙を裏返しにしなさい。

6　その他，監督の先生の指示に従いなさい。

1 図は，ある場所の地層をスケッチしたものであり，表は，図の**a**～**g**の層をつくる岩石と各層から見つかった化石についてまとめたものである。あとの問いに答えなさい。なお，地層はX―Yを境にずれており，大地の変動による地層の上下の逆転はなかったものとする。

図

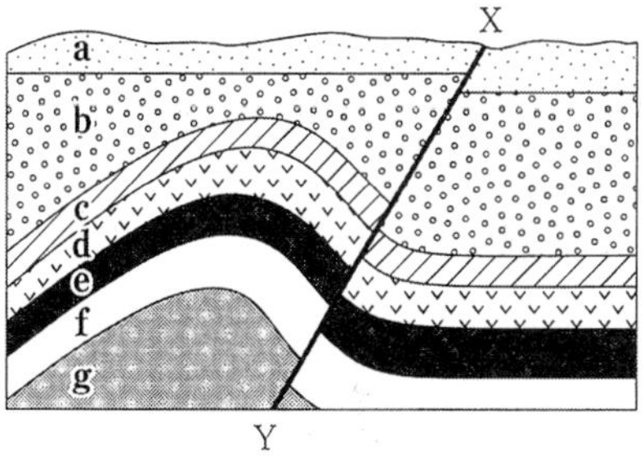

表

層	層をつくる岩石	見つかった化石
a	砂岩	
b	れき岩	
c	凝灰岩	
d	砂岩	サンゴ
e	泥岩	
f	砂岩	アンモナイト
g	泥岩	サンヨウチュウ

(1) 図の**c**～**g**の層のように，地層に大きな力がはたらいて押し曲げられたものを何というか，書きなさい。

(2) **d**の層からサンゴの化石が見つかったことから，その地層が堆積した当時，この場所はどのような環境であったと考えられるか。次の**ア**～**エ**から１つ選び，記号で答えなさい。

ア 冷たくて深い海　**イ** 冷たくて浅い海　**ウ** あたたかくて深い海　**エ** あたたかくて浅い海

(3) アンモナイトの化石とサンヨウチュウの化石は，それぞれどの年代の示準化石か。次の**ア**～**ウ**から適切なものをそれぞれ１つずつ選び，記号で答えなさい。

ア　古生代　**イ**　中生代　**ウ**　新生代

(4) 図の地層ができるまでにおいて，次の**d**の層が堆積した後に起こったできごとの順が正しくなるように，空欄（　P　）～（　R　）にあてはまる最も適切なものを，下の**ア**～**ウ**から１つずつ選び，それぞれ記号で答えなさい。

> **d**の層が堆積した後に起こったできごとの順
> （　P　）→（　Q　）→　**b**の層が堆積した　→　**a**の層が堆積した　→（　R　）

ア　X―Yの地層のずれが発生した　**イ**　**c**の層が堆積した　**ウ**　地層が押し曲げられた

(5) **c**の層が凝灰岩でつくられていることから，この層が堆積した当時，この場所の周辺でどのようなできごとが起こったと考えられるか。簡単に書きなさい。

2 動物には，外界からの刺激に対して反応するしくみが備わっている。受けとった刺激は信号として神経を伝わり，さまざまな反応を起こす。次の反応１，２の花子さんの体験をふまえて，あとの問いに答えなさい。

図１

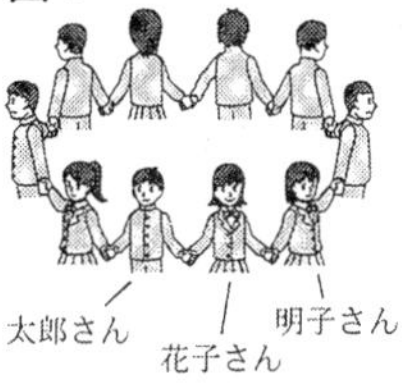

＜反応１＞

刺激を受けとってから，反応が起こるまでの時間を調べるために，図１のように，手をつないで輪になり，明子さんから順に右手でとなりの人の左手をにぎることにした。花子さんは，明子さんに左手をにぎられたので，すぐに右手で太郎さんの左手をにぎった。

＜反応２＞

図２のように，花子さんは，やかんから出る熱い蒸気に左手が触れてしまい，とっさに左手を引っ込めた。

図２

(1) 感覚神経や運動神経のように，脳やせきずいから枝分かれして，全身に広がる神経を何というか，書きなさい。

(2) 反応１において，花子さんが左手の皮膚で刺激を受けとってから，右手の筋肉が反応するまでに，信号はどのような経路で伝わるか。次の**ア**～**エ**から必要なものを**すべて**選び，信号が伝わる順に左から並べ，記号で答えなさい。なお，**同じ記号を何回使ってもよい**。

ア　感覚神経　**イ**　運動神経　**ウ**　脳　**エ**　せきずい

図３

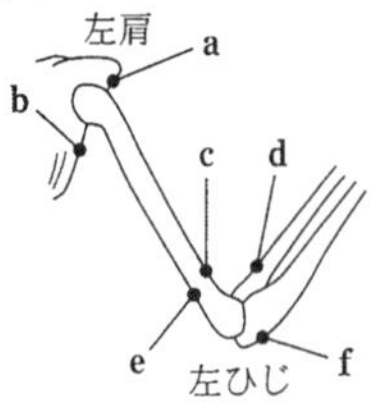

(3) 図３は，左うでを曲げたときの骨のようすを模式的に表したものである。反応２において，図２のように，左うでを曲げて手を引っ込めたときに左うでの縮んだ筋肉の両端のけんは，図３の**a**～**f**のどの部分についているか。最も適切な組み合わせを，次の**ア**～**エ**から１つ選び，記号で答えなさい。

ア　**a**と**c**　**イ**　**a**と**d**　**ウ**　**b**と**e**　**エ**　**b**と**f**

(4) 反応２について，正しく説明したものはどれか。次の**ア**～**エ**から**すべて**選び，記号で答えなさい。

ア 反応２では，反応１に比べ，皮膚で刺激を受けとってから，筋肉が反応するまでにかかる時間が短い。

イ 反応２では，「熱い」と意識するのは，せきずいに信号が伝わったときである。

ウ 反応２では，脳からの「手を引っ込める」という信号によって，手を引っ込めている。

エ 反応２では，皮膚からの信号は，脳にも伝えられる。

(5) 反応１や反応２では，刺激を皮膚で受けとっているが，ヒトには皮膚以外にも刺激の種類に応じた感覚器官があり，目は光の刺激を受けとっている。図４は，ヒトの目のつくりを模式的に表したものである。ひとみから入った光が像を結ぶのは，図４の**ア**～**エ**のうちどこか，１つ選び，記号で答えなさい。また，その名称を書きなさい。

図４

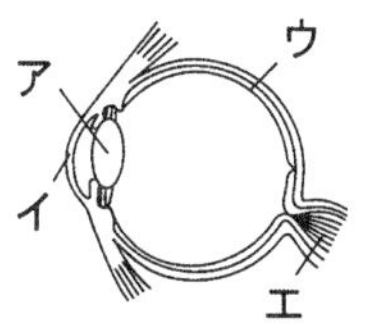

3 物質が化学変化する前と後の質量の変化を調べるため，次の実験を行った。あとの問いに答えなさい。なお，表は実験の結果をまとめたものである。

＜実験＞

㋐ ビーカーＡ～Ｆにうすい塩酸を90.00ｇずつ入れ，図１のように，ビーカーＡ～Ｆの全体の質量をそれぞれ測定した。

㋑ 図２のように，ビーカーＢ～Ｆに炭酸水素ナトリウムを入れると，反応が起こり，二酸化炭素が発生した。

㋒ ビーカーＢ～Ｆを，反応による二酸化炭素の発生がなくなるまで放置した。

㋓ 図３のように，ビーカーＡ～Ｆの全体の質量をそれぞれ測定した。

図１

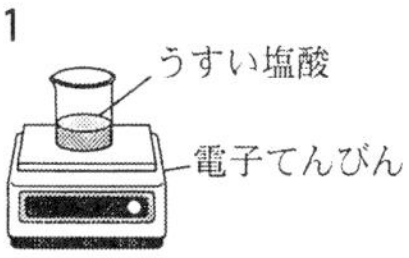

反応前のビーカー
全体の質量を測定

図２

図３

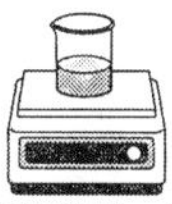

反応後のビーカー
全体の質量を測定

表

ビーカー	A	B	C	D	E	F
㋐で測定した質量〔g〕	194.23	193.45	194.86	195.22	194.64	195.12
㋑で入れた炭酸水素ナトリウムの質量〔g〕	0.00	1.00	2.00	3.00	4.00	5.00
㋓で測定した質量〔g〕	194.23	193.93	195.82	196.66	197.08	198.56

(1) 実験では，発生した二酸化炭素の質量を含めると化学変化の前後で物質全体の質量は変わらない。このように，化学変化の前後で物質全体の質量は変わらないことを何の法則というか，書きなさい。

(2) 炭酸水素ナトリウムと塩酸が反応すると，塩化ナトリウムと二酸化炭素，水ができる。この反応を化学反応式で書きなさい。

(3) 表をもとに，入れた炭酸水素ナトリウムの質量と発生した二酸化炭素の質量の関係をグラフにかきなさい。

(4) ㋓の後，ビーカーＦに入れた炭酸水素ナトリウムをすべて反応させるには，㋐で使った塩酸と同じ濃度の塩酸を少なくとも何ｇ追加する必要があるか。次の**ア**～**オ**から最も適切なものを１つ選び，記号で答えなさい。

ア 20.00ｇ　**イ** 40.00ｇ　**ウ** 60.00ｇ　**エ** 80.00ｇ　**オ** 100.00ｇ

(5) 実験で使った塩酸と同じ濃度の塩酸90.00ｇが入ったビーカーに，炭酸水素ナトリウムを含む混合物1.00ｇを入れると，0.44ｇの二酸化炭素が発生した。この混合物に炭酸水素ナトリウムは何ｇ含まれていたか。小数第３位を四捨五入して**小数第２位**まで求めなさい。ただし，塩酸と反応するのは，混合物に含まれている炭酸水素ナトリウムのみとする。

4 電流の性質について調べるため，次の実験を行った。あとの問いに答えなさい。

＜実験１＞

図１のように，エナメル線で作ったコイルの一部がＵ字形磁石の磁界の中に入るようにつるし，直流電源装置，スイッチ，抵抗器，電流計を接続した。その後，スイッチを入れるとコイルは図１の矢印の向きに力を受けた。

図１

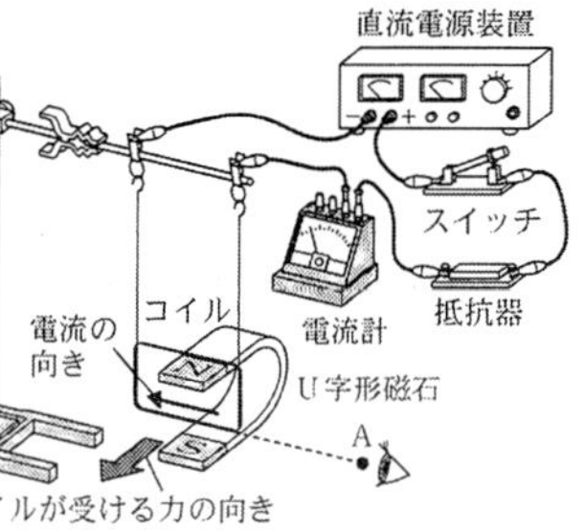

⑴ 実験１のときと比べ，Ｕ字形磁石のＮ極とＳ極の位置を反対にして，さらにコイルを流れる電流の向きを反対向きにした。このときのコイルが受ける力の向きはどの向きか。図２の**ア**～**エ**から最も適切なものを１つ選び，記号で答えなさい。なお，図２は，図１のＡから見たときのＵ字形磁石とその間を通るコイルの断面を模式的に表しており，**ア**の向きは実験１のときにコイルが受けた力の向きである。

図２

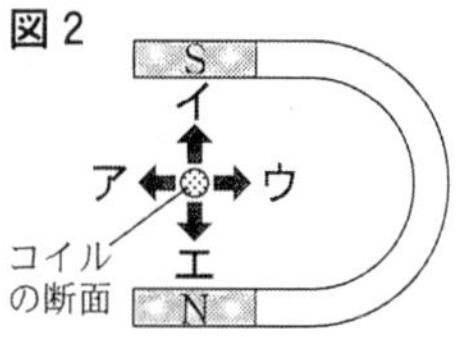

＜実験２＞

コイルが受ける力の大きさを調べるため，図３のように，電子てんびんの上に木片を立て，コイルを水平に木片の上に置いた。コイルに電流を流すと，コイルが木片を押して電子てんびんの値が変化した。そこで，コイルに電流が流れていないときの電子てんびんの値が０になるように調整した後，コイルに流れる電流の大きさを変えながら，電子てんびんの値を測定した。図４は，５回巻き，10回巻き，15回巻き，20回巻きのコイルを使って実験したときの結果をまとめたものである。

図３

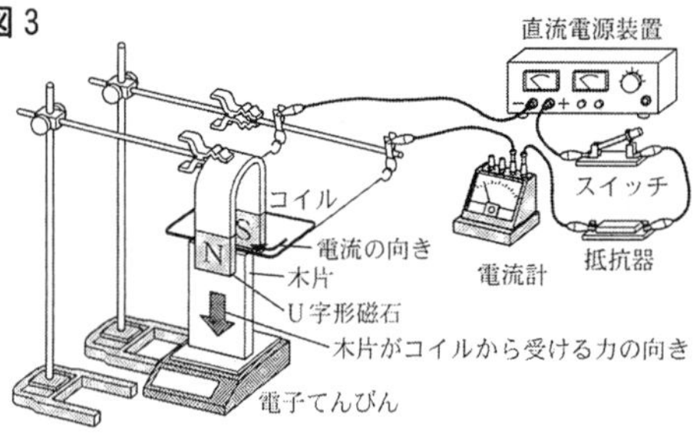

図４

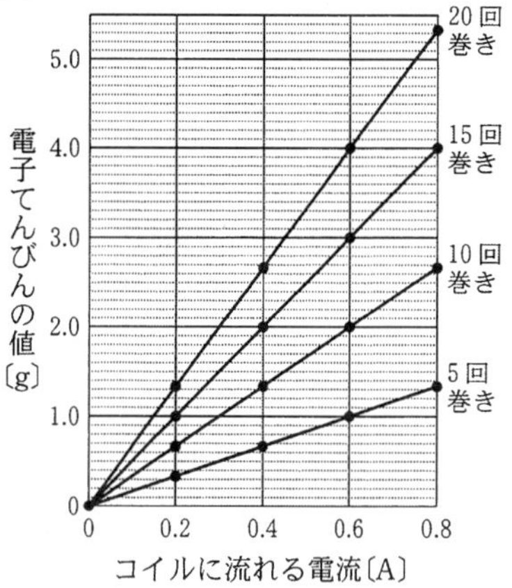

⑵ 図４から，10回巻きのコイルに0.9Ａの電流を流したとき，電子てんびんの値は何ｇになるか，求めなさい。

⑶ 図４から，コイルに0.6Ａの電流を流したとき，電子てんびんの値が2.4ｇになるのは何回巻きのコイルを使ったときか，求めなさい。

＜実験３＞

図５のように，青と赤の発光ダイオードを，お互いの＋極と－極を反対にしてつなぎ，交流電源装置，スイッチ，抵抗器，オシロスコープを接続した。その後，スイッチを入れ，発光ダイオードを点灯させると同時に，発光ダイオードを左から右に等速で動かし，点灯のようすを観察した。図６は，スイッチを入れた後にオシロスコープで観察された波形を模式的に表したものである。また，図６の時間が0.01秒のときの発光ダイオードに流れる電流の向きは，図５の矢印の向きである。

図５

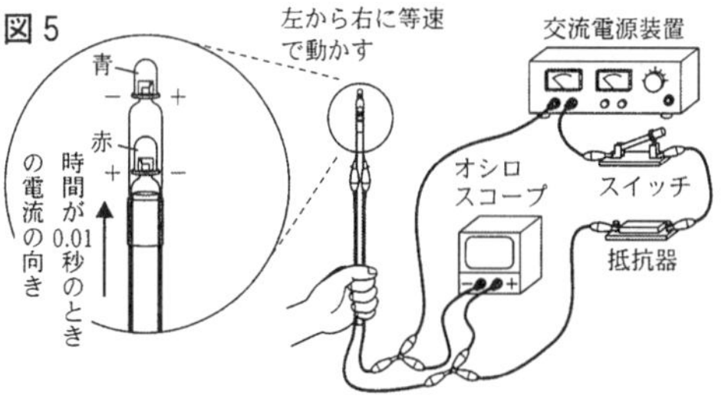

図６

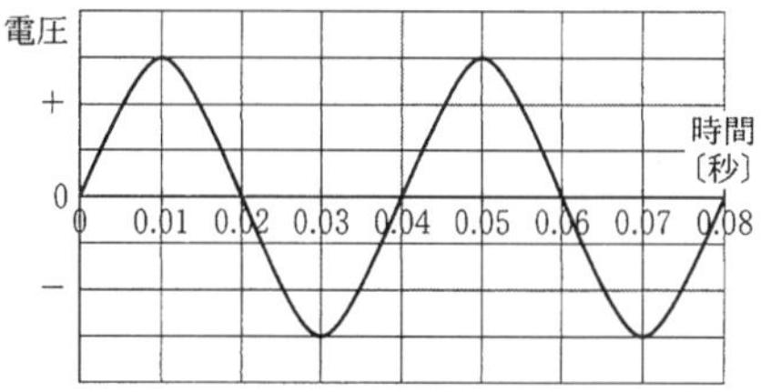

※教英出版注
音声は，解答集の書籍ＩＤ番号を教英出版ウェブサイトで入力して聴くことができます。

英語(聞き取りテスト)解答用紙

(令和６年３月実施)

受検番号	

※

問題A　No. 1 の対話と No. 2，No. 3 の説明をそれぞれ聞き取り，その内容を最も適切に表しているものを**A**，**B**，**C**，**D**の中から１つ選んで記号で答えなさい。

No. 1

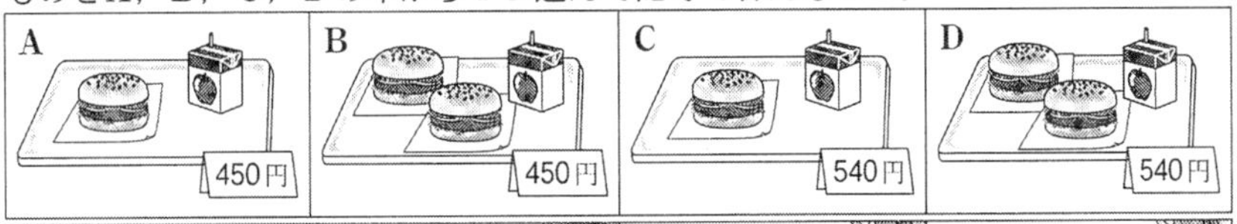

No. 1

No. 2

No. 2

No. 3

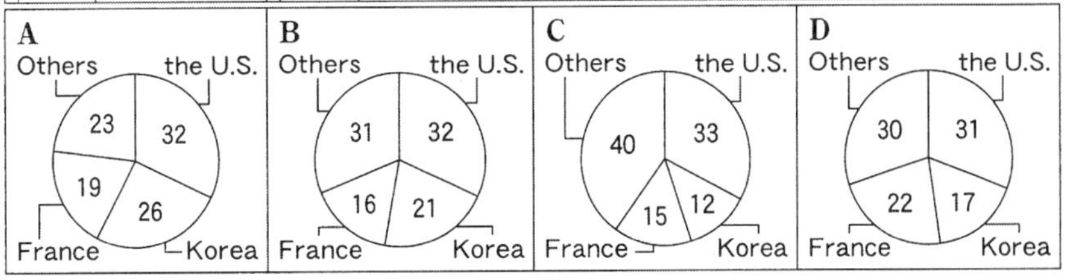

No. 3

問題B　No. 1 の対話と No. 2 の発表をそれぞれ聞き取り，あとの英語の質問の答えとして最も適切なものを**A**，**B**，**C**，**D**の中から１つ選んで記号で答えなさい。

No. 1

質問 1

球技大会結果
バレーボール(7月18日実施)

	自分＼相手	1組	2組	3組	4組	順位
A	1組	＼	×	×	○	3位
B	2組	○	＼	○	○	1位
C	3組	○	×	＼	○	2位
D	4組	×	×	×	＼	4位

質問 2

A　Because Julie really enjoyed playing volleyball last Friday.
B　Because many students in Ryota's class can play volleyball well.
C　Because the next Ball Game Day will be held in December.
D　Because there are many basketball players in Ryota's class.

No. 1

質問 1		質問 2	

No. 2

質問 1

【食品別支出金額の全国順位(富山市)】
〈　ぶり　〉1位
〈　こんぶ　〉1位
〈　**A**　〉1位
〈　**B**　〉2位
⋮
〈　**C**　〉46位
〈　**D**　〉47位
※全国の都道府県庁所在地ランキング

質問 2

A　Where we can buy seafood.
B　Why we buy a lot of coffee.
C　When we can drink clean water.
D　How we have a lot of good rice.

No. 2

質問 1		質問 2	

問題C　理貴(Riki)さんの英語の授業で，日記を書く課題が出ました。ALT のロジャース(Rogers)先生と理貴さんとの対話を聞き，理貴さんが書いた日記を完成させなさい。ただし，下線部①には**英語１語**を，下線部②には**数字**を，下線部③には**英文**を書きなさい。

理貴さんの日記

Wednesday, February 7

Today, I spoke with Ms. Rogers about her *shodo* class. I found that her teacher was Mr. Kishi too. They talked about some Japanese ①＿＿＿＿＿＿＿＿ last Sunday. Next Sunday, I'll go to the class at ②＿＿＿＿＿＿＿＿ and practice *shodo* with her. After that, we'll talk about learning other languages. I want to ask Ms. Rogers, "③＿＿＿＿＿＿＿＿＿＿＿＿＿＿＿＿＿＿＿＿＿＿＿＿＿＿＿＿?"

2024(R6) 富山県公立高
教英出版